Neste livro extraordinário escrito pelo pastor Domingos Jardim, *Apocalipse, o tempo do fim chegou*, o autor demonstra sua preocupação com o momento que estamos vivendo, os últimos dias. Com certeza, é relevante e importante obra para quem deseja entender o que as Escrituras Sagradas revelam sobre quando Jesus voltará, se já estamos ou não iniciando o princípio das dores, mas, acima de tudo, é um alerta de despertamento para a igreja hodierna. Todos os que leem a Bíblia Sagrada sabem que Jesus virá no tempo determinado pelo Pai, para buscar a sua igreja; que todos os moradores da terra hão de ver esse maravilhoso acontecimento, da segunda vinda de Cristo, quando ele descerá do céu com grande poder e impactante glória. A Igreja precisa estar preparada para esse momento. Recomendo fortemente a leitura deste livro, que será uma fonte de importantes informações, não só para cada um de nós, mas também para o nosso rebanho que tanto indaga e quer saber mais sobre a *parousia*. Considero obra muito oportuna e necessária para todos os pastores, líderes de células e liderança em geral, que procuram orientação bíblica e teológica segura para os dias que antecedem a volta de Cristo.

REV. OSNI FERREIRA

Igreja Presbiteriana Central, Londrina/PR

O meu amado amigo Domingos Jardim, além de pastor de vidas, é profeta. Suas palavras são inspiradoras, contundentes, reveladoras e, às vezes, constrangedoras, nos termos do Rei e do Reino de Deus. Pelo que conheço desse amoroso obreiro aprovado, isso acontece em seu ministério de discipulado, aconselhamento, pregação, e não seria diferente nas páginas de seus livros. Glórias a Deus por este alerta oportuno, que aponta para a iminente volta do Senhor. Pessoalmente, fui constrangido, e achado em falta, no que diz respeito ao tempo do fim. As demandas do ministério pastoral e uma agenda cheia podem me distanciar daquele que é o mais importante: o meu Senhor, o Amor de minha vida, que está às portas e devo esperá-lo para hoje.

Recomendo a leitura fácil desta importante obra para este tempo. Deus seja louvado! Parabéns, pastor Domingos!

PR. GILSON BREDER

Primeira Igreja Batista de Campo Grande, Campo Grande/MS

O pastor Domingos é um homem de vanguarda, um avivalista de profunda intimidade com o Espírito Santo. Ouvir ou ler suas mensagens me encoraja a ter mais profundidade e vida com Deus. Este livro é uma ferramenta pontual para o nosso tempo, com muita riqueza Bíblica. Recomendo-o como fonte de inspiração, que nos aponta para os acontecimentos dos últimos dias, porém ele discerne muito bem o tempo presente.

FABIO RAMOS

Igreja às Nações em Porto Velho

No momento em que todos estão fazendo perguntas sobre o fim dos tempos, no qual há tantas divergências sobre a doutrina escatológica, *Apocalipse, o tempo do fim chegou*, baseado em uma série de mensagens do pr. Domingos Jardim, é um novo olhar sobre este assunto, focando não em uma certa escola de pensamento, mas no chamado da Bíblia para despertar a Igreja e chamar todos os discípulos para discernir os tempos e, como Jesus disse: "Vá e pregue o Evangelho a todas as nações".

PR. DAVID LEE HEDDY

Pastor Auxiliar da Primeira Igreja Batista de Marília, Marília/SP

Existem algumas coisas na vida que não dependem da nossa convicção e vontade para acontecerem, elas simplesmente vão acontecer porque está determinado que aconteçam. A volta de Jesus é um dos maiores exemplos disso: independentemente da falta de fé dos ateus e da falta de compromisso de muitos cristãos, Jesus está voltando. E apesar de isso ser um fato imutável, há uma coisa sobre a volta de Cristo que pode (e deve) ser mudada, caso necessário: a postura da Igreja. De que forma temos esperado por ele? Este livro vai sacudir você, fazendo-o refletir a respeito da sua espera. Ele é um chamado desafiador, para que todo cristão aguarde pelo Noivo da forma certa: lamparinas acesas e azeite de reserva. Prepare-se para ser reabastecido.

PR. ARTHUR PEREIRA

Pastor Sênior Igreja do Amor, Recife/PE

Este livro é bem mais que um estudo escatológico sobre o fim dos tempos, é uma proclamação solene de despertamento feito pelo pastor Domingos Jardim para toda a igreja de Cristo na face da terra. Neste livro, além de informações sobre os sinais dos últimos dias, você será confrontado a se tornar a noiva santa, gloriosa, pura e sem mácula, que mantém suas lâmpadas cheias de azeite e espera vigilante pelo convite do Noivo ao casamento eterno. Aquele que diz ser um discípulo de Jesus e negligencia a sua vinda não está pronto para o maior evento de todos os tempos.

PR. EMMERSON DE OLIVEIRA

Pastor Sênior Igreja Vida Plena, Simões Filho/BA

Este livro é um míssil teleguiado pelo Espírito Santo, lançado contra as portas do inferno, pois o humanismo está levando muitos deste tempo a amar a terra e tirar o foco da eternidade. Fomos criados para a eternidade. Desde que nasci de novo, a convicção da eternidade queima em meu coração e me sustenta na jornada. Lembro-me que na infância, a minha oração noturna era "Senhor Jesus, se o Senhor voltar esta noite, eu quero subir contigo". Eu tenho saudade do céu! E a convicção de que este dia está mais próximo do que nunca é alimentada em meu coração ao acessar esta obra do meu amado irmão e amigo pr. Domingos Jardim. Nossa geração precisa ser comunicada que Jesus está voltando. Como amigo íntimo de Deus e guardião da igreja, sabiamente, este grande profeta do Senhor desperta a igreja não somente para discernir os sinais dos fins dos tempos, mas também aponta para o papel que os filhos de Deus devem desempenhar na sua geração. Este livro vem nos preparar para a segunda vinda de Cristo, como também para despertar cada cristão a cumprir seu papel de atalaia, anunciando aos quatro cantos da terra: "Eis o Noivo! Saí-lhe ao encontro!".

PRA. GENOVEVA ARAUJO

Igreja Ceifa, Foz do Iguaçu/PR

O pr. Domingos Jardim, como uma voz profética nesta geração, foi levantado por Deus para dizer que o tempo do fim chegou. Jesus está voltando e a sua Igreja deverá estar pronta para esse grande dia. Este livro tem por finalidade revelar que o Senhor da história, Jesus, o Cristo ressurreto, está no controle de todas as coisas. Este é o tempo. Esta é a hora. Prepare-se para se encontrar com o Cordeiro.

FABIANO B. DE SÁ

Pastor, psicólogo e mestre em educação

Enquanto lia o livro *Apocalipse, o tempo do fim chegou*, do nosso amado pr. Domingos Jardim, fui tomado de temor. Este livro é uma carta apostólica, advertindo a Igreja de que chegou a hora de levantar acampamento rumo ao Céu, cingir os lombos, colocar os sapatos nos pés e o cajado na mão, porque a última trombeta vai tocar e precisamos estar prontos. Todo pastor deve discernir a que horas estamos no relógio de Deus e, acima de tudo, usar a própria vida e o púlpito para tocar o sonido certo da trombeta do Senhor.

APÓSTOLO OSEIAS BRITTO

Apóstolo do Ministério Unidade e Vida para as Nações, Manaus/AM

Conheço profundamente o coração e a vida do amado pr. Domingos, pois tenho o privilégio de caminhar JUNTO dele, no discipulado, por muitos anos. Da profundidade do coração apaixonado por temas bíblicos e uma paixão gigante pela igreja, nasce uma obra inspirada pelo Espírito Santo, para despertar as pessoas para a volta de Jesus. Com enorme alegria eu recomendo esta obra, *Apocalipse, o tempo do fim chegou*.

PR. ODILON VERGARA

Igreja Batista Shalom, Curitiba/PR

Pr. Domingos Jardim é um grande homem de Deus a quem tenho o privilégio de chamar de amigo e pai espiritual. Desde que o conheci, suas mensagens e vida cristã apontam para uma única pessoa: Jesus! Um biblista como poucos, todas as vezes que expõem as escrituras faz arder os corações daqueles que o ouvem. Apaixonado pelo Espírito Santo, por avivamento e vida de oração, conduz sua igreja a um nível de relevância que pouco se vê atualmente; por isso, sua visão de futuro não poderia ser diferente. Por meio deste livro, você receberá a visão de uma igreja que triunfa com Cristo, pujante e sempre vencedora! Quando olhamos nosso futuro com Jesus é assim, sempre o melhor está por vir!

MARCELO TOSCHI

Pastor presidente das Igrejas Amor e Cuidado

Quando o pr. Domingos Jardim compartilha um livro para despertar a igreja, todos os cristãos sérios devem ler. Esse homem tem sido uma poderosa referência para a igreja brasileira nas áreas de avivamento, oração, missões, células e crescimento da igreja. Seu testemunho pessoal é uma prova viva e gritante de fé, superação, autoridade e voz profética. Recomendo com entusiasmo o livro *Apocalipse, o tempo do fim chegou*, escrito com muita graça, profundidade e pertinência pelo pastor Domingos Jardim.

PR. ABE HUBER

Fundador e presidente da igreja Paz Church

O livro *Apocalipse, o tempo do fim chegou* traz um sinal de alerta urgente para o povo de Deus, diante dos sinais presentes. Estamos vivendo os últimos dias: os dias do fim. Muitas são as exortações bíblicas sobre a vigilância e o preparo para a volta de Jesus. No entanto, o coração tem sido enganado e se apegado a este mundo. Não são muitos os cristãos atentos e vigilantes à volta de Cristo. Porém, quando o sofrimento chega, os olhos da Igreja se abrem e se voltam para o alto, em busca de resposta e esperança. Estar preparado para os dias do fim é estar com os olhos firmados nas promessas de Deus. "*A noite é passada, e o dia é chegado. Deixemos, pois, as obras das trevas e revistamo-nos das armas da luz.*" (Romanos 13.12). Os dias maus se aproximam da Igreja – dias de perseguição e sofrimento. Igreja, desperte! Jesus está batendo à porta, e "*se alguém ouvir a minha voz e abrir a porta, entrarei em sua casa e cearei com ele, e ele comigo.*" (Apocalipse 3.20).

PR. SEBASTIÃO BRITO NETTO

Igreja Batista Alameda, Curitiba/PR

Você está para entrar em águas profundas de revelação e sabedoria! Neste opúsculo *Apocalipse, o tempo do fim chegou*, o pr. Domingos Jardim não propõe um tratado escatológico, mas com maestria nos conduz à reflexão sobre fatos e sinais ocorridos que apontam para o princípio das dores; e nos desafia, como Igreja, a viver de forma mais intensa e apaixonada para cumprir o propósito nesta última geração.

PR. JETRO PAIVA

Paz Church, Fortaleza/CE

Aprendi que a nossa escatologia molda a nossa cosmovisão (maneira que enxergamos o mundo) e que nossa cosmovisão molda a maneira como vivemos, e é exatamente isso que tenho visto meu pai viver na prática há anos. O pr. Domingos tem vivido e ensinado a igreja a viver como a geração do fim, que apressa a vinda de Cristo por meio da pregação do evangelho, e vive em santidade conforme a Bíblia nos ordena. Você aprenderá esses e outros conceitos mediante a leitura deste livro, pois, de forma equilibrada e bíblica, pr. Domingos Jardim nos leva a uma compreensão maior a respeito do Apocalipse e dos sinais, aos quais devemos nos atentar. Em meio ao enxame virtual de notícias e especulações a respeito do fim, esta obra chega a nós no tempo certo, e se apresenta essencial para não sermos levados por qualquer vento de doutrina.

PR. DAVI JARDIM

Pastor de adolescentes, Ministério MULTI da Primeira Igreja Batista de Marília, Marília/SP

APOCALIPSE, O TEMPO DO FIM CHEGOU

DOMINGOS JARDIM

APOCALIPSE, O TEMPO DO FIM CHEGOU

Vida

Vida
Editora Vida
Rua Conde de Sarzedas, 246 – Liberdade
CEP 01512-070 – São Paulo, SP
Tel.: 0 xx 11 2618 7000
atendimento@editoravida.com.br
www.editoravida.com.br

Todos os grifos são do autor.

As ideias do autor não necessariamente representam as ideias da Editora Vida sobre o conteúdo abordado.

■

Todas as citações bíblicas e de terceiros foram adaptadas segundo o Acordo Ortográfico da Língua Portuguesa, assinado em 1990, em vigor desde janeiro de 2009.

Editor responsável: Gisele Romão da Cruz
Editor-assistente: Amanda Santos
Preparação: Equipe Vida
Revisão de provas: Josemar de Souza Pinto
Projeto gráfico e diagramação: Arte Vida
Capa: Pedro H. A. Reis

1. edição: abr. 2022

Dados Internacionais de Catalogação na Publicação (CIP)
(Câmara Brasileira do Livro, SP, Brasil)

Jardim, Domingos
Apocalipse, o tempo do fim chegou / Domingos Jardim. -- São Paulo : Editora Vida, 2022.

ISBN 978-65-5584-249-4
e-ISBN 978-65-5584-267-8

1. Apocalipse 2. Apocalipse (Teologia) 3. Jesus Cristo I. Título.

21-85745 CDD-228.06

Índices para catálogo sistemático:
1. Apocalipse : Interpretação 228.06
Maria Alice Ferreira - Bibliotecária - CRB-8/7964

Esta obra foi composta em *Adobe Caslon Pro* e impressa por Promove Artes Gráficas sobre papel *Avena* 70 g/m² para Editora Vida.

SUMÁRIO

PREFÁCIO

Parte do sofrimento humano está relacionado ao fato de ter limitação em discernir os tempos e épocas e tão pouco poder mudar daquilo que na sua pequenês consegue compreender. Não conhecer o futuro, não ter o poder sobre o dia da própria morte, não escapar dos efeitos de uma pandemia, guerra ou catástrofe ou mesmo da maldade que nos cerca, tem feito muitas pessoas adoecerem fisicamente, emocionalmente e espiritualmente neste tempo, e desistirem de viver antes da própria morte chegar (Eclesiastes 3.6-8). Desses conflitos, surge uma necessidade: Desvendar os mistérios do final dos tempos. Ao longo da história humana, é perceptível a sua busca, ainda que silenciosa, por placas indicadoras que possam aliviar o encontro com o tempo futuro. A revelação descrita nas palavras dos Profetas, de Jesus, dos Apóstolos e em Apocalipse, propõem-nos elementos palpáveis para nos tirar da ignorância e levar-nos à reflexão e à interpretação daquilo que no tempo presente estamos testemunhando com mais consciência e responsabilidade espiritual, convidando-nos para mudanças.

Numa sequência lógica e intencional, em cada capítulo, este livro não só nos coloca de frente com a realidade externa, mas interna também. Externa, no que tange a identificar e interpretar os eventos históricos visíveis que têm nos impactado de perto e de longe, relacionando-os com o que a Bíblia descreve. E quanto ao fator interno, desafiando-nos à avaliação pessoal dentro dessa realidade que, inegavelmente, nos visita e a quanto estamos preparados. O seu objetivo não é apenas nos alertar a uma reflexão, ao contrário, fundamentado nas Escrituras, despertar a Igreja a assumir uma postura pessoal e transformacional diante dos anúncios gritantes, e ser voz profética, clara, intensa e intencional neste tempo, a fim de cooperar com a salvação dos que nos cercam e rever a nossa própria atitude diante da iminente e gloriosa volta de Cristo.

Minha admiração e respeito ao meu irmão, amigo e pastor Domingos Jardim vai além da sua ousadia em debruçar-se nas Escrituras, e, com discernimento espiritual, provocar-nos a olhar para dentro e para fora de nós mesmos, com o fim de mantermos viva a expectativa da volta de Cristo e, assim, nos prepararmos para ela como a Noiva gloriosa, santa e inculpável.

Conheço o pastor Domingos há muito tempo e sempre o vi como um homem de Deus. Ao longo da minha vida, tive o privilégio de tê-lo como amigo, ver sua jornada de chamado pastoral, seu preparo e seu crescimento contínuo. Na minha juventude e fase adulta, pude ser orientado, pastoreado, liderado e discipulado por ele. Sempre apreciei a sua humildade, sua profunda vida de oração, seu amor pela Palavra e a inegável seriedade com que ele lê e procura perceber a nossa própria história entrelaçada aos sinais bíblicos presentes na narrativa histórica, nos chamando, assim, a estarmos mais alertas para o tempo do fim.

Contudo, admiro-o ainda mais pela forma como tem liderado e inspirado a sua linda família, bem como pela sua vida e integridade no pastoreio da Primeira Igreja Batista de Marília, desde 1995.

A cada página que li, refleti profundamente acerca da minha própria vida presente e futura. Sorrisos, lágrimas, sonhos, visão, expectativa, esperança e, sobretudo, certeza tomaram minha mente e coração. Posso imaginar o que provocará em você. Mergulhe nestas páginas e permita-se vivenciar uma leitura que mexerá com o seu hoje, afim de prepará-lo melhor para o amanhã; certamente você será encorajado a pensar e agir diferente após isso.

PR. TERCIO EVANGELISTA,

Casado com Marta Evangelista; pai da Lailah e Hadassa;
pastor da Igreja Batista Mont'Serrat – Porto Alegre;
doutor em Ministério com especialização em Liderança e Administração Eclesiástica.

INTRODUÇÃO

Durante o tempo que vivemos da pandemia por covid-19, todos buscamos por respostas aos acontecimentos que nos cercam:

- *Entramos no tempo do fim?*
- *Estamos no princípio das dores?*
- *Jesus está voltando?*
- *A grande tribulação começou?*
- *Quando Jesus voltará?*
- *Os sinais estão se cumprindo?*

Se você já fez algumas dessas perguntas, este livro é para você.

Muitas profecias têm surgido em nossos dias, trazendo temor e assombro a muitos. Jesus nos alertou sobre o surgimento dos falsos profetas neste tempo. Ele disse: "Tenham cuidado!". Todas as respostas de que precisamos estão nas Escrituras Sagradas. É com base nelas que responderemos a várias perguntas sobre o tempo que estamos vivendo e sobre o que virá a seguir.

Não sabemos o dia em que Jesus voltará, mas temos alguns sinais de que somos, possivelmente, a última geração da Igreja na terra. Jesus está voltando! Podemos afirmar que entramos no tempo do fim e que estamos vivendo o princípio das dores, embora ainda não estejamos na grande tribulação.

Não iremos discutir qualquer visão escatológica neste livro, embora conheçamos bem cada uma delas. Desviaremos dos pensamentos escatológicos por entendermos que o mais importante para este tempo é ensinar a teologia bíblica fundamentada na Palavra de Deus, tendo como base, principalmente, o sermão profético de Jesus, descrito no livro de Mateus. Jesus ensina esse sermão para entendermos o tempo que estamos vivendo. O objetivo do Senhor Jesus era preparar a Igreja para a sua volta.

Este livro não foi escrito para causar medo ou pânico nas pessoas. Ele foi escrito para mostrar que o Senhor, nosso Deus, está no controle de todas as coisas. Jesus Cristo é o Senhor de tudo o que existe nos céus e na terra. Este livro é, portanto, de renovação, de esperança e fé para aqueles que aguardam ansiosamente a volta do Senhor Jesus Cristo.

CAPÍTULO 1

VISÃO VITORIOSA DO REINO DE DEUS

Para os discípulos de Jesus, é muito importante ter uma visão vitoriosa sobre o Reino de Deus, não uma visão de derrota, porque quem não tem uma grande visão de futuro é fraco no presente.

Diante de tantas notícias de morte nos nossos dias, se você não tiver cuidado, baixa a cabeça e fica meio depressivo; começa a achar que vai apenas sobreviver enquanto não chega a sua vez de morrer e tem sempre a expectativa de que algo ruim vai acontecer. Não é isso que Deus tem para você. Olhe para a cena vitoriosa do Reino de Deus, aquilo que ele tem reservado para o seu futuro. É preciso que você enxergue como filho de Deus o que ele tem preparado para você, pois é algo simplesmente maravilhoso! Se você abrir o coração para entender essa verdade, essa palavra vai curar você, levantá-lo. Ela vai colocar você de pé, pois essa é a palavra poderosa de Deus, viva, eficaz, santa e infalível.

No capítulo 2 de Daniel, Deus está falando com um ímpio. Alguns cristãos acreditam que Deus só fala com cristãos, com os santos, mas, quando Deus quer falar, ele fala com quem quer e na hora que ele quer. Deus é soberano. Algumas vezes, na Bíblia, encontramos Deus falando com um ímpio: o faraó. O faraó era ímpio, e Deus dá a ele o sonho das sete vacas gordas e sete vacas magras. Deus estava comunicando o que ia acontecer nos próximos catorze anos! Seriam os sete anos de fartura e os sete anos de fome. Deus fala com o ímpio, mas usa o justo para dar a interpretação.

Quando Deus deu a revelação ao rei Nabucodonosor, ele ainda era um ímpio. Ele era o rei do mundo da época, um rei poderosíssimo. Ele reinou quarenta e um anos sobre a Babilônia e ergueu o império babilônico. Ele estava preocupado com o que aconteceria no futuro depois dele. Então, ele vai se deitar com todas essas preocupações e tem um sonho. Nesse sonho, ele vê uma estátua enorme com a cabeça de ouro, peito e braços de prata, tórax e quadris de bronze, pernas de ferro e pés de ferro misturado com barro. Enquanto ele está olhando para a estátua, tem uma visão ainda mais forte. Ele vê uma pedra sendo cortada da montanha, sem o auxílio de mãos, e essa pedra bate e passa por cima da estátua, que é destruída, restando apenas pó.

A Bíblia diz que a estátua foi desintegrada, e o vento levou o que sobrou. Isso significa que, quando o Reino de Deus se manifestar em sua plenitude, todos os governos humanos da face da terra serão banidos e não ficará vestígio; apenas o reino de Jesus Cristo permanecerá. E você faz parte desse reino invencível, infalível, eterno, glorioso.

O sonho do rei Nabucodonosor foi, na verdade, uma revelação que Deus lhe deu sobre o futuro longínquo, mostrando-lhe os reinos que viriam depois dele. A grande estátua do sonho do rei Nabucodonosor representa os quatro grandes impérios mundiais, que já foram derrubados: o império babilônico, o medo-persa, o grego, sob o comando de Alexandre, o Grande, e o império romano. Então, vemos que parte do sonho de Nabucodonosor já aconteceu.

> *Enquanto o rei dormia, sonhou com acontecimentos futuros. Aquele que revela segredos lhe mostrou o que acontecerá. E eu sei o segredo de seu sonho não porque sou mais sábio que os outros, mas porque Deus deseja que o rei entenda o que se passava em seu coração. Em sua visão, ó rei, havia à sua frente uma enorme estátua brilhante, e a aparência dela era assustadora. A cabeça da estátua era feita de ouro puro. O peito*

e os braços eram de prata, a barriga e os quadris eram de bronze, as pernas eram de ferro, e os pés, uma mistura de ferro e barro cozido. Enquanto o rei observava, uma pedra foi cortada de uma montanha, mas não por mãos humanas. Ela atingiu os pés de ferro e barro e os despedaçou. Toda a estátua se desintegrou em minúsculos pedaços de ferro, barro, bronze, prata e ouro. Então o vento levou tudo, como se fosse palha na eira. Mas a pedra que derrubou a estátua se tornou uma grande montanha que cobriu toda a terra. (Daniel 2.29-35, NVT)

Quando o rei Nabucodonosor acorda, está perturbado e chama os sábios, encantadores, feiticeiros, magos, astrólogos e caldeus. O rei Nabucodonosor era da etnia dos caldeus, assim como Abraão. Os caldeus existem até hoje na região do atual Iraque. O rei chama todos os sábios e pede duas coisas: que eles revelem o sonho que ele teve e que lhe deem a interpretação. Todos eles respondem ser impossível atender ao pedido do rei, que ele não poderia exigir tal coisa e que nenhum mortal poderia atender a tal pedido. O rei Nabucodonosor, então, na sua autoridade e arrogância, emite um decreto para matar todos os sábios da Babilônia, já que não poderiam revelar e interpretar o sonho que teve.

Os oficiais encarregados de prender os sábios para matá-los foram buscar Daniel, que estava entre os sábios da Babilônia. Sadraque, Mesaque e Abede-Nego também estavam entre os sábios. Daniel pede ao rei que lhe dê um tempo a fim de que ele revelasse o sonho e lhe desse a interpretação. Ele se comprometeu. O exemplo de Daniel nos mostra que precisamos de coragem. Daniel foi muito corajoso e chamou os seus amigos para orar. Veja a importância de um grupo de oração. Enquanto eles estavam orando, veio a revelação a Daniel.

Esse foi o sonho. Agora, direi ao rei o que ele significa. Ó rei, o senhor é o maior de todos os reis. O Deus dos céus lhe deu soberania, poder, força e honra. Ele o fez governante de todo o mundo habitado e pôs até os animais selvagens e as aves debaixo de seu controle. O senhor é a cabeça de ouro. Quando, porém, seu reino chegar ao fim, outro reino, inferior ao seu, se levantará em seu lugar. Depois que esse reino tiver caído, o terceiro reino, representado pelo bronze, se levantará para governar o mundo. Depois dele haverá o quarto reino, forte como o ferro. Esse reino esmagará e despedaçará todos os impérios anteriores, como o ferro esmaga e despedaça tudo que ele atinge. Os pés e os dedos que o rei viu, uma mistura de ferro e barro cozido, mostram que esse reino será dividido. Como ferro misturado com barro, ele terá um tanto da força do ferro. Algumas partes serão fortes como o ferro, mas outras serão fracas como o barro. A mistura de ferro e barro também mostra que esses reinos tentarão se fortalecer ao formar alianças entre si por meio de casamentos. Contudo, não permanecerão unidos, da mesma forma que o ferro não se une ao barro.

Enquanto esses reis estiverem no poder, o Deus dos céus estabelecerá um reino que jamais será destruído ou conquistado. Reduzirá os outros reinos a nada e permanecerá para sempre. Esse é o significado da pedra cortada da montanha, mas não por mãos humanas, que despedaçou a estátua de ferro, bronze, barro, prata e ouro. O grande Deus está mostrando ao rei o que acontecerá no futuro. O sonho é verdadeiro, e seu significado é certo. (Daniel 2.29-45, NVT)

Daniel, então, revela ao rei Nabucodonosor que ele era a cabeça de ouro: "Você é o rei que governa o mundo todo, mas depois de você virá outro reino". O império babilônico existiu do ano 626 a.C. a 539 a.C. Esse império caiu na época de Belsazar, filho de Nabucodonosor. Depois veio o segundo império, uma associação dos povos medos e persas, que teve ascensão no ano 535 a.C., que conquistou o império babilônico em 539 a.C. e durou até o ano 425 a.C., governando o mundo da época. Em seguida, veio o império grego sob Alexandre, o Grande, de curta duração, apenas treze anos, do ano 336 a.C. a 323 a.C. Seus territórios depois de sua morte foram divididos entre seus generais. Depois deste, veio o império romano, que representava as pernas de ferro. Teve sua ascensão no ano 241 a.C. com suas conquistas na Europa, estendendo-se pela Ásia e África, e governou o mundo até o ano 476 d.C.

Isso era o que representava aquela estátua. Agora vamos falar sobre o Reino de Deus, representado pela pedra que bateu na estátua. No livro de Daniel, Deus revela de maneira maravilhosa a sua soberania sobre os governos do mundo, a destruição dos megalomaníacos impérios e o estabelecimento vitorioso do Reino de Cristo.

A pedra do sonho de Nabucodonosor que derruba a estátua já começou a se manifestar há 2 mil anos. O Deus todo-poderoso, por meio da vinda de Jesus Cristo, estabeleceu o seu Reino; e ele está avançando, enchendo toda a terra, por meio da pregação do evangelho. Esse Reino triunfará sempre, jamais será destruído, porque é um Reino eterno. Em breve, o Reino de Jesus Cristo em sua plenitude encherá toda a terra.

> *Enquanto o rei observava, uma pedra foi cortada de uma montanha, mas não por mãos humanas. Ela atingiu os pés de ferro e barro e os despedaçou. Toda a estátua se desintegrou em minúsculos pedaços de ferro, barro, bronze, prata e ouro. Então o vento levou tudo, como se fosse palha na eira. Mas a pedra que derrubou a estátua se tornou uma grande montanha que cobriu toda a terra. (Daniel 2.34,35, NVT)*

Jesus Cristo é a pedra angular; a pedra sobre a qual a nossa fé está firmada. Nós cremos na profecia bíblica de que toda a terra se encherá do conhecimento da glória de Deus. *Pois a terra se encherá do conhecimento da glória do SENHOR, como as águas cobrem o mar. (Habacuque 2.14)*

O Reino de Deus chegou de forma pequena, humilde e simples quando Jesus nasceu em uma estrebaria. Ele começou como uma semente de mostarda, porém se tornará na maior árvore do jardim.

> *Então Jesus contou outra parábola: "O reino dos céus é como a semente de mostarda que alguém semeia num campo. É a menor de todas as sementes, mas se torna a maior das hortaliças; cresce até se transformar em árvore, e vêm as aves e fazem ninho em seus galhos". (Mateus 13.31,32, NVT)*

O Reino de Deus encherá toda a terra por meio da pregação do evangelho, e esse é um dos últimos sinais que antecedem a segunda vinda de Cristo Jesus. *"E este evangelho do Reino será pregado em todo o mundo como testemunho a todas as nações, e então virá o fim." (Mateus 24.14, NVI)*

O Reino de Deus é diferente do reino humano (o reino de ponta-cabeça). Ele tem princípios completamente diferentes. Esse reino está enchendo toda a terra, mas ainda não estamos vivendo a sua plenitude. Eu e você somos a manifestação do Reino de Deus na terra.

> *Então, foi juntamente esmiuçado o ferro, o barro, o bronze, a prata e o ouro, os quais se fizeram como a palha das eiras no estio, e o vento os levou, e deles não se viram mais vestígios. Mas a pedra que feriu a estátua se tornou em grande montanha, que encheu toda a terra. (Daniel 2.35)*

A chegada do Reino de Deus em sua plenitude põe fim a todos os governos humanos. A pedra que esmiúça a estátua representa o Reino de Cristo que vem com poder e destrói todos os outros reinos e enche a terra. O Reino de Deus já veio e se manifestou na pessoa de Jesus Cristo; o Reino de Cristo está entre nós e dentro de nós, mas, na segunda vinda de Cristo, os reinos deste mundo serão destruídos, e o Reino de Cristo será estabelecido plenamente.

Por minha vida, diz o Senhor, diante de mim se dobrará todo joelho, e toda língua dará louvores a Deus. (Romanos 14.11)

Aguardando, daí em diante, até que os seus inimigos sejam postos por estrado dos seus pés. (Hebreus 10.13)

> *Pois é necessário que ele reine até que todos os seus inimigos sejam postos debaixo de seus pés. (1Coríntios 15.25, NVI)*

O Reino de Cristo é perene, permanente, indestrutível. O Reino de Cristo jamais será conquistado.

> *Mas, nos dias destes reis, o Deus do céu suscitará um reino que não será jamais destruído; este reino não passará a outro povo; esmiuçará e consumirá todos estes reinos, mas ele mesmo subsistirá para sempre. (Daniel 2.44)*

> *Este reino não passará a outro povo. (Daniel 2.44)*

> *Eu estava olhando nas minhas visões da noite, e eis que vinha com as nuvens do céu um como o Filho do Homem, e dirigiu-se ao Ancião de Dias, e o fizeram chegar até ele. Foi-lhe dado domínio, e glória, e o reino, para que os povos, nações e homens de todas as línguas o servissem; o seu domínio é eterno, que não passará, e o seu reino jamais será destruído. (Daniel 7.13,14)*

Aqui Daniel está tendo uma visão da segunda vinda de Jesus. Se você estudar Mateus 25, verá que Jesus virá sobre as nuvens. E Daniel tem essa revelação de Jesus vindo sobre as nuvens com poder e grande glória. O Reino de Cristo é eterno, triunfará e subsistirá para todo o sempre, e o seu governo é de eternidade a eternidade.

> *Na época desses reis, o Deus dos céus estabelecerá um reino que jamais será destruído e que nunca será dominado por nenhum outro povo. Destruirá todos os reinos daqueles reis e os exterminará, mas esse reino durará para sempre. (Daniel 2.44, NVI)*

O rei Nabucodonosor era chamado de rei de reis. Ele governava o mundo conhecido da época. Mesmo depois de passar por diversas experiências, como a de Daniel na cova dos leões e a interpretação do sonho, ele não se dobrou; fez uma estátua dele mesmo e se tornou arrogante e orgulhoso. Então, Deus o colocou para comer capim durante sete anos. Em Daniel 4, o rei Nabucodonosor descreve e testemunha o que aconteceu. Daniel revelou que isso iria acontecer. Ele perdeu seu trono porque a sua mente não era mais a mesma. Ele perdeu a mente de homem e passou a agir como um animal, como um jumento selvagem. A Bíblia diz que seus pelos cresceram como os pelos de uma grande águia, e ele ficou assim durante sete anos. Daniel disse: *"Você vai ficar assim até reconhecer que o céu reina!"*.

Então, no capítulo 4 de Daniel vemos o testemunho do Nabucodonosor convertido. Ele agora não é um rei que manda em tudo. Ele reconhece que há um Deus no céu que reina soberanamente. O rei Nabucodonosor escreveu testemunhando para todos os povos do seu império, declarando que o Reino de Deus é eterno e que o seu domínio é para sempre. *Como são grandes os seus sinais! como são poderosas as suas maravilhas! O seu reino é um reino eterno; o seu domínio dura de geração em geração. (Daniel 4.3, NVI)*

Agora temos o monarca mais poderoso do mundo da época declarando: *"O meu reino vai ter fim, mas o reino de Deus é de eternidade a eternidade"*. Esse escrito de Nabucodonosor foi destinado a todas as províncias de seu império; todos os povos, nações e línguas que eles governavam.

Após o império babilônico, o primeiro rei medo-persa a dominar foi Dario. Dario era um senhor de 60 anos quando assumiu o reinado. O rei Dario escreveu para todos os povos, declarando que o nosso Deus é vivo, o seu Reino é eterno e o seu governo dura para sempre.

> *"Estou editando um decreto para que em todos os domínios do império os homens temam e reverenciem o Deus de Daniel. Pois ele é o Deus vivo e permanece para sempre; o seu reino não será destruído; o seu domínio jamais acabará." (Daniel 6.26, NVI)*

Temos aqui dois reis e dois impérios reconhecendo a eternidade do Reino de Deus. A pergunta é: Você apenas frequenta uma igreja ou você sabe que faz parte de um Reino eterno? Se você é do Reino de Deus, é mais que vencedor. Jesus Cristo é vitorioso, mais que vencedor, Senhor dos senhores e Rei dos reis.

> *Pelejarão eles contra o Cordeiro, e o Cordeiro os vencerá, pois é o Senhor dos senhores e o Rei dos reis; vencerão também os chamados, eleitos e fiéis que se acham com ele. (Apocalipse 17.14)*

> *Tem no seu manto e na sua coxa um nome inscrito: REI DOS REIS e SENHOR DOS SENHORES. (Apocalipse 19.16)*

Este é Jesus Cristo de Nazaré. Aquele que veio, nasceu numa estrebaria, cresceu, exerceu seu ministério, morreu na cruz, ressuscitou ao terceiro dia e subiu aos céus. Ele é o nome mais poderoso do Universo! Nele você pode confiar. Com ele, você está seguro eternamente.

O Senhor, nosso Deus, tem o controle de todas as coisas nos céus e na terra, e o futuro está em suas mãos. Portanto, com o Senhor ao seu lado, a sua vitória é garantida; nós, os seus filhos, triunfaremos sempre e eternamente com Cristo Jesus, nosso Senhor.

O Reino de Deus é o tema central do Novo Testamento. O Novo Testamento começa e termina apontando para o Reino. João Batista, que foi o predecessor de Jesus, pregou o batismo do arrependimento às pessoas, anunciando-lhes que o Reino dos céus estava próximo. *Naqueles dias, apareceu João Batista pregando no deserto da Judeia e dizia: Arrependei-vos, porque está próximo o reino dos céus. (Mateus 3.1,2)*

Jesus Cristo começou o seu ministério chamando as pessoas ao arrependimento, dizendo-lhes que o Reino dos céus estava chegando. *Daí por diante, passou Jesus a pregar e a dizer: Arrependei-vos, porque está próximo o reino dos céus. (Mateus 4.17)*

A pregação de João e de Jesus tinha como base o arrependimento para participar do Reino de Deus. Primeiro, Jesus pregou que o Reino estava próximo, mas chegou um momento em que ele disse: *"O reino chegou!"*.

> *Mas, se eu expulso os demônios pelo Espírito de Deus, logo é chegado a vós o reino de Deus. (Mateus 12.28, ACF)*

O Reino chegou! É o que os teólogos chamam "já e ainda não". Porque o Reino já está entre nós, mas não em sua plenitude. Jesus é o ungido de Deus que veio implantar esse Reino na terra. O arrependimento como base para entrar no Reino de Deus também foi a principal mensagem dos apóstolos e o que Jesus nos mandou pregar.

> *E, indo, pregai, dizendo: É chegado o reino dos céus. Curai os enfermos, limpai os leprosos, ressuscitai os mortos, expulsai os demônios; de graça recebestes, de graça dai. (Mateus 10.7,8, ACF)*

As expressões Reino dos céus, Reino de Deus e Reino de Cristo são a mesma coisa. Ele disse que, à medida que caminhamos, devemos anunciar que o Reino está próximo. E ele disse o que tínhamos que fazer: pregar, curar e libertar. Foi exatamente dessa maneira que Jesus manifestou a chegada do Reino de Deus: ensinando, pregando, curando e libertando as pessoas.

> *E percorria Jesus todas as cidades e povoados, ensinando nas sinagogas, pregando o evangelho do reino e curando toda sorte de doenças e enfermidades. (Mateus 9.35)*

Jesus demonstrou que o Reino de Deus havia chegado, agindo no poder do Espírito Santo, demonstrando a sua autoridade sobre todas as enfermidades e libertando todos os cativos e oprimidos do Diabo.

> *O Espírito do Senhor está sobre mim, pelo que me ungiu para evangelizar os pobres; enviou-me para proclamar libertação aos cativos e restauração da vista aos cegos, para pôr em liberdade os oprimidos, e apregoar o ano aceitável do Senhor. (Lucas 4.18,19)*

> *Mas, se é pelo Espírito de Deus que eu expulso demônios, então chegou a vocês o Reino de Deus. (Mateus 12.28, NVI)*

> *Como Deus ungiu a Jesus de Nazaré com o Espírito Santo e com poder, o qual andou por toda parte, fazendo o bem e curando a todos os oprimidos do diabo, porque Deus era com ele. (Atos 10.38)*

Os apóstolos priorizavam a pregação do evangelho do Reino, pregando o arrependimento e o batismo nas águas como porta de entrada.

> *Respondeu-lhes Pedro: Arrependei-vos, e cada um de vós seja batizado em nome de Jesus Cristo para remissão dos vossos pecados, e recebereis o dom do Espírito Santo. Pois para vós outros é a promessa, para vossos filhos e para todos os que ainda estão longe, isto é, para quantos o Senhor, nosso Deus, chamar. Com muitas outras palavras deu testemunho e exortava-os, dizendo: Salvai-vos desta geração perversa. Então, os que lhe aceitaram a palavra foram batizados, havendo um acréscimo naquele dia de quase três mil pessoas. (Atos 2.38-41)*

O apóstolo Paulo sempre pregava com ousadia o arrependimento e a fé em Jesus como base para entrarmos no Reino de Deus. O evangelho do Reino de Deus deve ser o tema central de nossa pregação.

> *No passado Deus não levou em conta essa ignorância, mas agora ordena que todos, em todo lugar, se arrependam. Pois estabeleceu um dia em que há de julgar o mundo com justiça, por meio do homem que designou. E deu provas disso a todos, ressuscitando-o dentre os mortos. (Atos 17.30,31, NVI)*

> *E, à medida que seguirdes, pregai que está próximo o reino dos céus. Curai enfermos, ressuscitai mortos, purificai leprosos, expeli demônios; de graça recebestes, de graça dai. (Mateus 10.7,8)*

Como filhos de Deus, nós devemos orar diariamente para que o seu Reino venha e que seja feita a sua vontade aqui na terra como ela é feita no céu.

> *Portanto, vós orareis assim: Pai nosso, que estás nos céus, santificado seja o teu nome; venha o teu reino; faça-se a tua vontade, assim na terra como no céu. (Mateus 6.9,10)*

O Reino de Deus é o Reino de justiça, paz e alegria no Espírito Santo: *Porque o reino de Deus não é comida nem bebida, mas justiça, e paz, e alegria no Espírito Santo. (Romanos 14.17)*

O Reino de Deus deve ser a nossa prioridade. *"Busquem, pois, em primeiro lugar o Reino de Deus e a sua justiça, e todas essas coisas serão acrescentadas a vocês." (Mateus 6.33, NVI)*

Quem não está satisfeito com o reino da terra, deve orar todos os dias para que o Reino dos céus venha e se manifeste neste mundo com poder e grande glória. *Portanto, orem da seguinte forma: Pai nosso que estás no céu, santificado seja o teu nome. Venha o teu reino. Seja feita a tua vontade, assim na terra como no céu. (Mateus 6.9,10).*

Devemos estar tão submissos a Deus quanto os santos anjos que se assentam em sua presença e orar todos os dias para que o Reino comece em cada um de nós, na nossa casa. Que a vontade de Deus seja feita na nossa casa como é feita no céu. No céu, ninguém questiona a vontade de Deus, nenhum anjo, querubim ou serafim. Todos fazem a vontade plena de Deus. Para fazer essa oração, você deve estar comprometido a fazer a vontade de Deus.

Só o Reino de Jesus Cristo é invencível, porque ele com poder e autoridade reinará para sempre.

> *O sétimo anjo tocou a trombeta, e houve no céu grandes vozes, dizendo: O reino do mundo se tornou de nosso Senhor e do seu Cristo, e ele reinará pelos séculos dos séculos. (Apocalipse 11.15)*

Jesus tem toda autoridade no céu e na terra, e na plenitude do seu Reino não tem nenhum espaço para as acusações do Diabo. Este muito em breve será lançado no lago de fogo.

> *Então, ouvi grande voz do céu, proclamando: Agora, veio a salvação, o poder, o reino do nosso Deus e a autoridade do seu Cristo, pois foi expulso o acusador de nossos irmãos, o mesmo que os acusa de dia e de noite, diante do nosso Deus. (Apocalipse 12.10)*

Do Senhor, nosso Deus e Pai, é o Reino, o poder e a glória para sempre. Não podemos nos esquecer de Mateus 6.13, que diz: *"E não nos deixes cair em tentação; mas livra-nos do mal [pois teu é o reino, o poder e a glória para sempre. Amém]!"*.

As rédeas da história da humanidade estão nas mãos do nosso Deus, não nas mãos dos poderosos deste mundo; tudo está debaixo do governo e do controle de Jesus Cristo.

Os filhos de Deus herdarão o Reino eterno. Um Reino em que não há morte, nem tristeza, nem dor, em que a glória é eterna! Em breve estaremos com ele. Jesus nos deu eterna salvação, nos perdoou, nos libertou e escreveu nosso nome no Livro da Vida. Em Jesus, nosso futuro está mais do que garantido e nele estamos seguros.

> *Mas os santos do Altíssimo receberão o reino e o possuirão para todo o sempre, de eternidade em eternidade. (Daniel 7.18)*

> *Até que o Ancião, o Altíssimo, veio e pronunciou a sentença em favor de seu povo santo. Então chegou o tempo de o povo santo tomar posse do reino. (Daniel 7.22, NVT)*

O povo santo herdará o Reino eterno, e todos os governantes da terra, todos os orgulhosos e arrogantes, todos os povos terão que se ajoelhar e se dobrar, servir e obedecer a Jesus Cristo de Nazaré.

Então serão dados ao povo santo do Altíssimo a soberania, o poder e a grandeza de todos os reinos debaixo dos céus. O reino do Altíssimo permanecerá para sempre, e todos os governantes o servirão e lhe obedecerão. (Daniel 7.27, NVT)

Por isso Deus o exaltou à mais alta posição e lhe deu o nome que está acima de todo nome, para que ao nome de Jesus se dobre todo joelho, nos céus, na terra e debaixo da terra, e toda língua confesse que Jesus Cristo é o Senhor, para a glória de Deus Pai. (Filipenses 2.9-11, NVI)

Você sabe o que é conversão? Talvez você pense que conversão seja deixar de mentir, roubar, adulterar, fazer coisas erradas, mas apenas isso não é conversão. Conversão a Cristo é mudança de reino! A verdadeira conversão é ser transportado do império das trevas para o reino de Jesus Cristo.

Dando graças ao Pai, que vos fez idôneos à parte que vos cabe da herança dos santos na luz. Ele nos libertou do império das trevas e nos transportou para o reino do Filho do seu amor. (Colossenses 1.12,13)

Conversão é sermos libertos das garras do Diabo, dos vícios e do pecado; é ser liberto do império das trevas e ser transportado para um novo Reino, o de Jesus Cristo. Isso é conversão. O resto é adesão. Claro que, se você é convertido, não comete nenhum desses pecados, porque tem um estilo de vida santo, que **é fruto do Espírito Santo.**

Quando você se converte a Jesus, passa pelo novo nascimento. O processo da conversão a Cristo requer arrependimento, confissão dos pecados e pedido de perdão, e então acontece o novo nascimento; esse é o único meio de entrarmos no Reino de Deus. No primeiro nascimento, fomos inseridos no reino dos homens, herdando o pecado de Adão; no novo nascimento, entramos no Reino de Deus.

A isto, respondeu Jesus: Em verdade, em verdade te digo que, se alguém não nascer de novo, não pode ver o reino de Deus. Perguntou-lhe Nicodemos: Como pode um homem nascer, sendo velho? Pode, porventura, voltar ao ventre materno e nascer segunda vez? Respondeu Jesus: Em verdade, em verdade te digo: quem não nascer da água e do Espírito não pode entrar no reino de Deus. (João 3.3-5)

Quem vai entrar no Reino de Deus? O Reino dos céus será a morada de todos aqueles que fazem a vontade de Deus, o Pai que está no céu.

Nem todo o que me diz: Senhor, Senhor! entrará no reino dos céus, mas aquele que faz a vontade de meu Pai, que está nos céus. (Mateus 7.21)

Os que colocam a sua confiança e o seu coração nas riquezas deste mundo não entrarão no Reino de Deus. Para entrar, é preciso confiar totalmente em Jesus. Não estou dizendo que você tem que ser pobre, pois você pode ter tudo, desde que essas coisas não possuam o seu coração. O jovem rico foi até Jesus com a pergunta certa, mas foi embora porque amava as riquezas.

Então Jesus disse aos discípulos: "Digo a verdade: Dificilmente um rico entrará no Reino dos céus. E digo ainda: É mais fácil passar um camelo pelo fundo de uma agulha do que um rico entrar no Reino de Deus". (Mateus 19.23,24, NVI)

Os que vivem na prática do pecado não entrarão no Reino eterno do Senhor, nosso Deus. Paulo pergunta:

"Vocês não sabem que os perversos não herdarão o Reino de Deus? Não se deixem enganar: nem imorais, nem idólatras, nem adúlteros, nem homossexuais passivos ou ativos, nem ladrões, nem avarentos, nem alcoólatras, nem caluniadores, nem trapaceiros herdarão o Reino de Deus" (1Coríntios 6.9,10, NVI).

Os que andam na carne seguindo suas paixões, cobiças e desejos não entrarão no Reino de Deus. Se você se arrepender, será perdoado e salvo. Mas, se você morrer na prática desses pecados, não herdará o Reino de Deus.

> *Ora, as obras da carne são manifestas: imoralidade sexual, impureza e libertinagem; idolatria e feitiçaria; ódio, discórdia, ciúmes, ira, egoísmo, dissensões, facções e inveja; embriaguez, orgias e coisas semelhantes. Eu os advirto, como antes já os adverti: Aqueles que praticam essas coisas não herdarão o Reino de Deus. (Gálatas 5.19-21, NVI)*

O Reino de Deus é para pessoas humildes de coração, simples como uma criança. Jesus disse: *"Eu asseguro que, a não ser que vocês se convertam e se tornem como crianças, jamais entrarão no Reino dos céus. Portanto, quem se faz humilde como esta criança, este é o maior no Reino dos céus" (Mateus 18.3,4, NVI).*

O seu destino é brilhar eternamente. Os filhos de Deus, súditos do seu Reino, estão salvos, seguros, garantidos e brilharão eternamente. *"Então os justos brilharão como o sol no reino de seu Pai. Quem é capaz de ouvir, ouça com atenção!" (Mateus 13.43, NVT)*

No dia do juízo das nações, todos os salvos por Cristo Jesus entrarão na posse do Reino eterno que foi preparado desde a fundação do mundo.

> *Então o Rei dirá aos que estiverem à sua direita: "Venham, benditos de meu Pai! Recebam como herança o Reino que foi preparado para vocês desde a criação do mundo". (Mateus 25.34, NVI)*

Essa é aquela pedra que é arrancada sem auxílio de mãos, que destrói a estátua que representa os governos humanos. Está chegando o dia e a hora em que todos os salvos da terra entrarão no Reino eterno do nosso Deus. A história não se encerrará com derrota, mas com festa de celebração e o triunfo de Jesus Cristo e da sua amada igreja.

A nossa oração todos os dias deve ser pela vinda e a manifestação do Reino de Deus em sua plenitude. Nós somos o povo do Reino de Deus e triunfaremos sobre todos os reinos dos homens. Você é convidado a juntar-se aos salvos, aos santos anjos, serafins, querubins, os 24 anciãos, os quatro seres viventes e celebrar com alegria àquele que vive e reina para sempre.

> *Depois disso ouvi nos céus algo semelhante à voz de uma grande multidão, que exclamava: "Aleluia! A salvação, a glória e o poder pertencem ao nosso Deus, pois verdadeiros e justos são os seus juízos. Ele condenou a grande prostituta que corrompia a terra com a sua prostituição. Ele cobrou dela o sangue dos seus servos". E mais uma vez a multidão exclamou: "Aleluia! A fumaça que dela vem, sobe para todo o sempre". Os vinte e quatro anciãos e os quatro seres viventes prostraram-se e adoraram a Deus, que estava assentado no trono, e exclamaram: "Amém, Aleluia!" Então veio do trono uma voz, conclamando: "Louvem o nosso Deus, todos vocês, seus servos, vocês que o temem, tanto pequenos como grandes!" Então ouvi algo semelhante ao som de uma grande multidão, como o estrondo de muitas águas e fortes trovões, que bradava: "Aleluia!, pois reina o Senhor, o nosso Deus, o Todo-poderoso. Regozijemo-nos! Vamos alegrar-nos e dar-lhe glória! Pois chegou a hora do casamento do Cordeiro, e a sua noiva já se aprontou". (Apocalipse 19.1-7, NVI)*

> *Em verdade, em verdade vos digo: se o grão de trigo, caindo na terra, não morrer, fica ele só; mas, se morrer, produz muito fruto. (João 12.24)*

Esse texto é bem interessante. Jesus estava na reta final da sua última semana de ministério terreno, e a Páscoa em Israel se aproximava. Alguns gregos que tinham vindo para participar da festa disseram a Filipe: *"Nós queremos ver Jesus!"*. Filipe e André foram falar com Jesus, dizendo que os gregos queriam vê-lo, e Jesus, então, disse essas palavras, que mostram a sua visão vitoriosa! No meio de tudo que vemos que vai acontecer no tempo do fim, não podemos, de forma alguma, pregar para você uma teologia derrotista. A história não se encerrará com o triunfo de nenhuma outra ideologia. O triunfo do evangelho e da igreja de Jesus é garantido nele.

Jesus Cristo é o grão de trigo original. Ele olhou para a sua morte na cruz não como o fim, mas como o meio de reconciliar, resgatar e salvar a humanidade perdida. Jesus olhou para a cruz e disse: "Eu sou o grão de trigo que, se morrer, dará muitos frutos!". Ele estava vendo todos os que creem nele, os milhões de cristãos que são grãos de trigo parecidos com ele. Ele estava olhando para sua morte como aquilo que traria muitos frutos.

> *Portanto nós também, pois que estamos rodeados de uma tão grande nuvem de testemunhas, deixemos todo o embaraço, e o pecado que tão de perto nos rodeia, e corramos com paciência a carreira que nos está proposta, olhando para Jesus, autor e consumador da fé, o qual, pelo gozo que lhe estava proposto, suportou a cruz, desprezando a afronta, e assentou-se à destra do trono de Deus. (Hebreus 12.1,2, ACF)*

O texto diz: "pelo gozo que lhe estava proposto". A alegria é nos ver redimidos pelo seu sangue. Ser cristão verdadeiro é tornar-se um imitador de Cristo. A expectativa de Deus para você é que você seja um pequeno Cristo. Ele é o Grão de Trigo original, mas você também é, por causa da morte e ressurreição dele, você é um grão de trigo que dá frutos. É preciso que você entenda isso. Por isso, ele disse: *"Se o grão de trigo, caindo na terra, não morrer, fica ele só; mas, se morrer, produz muito fruto"*.

Jesus estava usando uma figura de linguagem conhecida. Todo mundo plantava trigo em Israel. Eu já ouvi uma explicação de que, se você plantar um grão de milho numa terra boa e adubar, vai nascer um pé de milho. Possivelmente, ele vai dar uma espiga ou duas. Agora imagine que uma espiga de milho boa, cheia, tenha no mínimo 600 grãos. A gente pega os 600 grãos, se derem duas espigas cada, e normalmente acontece, vai dar no mínimo 1.200 grãos.

O que Jesus está dizendo é: "Eu vou morrer. Se eu não morrer, vou ficar só; mas, se eu morrer, vou gerar para Deus muitos filhos e filhas, que têm o meu caráter, que são parecidos comigo, que têm a minha essência, que têm a minha vida e que vão habitar comigo na glória da eternidade".

Em Antioquia, a 500 quilômetros de Jerusalém, uma igreja linda nascia entre os gregos e também na colônia de judeus. Barnabé era o pastor dessa cidade, onde um grande avivamento aconteceu. A igreja já existia há dezoito anos, porém eles eram conhecidos como discípulos ou "os do Caminho". Nesse lugar, os discípulos foram chamados pela primeira vez de cristãos, ou pequenos Cristos. *"E, por todo um ano, se reuniram naquela igreja e ensinaram numerosa multidão. Em Antioquia, foram os discípulos, pela primeira vez, chamados cristãos." (Atos 11.26)*

A igreja primitiva e a igreja do Novo Testamento tinham dificuldade de provar para as pessoas que eles não eram deuses. E nós, muitas vezes, temos dificuldade de provar para o mundo que nós somos, de fato, seguidores de Jesus. Ele é o Grão de Trigo original. Eu e você somos trigo. Temos a mesma essência, a mesma unção do Espírito Santo, a mesma graça, o mesmo favor que estava sobre ele. Deus quer que você seja alguém parecido com Jesus, por isso aqueles discípulos foram chamados cristãos, porque eram parecidos com Cristo. Para que você produza muito fruto, precisa fazer o mesmo que ele fez.

> *Porquanto aos que de antemão conheceu, também os predestinou para serem conformes à imagem de seu Filho, a fim de que ele seja o primogênito entre muitos irmãos. (Romanos 8.29)*

Deus está formando uma família com milhões de pessoas, e você, em Cristo Jesus, faz parte da família de Deus. É com essa família espiritual que nós vamos viver toda a eternidade.

Chegou a hora de abraçarmos uma visão vitoriosa e vivermos uma vida extraordinária em Cristo, cheia de bondade, graça, amor, perdão, alegria e poder do Espírito Santo. O Senhor Jesus quer tomar sua mão e levá-lo a pensar e sonhar grande, a ter uma visão exponencial, vitoriosa e realizar grandes coisas para o Senhor.

Ao ouvir essas palavras, talvez você pense que as promessas do Senhor Deus são apenas para o futuro, somente para a glória do céu, mas na verdade as promessas da Bíblia foram escritas para que os filhos de Deus tenham uma vida próspera, abençoada e vitoriosa já aqui. É preciso que você tenha uma mente vitoriosa em todas as áreas de sua vida.

PARA MANTER A VISÃO VITORIOSA, É PRECISO TER PENSAMENTOS VITORIOSOS

Que pensamentos estão ocupando a sua mente? Temos ouvido muita coisa sobre morte e doenças, e eu quero encorajar você a deixar sua mente cheia da Palavra de Deus. Para isso, você tem que ler a Bíblia.

Ninguém vai além do que é capaz de imaginar; portanto, os seus pensamentos determinarão aonde você chegará na sua vida profissional, familiar e no seu relacionamento com o Senhor Jesus. Como o homem pensa consigo mesmo, assim ele é.

Se você começar a ter pensamentos de doenças, de morte e toda sorte de coisas negativas, é exatamente isso que você vai ter; mas, se começar a pensar de uma forma vitoriosa, altruísta, visionária e otimista, você vai vencer!

Porque, como imagina em sua alma, assim ele é. (Provérbios 23.7)

A nossa mente precisa ser transformada e renovada para que possamos experimentar a boa, agradável e perfeita vontade de Deus.

E não vos conformeis com este século, mas transformai-vos pela renovação da vossa mente, para que experimenteis qual seja a boa, agradável e perfeita vontade de Deus. (Romanos 12.2)

A nossa mente deve ser cheia somente do que é bom, positivo, otimista, visionário, amoroso, verdadeiro, justo e santo. Você precisa rejeitar pensamentos de morte, de depressão, de derrota, de medo e preocupações. A nossa batalha começa na nossa mente, e ela não pode ser depósito de coisas ruins. Precisamos filtrar tudo o que ouvimos, vemos e falamos. Nossa mente deve estar cheia da verdade de Deus.

> *Finalmente, irmãos, tudo o que é verdadeiro, tudo o que é respeitável, tudo o que é justo, tudo o que é puro, tudo o que é amável, tudo o que é de boa fama, se alguma virtude há e se algum louvor existe, seja isso o que ocupe o vosso pensamento. (Filipenses 4.8)*

Como cristãos, discípulos de Jesus, devemos pensar diariamente nas coisas do céu.

> *Portanto, se fostes ressuscitados juntamente com Cristo, buscai as coisas lá do alto, onde Cristo vive, assentado à direita de Deus. Pensai nas coisas lá do alto, não nas que são aqui da terra. (Colossenses 3.1,2)*

Quem dominar a mente de um homem domina-o completamente. Portanto, todos os dias temos que vencer as batalhas espirituais que travamos no campo de batalhas da nossa mente. Um livro que recomendo é o de Joyce Meyer, intitulado *Campo de batalha da mente*.[1]

Todos os dias, travamos batalhas. Essas batalhas são causadas por demônios que tentam lançar dardos inflamados do Maligno em nossa mente.

> *Por isso digo: Vivam pelo Espírito, e de modo nenhum satisfarão os desejos da carne. Pois a carne deseja o que é contrário ao Espírito; o Espírito, o que é contrário à carne. Eles estão em conflito um com o outro, de modo que vocês não fazem o que desejam. (Gálatas 5.16,17, NVI)*

---

1 Meyer, Joyce. **Campo de batalha da mente**. Belo Horizonte: Bello Publicações, 2001.

Como filhos de Deus, temos a mente de Cristo. Ele está dizendo que há um conflito interno, um conflito na mente. Ele está dizendo: "Por favor, deixe o Espírito Santo guiar você. Sua mente deve ser governada pelo Espírito Santo, não por você; não seja governado pelas paixões da carne, mas pelo Espírito de Deus. E, se você for guiado pelo Espírito, você venceu a batalha da mente. Não deixe o Inimigo vencer você. Não dê lugar ao Diabo; tenha a mente de Cristo".

> *Pois quem conheceu a mente do Senhor, que o possa instruir? Nós, porém, temos a mente de Cristo. (1Coríntios 2.16)*

Declare: "Eu tenho a mente de Cristo Jesus".

SENTIMENTOS VITORIOSOS

Os nossos sentimentos são enganosos e oscilam muito, por isso o ensino bíblico é que nós devemos ter o mesmo sentimento de Cristo Jesus.

> *Enganoso é o coração, mais do que todas as coisas, e desesperadamente corrupto; quem o conhecerá? (Jeremias 17.9)*

> *Tende em vós o mesmo sentimento que houve também em Cristo Jesus. (Filipenses 2.5)*

Aqui o apóstolo Paulo está falando do sentimento de humildade, pois Jesus, mesmo sendo Deus, não teve por usurpação ser igual a Deus, mas humilhou-se a si mesmo, tomando a forma de servo, sendo obediente até a morte, e morte de cruz. Que o amado Espírito Santo gere em cada um de nós os mesmos sentimentos de Cristo Jesus.

Nossos sentimentos oscilam muito de acordo com as informações que recebemos. Se você recebeu uma boa notícia esta manhã, vai sorrir. Mas, em dias difíceis, é natural que a alma humana fique abatida. Contudo, devemos agir pela fé no Senhor e trazer sempre à memória a razão da nossa esperança. Devemos ter os sentimentos de Cristo, pois eles não oscilam. Não devemos tomar decisões baseadas nos sentimentos, pois há grandes chances de errar.

Por isso, quando você estiver "à flor da pele" com aquele funcionário ou com seu patrão, não tome decisões. Não é apenas contar até 10. Vá para casa, busque conselho, fale com alguém que é cristão, ouça, depois tome a decisão, porque na multidão de conselheiros há sabedoria.

Quantos pecados surgem na hora da emoção? Davi olhou para uma mulher e a achou bonita. A mulher era esposa de um dos três de seus melhores guerreiros. Ele se deixou guiar pela emoção, e assim acontece no nosso dia a dia.

Tenha em você os mesmos sentimentos de Cristo Jesus, mas, se você está com o sentimento um pouco abalado, seja bem-vindo à humanidade. É natural que a alma humana fique abatida, mas, na hora do abatimento da sua alma, não tome decisões; antes, coloque sua alma no devido lugar.

> *Por que estás abatida, ó minha alma? Por que te perturbas dentro de mim? Espera em Deus, pois ainda o louvarei, a ele, meu auxílio e Deus meu. (Salmos 42.5)*

Os maiores homens de Deus na Bíblia tiveram momentos em que a alma estava abatida, mas eles não tomaram decisões, mesmo querendo e precisando que uma decisão fosse tomada. Veja Elias: ele pediu a morte na hora em que a sua alma estava abatida. Jeremias amaldiçoa o dia em que nasceu. Mas, quando Deus falou com esses seus servos, eles foram restaurados.

Abatimento de alma é algo inerente à humanidade. Nós devemos agir pela fé e trazer à memória o que nos traz esperança.

> *Quero trazer à memória o que me pode dar esperança. (Lamentações 3.21)*

Quando estiver abatido, fale assim à sua alma: "Por que você está abatida? Por que não quer mais orar? Por que quer desistir da fé? Por que não quer mais ler a Bíblia? Por que não quer mais depender do Espírito Santo?". Coloque sua alma no lugar. Espere em Deus. Espere nas promessas. Confie na Palavra!

Nós passamos por dores, provações e aflições. Jesus não disse que seria diferente. Jesus afirmou: *"No mundo passais por aflições; mas tende bom ânimo; eu venci o mundo" (João 16.33)*. Ele venceu, e você também vencerá.

Se você está com sua alma abatida, busque Jesus.

Jesus Cristo é a nossa única esperança. Se você está se sentindo cansado, sobrecarregado e abatido, vá a Jesus, e você receberá cura, libertação e salvação.

> *Vinde a mim, todos os que estais cansados e sobrecarregados, e eu vos aliviarei. Tomai sobre vós o meu jugo e aprendei de mim, porque sou manso e humilde de coração; e achareis descanso para a vossa alma. Porque o meu jugo é suave, e o meu fardo é leve. (Mateus 11.28-30)*

Há cura para sua alma em Jesus. Há alívio para sua dor em Jesus. Não deixe que sua dor governe você. Coloque essa dor nas mãos de Jesus. Deixe essa frustração, esse luto. Jesus é o seu auxílio e a sua fortaleza. Ele o fortalece e o toma pela sua mão direita. Ele ergue você e diz: *"Não tenha medo, pois eu estou com você"*.

É preciso que sejamos guiados, dirigidos e governados pelo Espírito Santo.

PALAVRAS VITORIOSAS

O que está saindo da sua boca estes dias? As suas palavras são sempre otimistas, positivas e visionárias?

Jesus sempre falava como um vitorioso, e nós devemos falar da mesma maneira. Devemos falar sempre palavras de bênçãos, que produzem vida, fé e esperança.

Se você quer andar em vitória, tem que falar da vitória da cruz, da vitória da ressurreição.

Jesus sempre falou como vitorioso. Você nunca vai encontrar Jesus falando como um perdedor. Fale como vencedor. Pare de falar de morte, de falência, pare de criticar as pessoas, de criticar o governo. Fale bem da sua cidade, ressalte as qualidades do país abençoado, do estado abençoado e da cidade abençoada em que vive. Você deve declarar com a sua boca que você tem a saúde de Cristo Jesus em você. E, quando você orar sobre os doentes, a doença dele não passará para você, mas a cura vai passar de você para o doente.

> *A morte e a vida estão no poder da língua; o que bem a utiliza come do seu fruto. (Provérbios 18.21)*

A boca fala do que a mente está cheia. Por isso, começamos pelos pensamentos e agora estamos falando das palavras. Sabe por que as vezes você é áspero e grosso? Porque você passa o dia enchendo sua mente de coisas erradas, alimentando-se de violência e morte, seja na TV, seja nas mídias sociais. Se uma pessoa só fala besteira é porque na mente dela só há besteira. Encha a sua mente da Palavra de Deus, dos valores de Deus, da cultura do céu, e da sua boca só vai sair bênçãos. Encha sua mente do amor de Deus, e suas palavras vão refletir isso.

Quando você fala de morte, está glorificando o Diabo. Algumas pessoas só falam de coisas ruins. Se você perguntar a uma dessas pessoas como está, ela sempre vai responder que não está bem e enumerar mil razões de como tudo vai mal na vida dela. Essas pessoas se tornam dependentes de remédios, pois são incapazes de abençoar a própria saúde. Esse tipo de atitude glorifica a Satanás e não a Deus.

> *Raça de víboras, como podeis falar coisas boas, sendo maus? Porque a boca fala do que está cheio o coração. O homem bom tira do tesouro bom coisas boas; mas o homem mau do mau tesouro tira coisas más.*

> *Digo-vos que de toda palavra frívola que proferirem os homens, dela darão conta no Dia do Juízo; porque, pelas tuas palavras, serás justificado e, pelas tuas palavras, serás condenado. (Mateus 12.34-37)*

Como discípulos de Jesus, devemos falar somente palavras que manifestem a cultura, os princípios e os valores do Reino de Deus. Não devemos criticar a nossa nação, a nossa cidade, as igrejas, os irmãos de fé ou qualquer outra pessoa.

> *Não saia da vossa boca nenhuma palavra torpe, e sim unicamente a que for boa para edificação, conforme a necessidade, e, assim, transmita graça aos que ouvem. (Efésios 4.29)*

Ao abrir a boca, devemos ministrar palavras de fé, cura, salvação, libertação, restauração e bênção sobre as pessoas. Fomos chamados para sermos abençoados e para abençoar. Ore pra que o Espírito Santo unja seus lábios para jamais criticar quem quer que seja. Abra seus lábios para glorificar a Deus e abençoar as pessoas. Fale o que é bom. As palavras devem ser usadas para ministrar cura perto e à distância. Jesus curou o servo do centurião romano à distância, usando apenas o poder da Palavra.

> *Tendo Jesus entrado em Cafarnaum, apresentou-se-lhe um centurião, implorando: Senhor, o meu criado jaz em casa, de cama, paralítico, sofrendo horrivelmente. Jesus lhe disse: Eu irei curá-lo. Mas o centurião respondeu: Senhor, não sou digno de que entres em minha casa; mas apenas manda com uma palavra, e o meu rapaz será curado. Pois também eu sou homem sujeito à autoridade, tenho soldados às minhas ordens e digo a este: vai, e ele vai; e a outro: vem, e ele vem; e ao meu servo: faze isto, e ele o faz. Ouvindo isto, admirou-se Jesus e disse aos que o seguiam: Em verdade vos afirmo que nem mesmo em Israel achei fé como esta. [...] Então, disse Jesus ao centurião: Vai-te, e seja feito conforme a tua fé. E, naquela mesma hora, o servo foi curado. (Mateus 8.5-13)*

O apóstolo Pedro, na porta do templo em Jerusalém, liberou uma palavra de cura sobre um homem coxo de nascença, e imediatamente aquele homem foi curado (Atos 3.1-8).

Fale somente o que é bom. Abençoe sempre a sua saúde, a sua casa, a sua família, o futuro dos seus filhos, o lugar onde você trabalha, a igreja, a cidade, o estado e a nação. Manifeste por meio de suas palavras o fruto do Espírito Santo. Fale só o que abençoa, o que constrói. Pela bênção do justo, a cidade prospera. Que haja amor, alegria, paz, bondade e longanimidade nas suas palavras.

> *Mas o fruto do Espírito é: amor, alegria, paz, longanimidade, benignidade, bondade, fidelidade, mansidão, domínio próprio. Contra estas coisas não há lei. (Gálatas 5.22,23)*

Que a sua boca seja a boca de Deus e que as suas palavras sejam as palavras de Deus na terra. Comece abençoando a você mesmo. Coloque a mão sobre a sua cabeça e dê uma ordem sobre o seu corpo agora. Declare que você tem saúde, que sua mente é saudável, que sua alma é liberta, que seu espírito é salvo, que sua pressão é estável, que seus músculos são fortes. Você tem a mesma saúde de Moisés. Você terá longevidade. Você é forte. Você tem a saúde e a vida de Jesus Cristo.

O Muro das Lamentações fica lá em Israel. Por acaso, sua murmuração vai mudar realidades? Então, em vez de murmurar, ore. Orar muda realidades. Leia a Bíblia e declare as promessas de que o impossível vai acontecer diante dos seus olhos.

ATITUDES VITORIOSAS

As nossas atitudes falam mais alto do que mil palavras. Nós devemos ter a mesma atitude de Cristo Jesus. *Seja a atitude de vocês a mesma de Cristo Jesus.(Filipenses 2.5, NVI)*

Se você deseja ser um homem segundo o coração de Deus, então tenha atitude vitoriosa diante das adversidades, assim como Davi, diante do gigante Golias em 1Samuel 17.32,40-51.

As nossas atitudes revelam o nosso amor e cuidado para com os nossos irmãos e nossa compaixão e fé em ação diante das pessoas.

A parábola do bom samaritano:

> *Jesus prosseguiu, dizendo: Certo homem descia de Jerusalém para Jericó e veio a cair em mãos de salteadores, os quais, depois de tudo lhe roubarem e lhe causarem muitos ferimentos, retiraram-se, deixando-o semimorto. Casualmente, descia um sacerdote por aquele mesmo caminho e, vendo-o, passou de largo. Semelhantemente, um levita descia por aquele lugar e, vendo-o, também passou de largo. Certo samaritano, que seguia o seu caminho, passou-lhe perto e, vendo-o, compadeceu-se dele. E, chegando-se, pensou-lhe os ferimentos, aplicando-lhes óleo e vinho; e, colocando-o sobre o seu próprio animal, levou-o para uma hospedaria e tratou dele. No dia seguinte, tirou dois denários e os entregou ao hospedeiro, dizendo: Cuida deste homem, e, se alguma coisa gastares a mais, eu o indenizarei quando voltar. Qual destes três te parece ter sido o próximo do homem que caiu nas mãos dos salteadores? Respondeu-lhe o intérprete da Lei: O que usou de misericórdia para com ele. Então, lhe disse: Vai e procede tu de igual modo. (Lucas 10.30-37)*

As nossas atitudes revelam o nosso amor a Deus e ao nosso próximo.

Qual é a sua atitude com relação à pregação do evangelho de Jesus?

> *Ide, portanto, fazei discípulos de todas as nações, batizando-os em nome do Pai, e do Filho, e do Espírito Santo; ensinando-os a guardar todas as coisas que vos tenho ordenado. E eis que estou convosco todos os dias até à consumação do século. (Mateus 28.19,20)*

A missão que Jesus começou é a nossa missão de vida.

ORAÇÃO VITORIOSA

Clame ao Senhor por grandes coisas.

> *Clame a mim, e eu responderei e direi a você coisas grandiosas e insondáveis que você não conhece. (Jeremias 33.3, NVI)*

Creia que tudo o quanto pedir em oração a Deus, o nosso Pai, você receberá.

> *Peçam, e será dado; busquem, e encontrarão; batam, e a porta será aberta. Pois todo o que pede recebe; o que busca encontra; e àquele que bate, a porta será aberta. Qual de vocês, se seu filho pedir pão, lhe dará uma pedra? Se vocês, apesar de serem maus, sabem dar boas coisas aos seus filhos, quanto mais o Pai de vocês, que está nos céus, dará coisas boas aos que lhe pedirem! (Mateus 7.7-9, 11, NVI)*

Pela fé, creia que você já recebeu o que pediu em oração ao Senhor.

> *Ao que Jesus lhes disse: Tende fé em Deus; porque em verdade vos afirmo que, se alguém disser a este monte: Ergue-te e lança-te no mar, e não duvidar no seu coração, mas crer que se fará o que diz, assim será com ele. Por isso, vos digo que tudo quanto em oração pedirdes, crede que recebestes, e será assim convosco. (Marcos 11.22-24)*

Jesus afirmou que fará o que pedirmos em oração em seu nome.

> *E eu farei o que vocês pedirem em meu nome, para que o Pai seja glorificado no Filho. O que vocês pedirem em meu nome, eu farei. (João 14.13,14, NVI)*

Não há limites para a oração de um discípulo que permanece sempre firme na fé em Jesus.

Se vocês permanecerem em mim, e as minhas palavras permanecerem em vocês, pedirão o que quiserem, e será concedido. (João 15.7, NVI)

A oração é a base para o nosso relacionamento com o nosso Deus.

FÉ VITORIOSA

Ao que lhe respondeu Jesus: Se podes! Tudo é possível ao que crê. (Marcos 9.23)

A fé é a convicção e a certeza das coisas que esperamos do Senhor.

Ora, a fé é a certeza de coisas que se esperam, a convicção de fatos que se não veem. (Hebreus 11.1)

Sem fé é impossível agradar a Deus.

De fato, sem fé é impossível agradar a Deus, porquanto é necessário que aquele que se aproxima de Deus creia que ele existe e que se torna galardoador dos que o buscam. (Hebreus 11.6)

Como discípulos de Jesus Cristo, temos que perseverar sempre firmes na fé.

Em breve, muito em breve "Aquele que vem virá e não demorará. Mas o meu justo viverá pela fé. E, se retroceder, não me agradarei dele". Nós, porém, não somos dos que retrocedem e são destruídos, mas dos que creem e são salvos. (Hebreus 10.37-39, NVI)

VIDA VITORIOSA

Jesus veio e morreu na cruz para nos dar vida plena em todos os sentidos, uma vida próspera e vitoriosa.

> *Eu vim para que tenham vida e a tenham em abundância. (João 10.10)*

Pela fé, declare que em Cristo Jesus você pode todas as coisas.

> *Posso todas as coisas por meio de Cristo, que me dá forças. (Filipenses 4.13, NVT)*

A vontade de Deus é que você seja mais que vencedor.

> *Em todas estas coisas, porém, somos mais que vencedores, por meio daquele que nos amou. (Romanos 8.37)*

A vontade de Deus, o nosso Pai celeste, é que possamos triunfar sempre sobre o pecado, o mundo, a carne e o Diabo.

> *Graças, porém, a Deus, que, em Cristo, sempre nos conduz em triunfo e, por meio de nós, manifesta em todo lugar a fragrância do seu conhecimento. (2Coríntios 2.14)*

Você faz parte da família de Deus, o povo mais feliz da terra, portanto volte a sorrir; a alegria do Senhor é a sua força. O Senhor Jesus, com uma grande visão vitoriosa, suportou a cruz, não fazendo caso da vergonha. Venceu a morte, ressuscitou ao terceiro dia, subiu ao céu e está assentado à direita de Deus Pai.

> *Portanto, também nós, visto que temos a rodear-nos tão grande nuvem de testemunhas, desembaraçando-nos de todo peso e do*

> *pecado que tenazmente nos assedia, corramos, com perseverança, a carreira que nos está proposta, olhando firmemente para o Autor e Consumador da fé, Jesus, o qual, em troca da alegria que lhe estava proposta, suportou a cruz, não fazendo caso da ignomínia, e está assentado à destra do trono de Deus. (Hebreus 12.1,2)*

Tenha uma visão vitoriosa, porque aquele que começou a boa obra em você é fiel para completá-la.

Tenha uma visão vitoriosa, porque Jesus está no controle de todas as coisas no céu, na terra e debaixo da terra.

Tenha uma visão vitoriosa, porque você está destinado a vencer, o seu futuro será maravilhoso e o seu destino final é a glória do céu.

CAPÍTULO 2

O CORDEIRO É A ÚNICA ESPERANÇA

A Bíblia tem apenas uma linha de pensamento do início ao fim. Desde a primeira página do livro de Gênesis até a última página de Apocalipse, toda revelação da Bíblia mostra que Deus, o Criador dos céus e da terra, o Criador da humanidade, busca ter comunhão conosco.

Deus criou o homem, que se afastou, se rebelou, quebrou o relacionamento com ele. E, ao longo de toda a história, vemos Deus buscando reconciliar consigo mesmo o homem perdido. A Bíblia aponta direto para o reconciliador, que é o Senhor Jesus Cristo.

ONDE ESTÁ O CORDEIRO?

Quando o homem pecou no Éden, Deus distribuiu maldições: sobre a serpente, que passou a se rastejar; sobre a mulher, que tem dores de parto; e sobre o homem: *"No suor do rosto comerás o teu pão, até que tornes à terra, pois dela foste formado" (Gênesis 3.19)*. E Deus sentenciou o homem à morte por causa do pecado.

> *Farei que haja inimizade entre você e a mulher, e entre a sua descendência e o descendente dela. Ele lhe ferirá a cabeça, e você lhe ferirá o calcanhar. (Gênesis 3.15, NVT)*

Esse texto fala de uma batalha espiritual entre o bem e o mal; entre os filhos do Diabo e os filhos de Deus. É chamado na teologia de protoevangelho, o primeiro evangelho anunciado, porque aqui Deus está anunciando a vinda do seu Filho; ele está alimentando a expectativa do homem, dizendo: "Na plenitude dos tempos, eu enviarei o Salvador. Você não estará perdido eternamente. Ele pisará a cabeça da serpente". Mediante a promessa que Deus fez em Gênesis 3.15, houve uma expectativa pela vinda do Salvador. As pessoas passaram a viver em função dessa promessa, passada de pai para filho. Ao longo do tempo, Deus ia renovando essa esperança por meio dos seus homens na terra.

Em Gênesis, essa promessa foi verbalizada em forma de pergunta: "Onde está o cordeiro?".

> *Isaque se virou para Abraão e disse: "Pai?". "Sim, meu filho", respondeu Abraão. "Temos fogo e lenha", disse Isaque. "Mas onde está o cordeiro para o holocausto?" (Gênesis 22.7, NVT)*

Essa pergunta perpassou todo o Antigo Testamento, e o Novo Testamento nos trouxe a resposta. No Antigo Testamento, temos mais perguntas do que respostas, porque, durante todo aquele período, as pessoas olhavam para a frente e se perguntavam: "Qual é a razão da nossa esperança?"; "Onde está a solução?"; "Quem nos salvará?"; "Onde está o salvador que foi prometido?"; "Quem nos livrará da morte?". Contudo, a pergunta principal era: "Onde está o cordeiro?".

No dia da saída do povo de Israel do Egito, Deus instituiu a Páscoa, que se tornou a principal festa judaica. No dia da festa, cada família deveria matar um cordeiro branco de um ano, sem defeito. Não se quebrava nenhum osso do animal. Colocava-se o sangue do cordeiro nos portais, e esse sangue era sinal de proteção. Depois, eles assavam a carne e comiam em família. O mais importante é que todos aqueles sacrifícios apontavam diretamente para Jesus Cristo, que viria na plenitude dos tempos, como o Cordeiro de Deus.

> *O SENHOR disse a Moisés e a Arão, no Egito: "Este deverá ser o primeiro mês do ano para vocês. Digam a toda a comunidade de Israel que, no décimo dia deste mês, todo homem deverá separar um cordeiro ou um cabrito, para a sua família, um para cada casa. Se uma família for pequena demais para um animal inteiro, deve dividi-lo com seu vizinho mais próximo, conforme o número de pessoas e conforme o que cada um puder comer. O animal escolhido será macho de um ano, sem defeito, e pode ser cordeiro ou cabrito. Guardem-no até o décimo quarto dia do mês, quando toda a comunidade de Israel irá sacrificá-lo, ao pôr do sol. Passem, então, um pouco do sangue nas laterais e nas vigas superiores das portas das casas nas quais vocês comerão o animal. Naquela mesma noite comerão a carne assada no fogo, com ervas amargas e pão sem fermento. (Êxodo 12.1-8, NVI)*

> *O sangue será um sinal para indicar as casas em que vocês estiverem; quando eu vir o sangue, passarei adiante. A praga de destruição não os atingirá quando eu ferir o Egito. Este dia será um memorial que vocês e todos os seus descendentes celebrarão como festa ao SENHOR. Celebrem-no como decreto perpétuo. (Êxodo 12.13,14, NVI)*

No Antigo Testamento, encontramos mais de 400 profecias sobre o Salvador; todas elas apontam para Jesus. A promessa de Deus sempre foi: "O Salvador virá!".

Ninguém jamais entrou no céu sem Jesus Cristo. Mesmo no Antigo Testamento, desde o primeiro homem que morreu, todos precisaram olhar para o futuro e crer: "O Salvador virá! Eu creio na promessa da vinda do Salvador". E assim eles eram salvos. Hoje somos salvos olhando para trás, para a cruz do Calvário. Ele morreu para pagar o preço dos nossos pecados e ressuscitou para a nossa justificação. Ao mesmo tempo, olhamos para o céu, para o Salvador que está à direita de Deus, aguardando a sua vinda.

Se, com a tua boca, confessares Jesus como Senhor e, em teu coração, creres que Deus o ressuscitou dentre os mortos, serás salvo. Porque com o coração se crê para justiça e com a boca se confessa a respeito da salvação. (Romanos 10.9,10)

A GRANDE RESPOSTA: "EIS O CORDEIRO DE DEUS!"

Para todas as perguntas do Antigo Testamento, nós temos a grande resposta logo no início do Novo Testamento. Essa resposta veio dos lábios de João Batista.

No dia seguinte, viu João a Jesus, que vinha para ele, e disse: Eis o Cordeiro de Deus, que tira o pecado do mundo! (João 1.29)

No dia seguinte, estava João outra vez na companhia de dois dos seus discípulos e, vendo Jesus passar, disse: Eis o Cordeiro de Deus! (João 1.35,36)

Jesus Cristo, o Cordeiro de Deus, é a única esperança de salvação para o homem.

E não há salvação em nenhum outro; porque abaixo do céu não existe nenhum outro nome, dado entre os homens, pelo qual importa que sejamos salvos. (Atos 4.12)

Só Jesus Cristo salva. Com a morte de Jesus, nós somos reconciliados com o Pai. Recebemos o perdão por meio da graça, mediante a fé; e não só o perdão, mas também a salvação e a vida eterna. Jesus é o Cordeiro de Deus que tira o nosso pecado, contanto que creiamos nele como único e suficiente Salvador.

Ele foi oprimido e humilhado, mas não abriu a boca; como cordeiro foi levado ao matadouro; e, como ovelha muda perante os seus tosquiadores, ele não abriu a boca. (Isaías 53.7)

Quando chegaram ao lugar chamado Calvário, ali o crucificaram, bem como aos malfeitores, um à direita, outro à esquerda. Contudo, Jesus dizia: Pai, perdoa-lhes, porque não sabem o que fazem. Então, repartindo as vestes dele, lançaram sortes. (Lucas 23.33,34)

Já era cerca de meio-dia, e a escuridão cobriu toda a terra até as três horas da tarde. A luz do sol desapareceu, e a cortina do santuário do templo rasgou-se ao meio. Então Jesus clamou em alta voz: "Pai, em tuas mãos entrego meu espírito!". E, com essas palavras, deu o último suspiro. (Lucas 23.44-46, NVT)

Jesus é o Cordeiro de Deus que foi morto desde a fundação do mundo. Na mente de Deus, a morte de Jesus era uma agenda do céu para buscar e salvar a humanidade perdida. Por isso, sempre houve esperança. Tudo fazia parte de um projeto de Deus, e, nesse plano, Jesus foi morto desde a fundação do mundo.

E adorá-lo-ão todos os que habitam sobre a terra, aqueles cujos nomes não foram escritos no Livro da Vida do Cordeiro que foi morto desde a fundação do mundo. (Apocalipse 13.8)

Quando o vi, caí a seus pés como morto. Porém ele pôs sobre mim a mão direita, dizendo: Não temas; eu sou o primeiro e o último e aquele que vive; estive morto, mas eis que estou vivo pelos séculos dos séculos e tenho as chaves da morte e do inferno. (Apocalipse 1.17,18)

Então, vi, no meio do trono e dos quatro seres viventes e entre os anciãos, de pé, um Cordeiro como tendo sido morto [...]. (Apocalipse 5.6)

Jesus, porém, tendo oferecido, para sempre, um único sacrifício pelos pecados, assentou-se à destra de Deus. (Hebreus 10.12)

Jesus Cristo ressuscitou dentre os mortos; ficou com os seus discípulos cerca de quarenta dias; depois, subiu ao céu, diante dos olhos deles, e se assentou à destra de Deus.

> *Ditas estas palavras, foi Jesus elevado às alturas, à vista deles, e uma nuvem o encobriu dos seus olhos. E, estando eles com os olhos fitos no céu, enquanto Jesus subia, eis que dois varões vestidos de branco se puseram ao lado deles e lhes disseram: Varões galileus, por que estais olhando para as alturas? Esse Jesus que dentre vós foi assunto ao céu virá do modo como o vistes subir. (Atos 1.9-11)*

Jesus Cristo é a resposta para a sua vida; é a esperança que você busca; é a resposta para a libertação da sua alma e sua salvação eterna. Em Jesus, habita toda a plenitude de Deus. Por isso, a vida eterna consiste em conhecer a Cristo.

> *E a vida eterna é esta: que te conheçam a ti, o único Deus verdadeiro, e a Jesus Cristo, a quem enviaste. (João 17.3)*

> *Em verdade, em verdade vos digo: quem ouve a minha palavra e crê naquele que me enviou tem a vida eterna, não entra em juízo, mas passou da morte para a vida. (João 5.24)*

> *Jesus é o Messias, o enviado de Deus, o ungido de Deus. Disse a mulher: "Eu sei que o Messias (chamado Cristo) está para vir. Quando ele vier, explicará tudo para nós". Então Jesus declarou: "Eu sou o Messias! Eu, que estou falando com você". (João 4.25,26, NVI)*

Jesus é a grande resposta de Deus para todas as expectativas geradas desde o Éden no coração humano. Ele é a resposta para todas as perguntas e inquietações da nossa alma. Jesus Cristo é a nossa única esperança.

> *Paulo, apóstolo de Cristo Jesus, pelo mandato de Deus, nosso Salvador, e de Cristo Jesus, nossa esperança. (1Timóteo 1.1)*

A GRANDE REVELAÇÃO DO APOCALIPSE: *"DIGNO É O CORDEIRO!"*

Vi, na mão direita daquele que estava sentado no trono, um livro escrito por dentro e por fora, de todo selado com sete selos. Vi, também, um anjo forte, que proclamava em grande voz: Quem é digno de abrir o livro e de lhe desatar os selos? Ora, nem no céu, nem sobre a terra, nem debaixo da terra, ninguém podia abrir o livro, nem mesmo olhar para ele; e eu chorava muito, porque ninguém foi achado digno de abrir o livro, nem mesmo de olhar para ele. Todavia, um dos anciãos me disse: Não chores; eis que o Leão da tribo de Judá, a Raiz de Davi, venceu para abrir o livro e os seus sete selos. Então, vi, no meio do trono e dos quatro seres viventes e entre os anciãos, de pé, um Cordeiro como tendo sido morto. Ele tinha sete chifres, bem como sete olhos, que são os sete Espíritos de Deus enviados por toda a terra. Veio, pois, e tomou o livro da mão direita daquele que estava sentado no trono; e, quando tomou o livro, os quatro seres viventes e os vinte e quatro anciãos prostraram-se diante do Cordeiro, tendo cada um deles uma harpa e taças de ouro cheias de incenso, que são as orações dos santos, e entoavam novo cântico, dizendo: Digno és de tomar o livro e de abrir-lhe os selos, porque foste morto e com o teu sangue compraste para Deus os que procedem de toda tribo, língua, povo e nação e para o nosso Deus os constituíste reino e sacerdotes; e reinarão sobre a terra. Vi e ouvi uma voz de muitos anjos ao redor do trono, dos seres viventes e dos anciãos, cujo número era de milhões de milhões e milhares de milhares, proclamando em grande voz: Digno é o Cordeiro que foi morto de receber o poder, e riqueza, e sabedoria, e força, e honra, e glória, e louvor. Então, ouvi que toda criatura que há no céu e sobre a terra, debaixo da terra e sobre o mar, e tudo o que neles há, estava dizendo: Àquele que está sentado no trono e ao Cordeiro, seja o louvor, e a honra, e a glória, e o domínio pelos séculos dos séculos. E os quatro seres viventes respondiam: Amém! Também os anciãos prostraram-se e adoraram. (Apocalipse 5.1-14)

Nesse texto que acabamos de ler, o apóstolo João retrata uma visão que teve da glória do céu. Ele olhou e viu Deus assentado em um alto e sublime trono, segurando um livro na sua mão direita. Ele ouviu um anjo forte bradando para que o Universo todo ouvisse: "Quem é digno de abrir o livro e de lhe desatar os selos?". Mas, em todo o Universo, ninguém foi achado digno nem mesmo de olhar para aquele livro, quanto mais de tomá-lo nas mãos e abri-lo.

João começou a chorar muito, pois pensou: "Não há esperança. Ninguém pode abrir o livro da história da humanidade". No céu, existem 24 seres especiais, os anciãos. E um deles apontou para o meio do céu e disse: "Pare de chorar, porque há esperança, e o nome dela é Jesus Cristo!".

Então, João olhou e não viu Jesus como o cordeiro que foi morto na cruz do Calvário; ele viu o cordeiro com um novo título: "Leão da tribo de Judá". Este foi até o Pai, pegou o livro nas mãos e abriu os seus selos; e ele desenrolou o livro do Apocalipse. Todos os anciãos se prostraram diante dele. Os quatro seres viventes que se prostraram diante de Jesus são seres do mais alto escalão celestial. Todos os anjos, semelhantemente, se prostraram, e explodiu uma adoração no céu, que dizia: *"Digno é o Cordeiro que foi morto de receber o poder, e riqueza, e sabedoria, e força, e honra, e glória, e louvor [...] porque foste morto e com o teu sangue compraste para Deus os que procedem de toda tribo, língua, povo e nação e para o nosso Deus os constituíste reino e sacerdotes; e reinarão sobre a terra" (Apocalipse 5.12,9,10).*

JESUS CRISTO É DEUS

A maior revelação de Deus para os homens é Jesus Cristo! A menção desse nome provoca uma infinidade de emoções, posições e atitudes.

Alguns matam aqueles que creem nele e confessam o seu nome, e outros estão dispostos a morrer por ele.

Jesus Cristo é a pessoa mais famosa de toda a história. No entanto, é uma pessoa tão pouco conhecida, mesmo dentro das igrejas. Muitas pessoas têm uma ideia limitada sobre Jesus ser a pessoa que celebramos no Natal e na Páscoa, desconhecendo realmente quem ele é. Infelizmente, nossa visão de quem é Jesus está limitada às nossas necessidades.

Não estou dizendo que temos que entender e saber explicar toda a teologia sobre Jesus. De fato, é impossível. Mas precisamos ir além na compreensão acerca de quem ele é. Isso nos leva a uma pergunta importante: Quem é Jesus?

Jesus fez essa pergunta certo dia a seus discípulos. Eles já tinham andado um tempo com Jesus; já tinham ouvido os seus ensinos; viram-no realizar vários milagres e até participaram de alguns. Então, Jesus perguntou-lhes: "Quem os homens dizem que eu sou?". E eles responderam: "Uns dizem que você é João Batista; outros dizem que é Elias; e outros dizem que é Jeremias, ou um dos profetas". Depois disso, Jesus perguntou: "E vocês? Quem vocês dizem que eu sou?" (cf. Mateus 16).

Se Jesus fizesse essa pergunta a você, como você responderia?

Para alguns, Jesus é o fundador de uma religião. Para outros, ele é um mito, uma lenda. Para outros, ainda, um mestre, profeta, filósofo, político ou rebelde. A convicção de quem Jesus é define seu destino, pois altera sua identidade. Responder sobre quem é Jesus define quem somos. Quando Pedro declara que Jesus é o Messias, Jesus olha pra ele e diz: *"Tu és Pedro, e sobre esta pedra edificarei a minha igreja, e as portas do inferno não prevalecerão contra ela" (Mateus 16.18, ARA).* Olhamos para Jesus e, ao discernir quem ele é, descobrimos também quem somos.

A sua resposta vai determinar a sua vida, influenciar suas decisões, pois sua vida reflete o que você acredita.

Pedro, respondendo à pergunta de Jesus, disse: *"Tu és o Cristo, o Filho do Deus vivo" (Mateus 16.16).* Isso mudou tudo, pois ele entendeu que Jesus não era apenas um profeta nem simplesmente um mestre religioso. Pedro recebeu uma revelação, um discernimento espiritual de que Jesus era o Messias prometido.

Jesus é a maior revelação de Deus para toda a humanidade. A esperança para a vida. Essa revelação mudou a vida dos discípulos e também tem causado grandes moveres de avivamento durante toda a história da humanidade. E essa revelação pode mudar a sua vida!

Como você responde a essa revelação? É crucial compreender o poder dessa verdade, da declaração de Jesus como Messias, Filho do Deus vivo. Dizer que Jesus é o Filho de Deus é dizer que ele é a Verdade; que ele é o único caminho para um relacionamento com Deus. Por Jesus, podemos experimentar tudo que vem dessa comunhão com o Pai: conhecer Deus e sua graça, misericórdia, paz e alegria. No entanto, se Jesus é simplesmente um homem qualquer, você continua a viver sua vida conforme a sua vontade. Pode até seguir alguns princípios e ensinos de Jesus, mas, na verdade, viverá independente dele.

Se Jesus é quem diz ser, isso exige de nós uma resposta. Não podemos continuar vivendo do mesmo jeito, pois tudo muda a partir do momento em que temos essa revelação. Nosso pensar, nosso falar e nosso agir precisam mudar.

Muitas pessoas pensam que a história de Jesus começa com um anjo visitando uma moça chamada Maria, uma jovem que recebeu a notícia que mudou a história da humanidade, pois o neném prometido que ela segurou em seus braços era o próprio autor da vida, Emanuel, o Filho do Deus vivo.

Precisamos entender que não existe mundo antes de Cristo nem depois de Cristo. Não existe início nem fim, pois, antes de ser colocado numa manjedoura, ele colocou cada estrela em seu lugar. Antes de Jesus multiplicar os pães para alimentar um grupo de mais de 5 mil pessoas, ele deu o maná, o pão do céu, para alimentar todo o povo de Israel no meio do deserto.

Antes de Jesus chamar seus discípulos, ele chamou Abraão. Antes de ele rasgar e abrir o véu do templo, ele abriu o mar Vermelho. Antes de ele andar no jardim de Getsêmani, andou no jardim do Éden. Nunca houve um tempo antes dele e nunca haverá um tempo sem ele.

> *No princípio era o Verbo, e o Verbo estava com Deus, e o Verbo era Deus. Ele estava no princípio com Deus. Todas as coisas foram feitas por ele, e sem ele nada do que foi feito se fez. Nele estava a vida, e a vida era a luz dos homens. E a luz resplandece nas trevas, e as trevas não a compreenderam. (João 1.1-5, ACF)*

> *E o Verbo se fez carne, e habitou entre nós, e vimos a sua glória, como a glória do unigênito do Pai, cheio de graça e de verdade. (João 1.14, ACF)*

> *Eu Sou o Alfa e o Ômega, o Primeiro e o Derradeiro, o Princípio e o Fim. (Apocalipse 22.13, BKJ)*

O Verbo era Deus. O Verbo assumiu um corpo. Deus se tornou homem. Ele se fez carne em Cristo e habitou entre nós, cheio de graça e de verdade.

> *Mas esvaziou-se a si mesmo, vindo a ser servo, tornando-se semelhante aos homens. E, sendo encontrado em forma humana, humilhou-se a si mesmo e foi obediente até à morte, e morte de cruz! (Filipenses 2.7,8, NVI)*

Deus se tornou 100% homem, permanecendo 100% Deus. O Deus todo-poderoso, eterno, infinito, se tornou um de nós. É difícil mesmo entender como isso foi possível, mas é o milagre de Deus unindo carne e divindade, mostrando o seu compromisso com a sua criação, levando-nos de volta à comunhão com ele. Nunca poderíamos resolver o problema do pecado e a sentença de morte que recaía sobre nós. Por isso, ele mesmo decidiu se tornar homem e viver como tal, porém sem pecado, para que pudesse ser o sacrifício perfeito e completo para a salvação da humanidade.

Para garantir essa vitória, Jesus não somente morreu, mas ressuscitou e continua reinando com o eterno Deus. Ele é o Rei dos reis e Senhor dos senhores! Tudo isso pode parecer um mistério, mas Jesus deixou bem claro quem ele é. Os judeus ficaram furiosos quando Jesus revelou sua identidade e tentaram apedrejá-lo.

> *Disse-lhes Jesus: Em verdade, em verdade vos digo que antes que Abraão existisse, eu sou. Então pegaram em pedras para lhe atirarem; mas Jesus ocultou-se, e saiu do templo, passando pelo meio deles, e assim se retirou. (João 8.58,59, ACF)*

Jesus afirmou ser Deus todas as vezes em que declarou "Eu sou...".

Os judeus ficaram furiosos com Jesus, porque ele estava declarando ser Deus. Deus já havia se identificado há muito tempo na história como "Eu Sou", e Jesus usou o próprio nome de Deus para se identificar.

> *Então disse Moisés a Deus: Eis que quando eu for aos filhos de Israel, e lhes disser: O Deus de vossos pais me enviou a vós; e eles me disserem: Qual é o seu nome? Que lhes direi? E disse Deus a Moisés: EU SOU O QUE SOU. Disse mais: Assim dirás aos filhos de Israel: EU SOU me enviou a vós. E Deus disse mais a Moisés: Assim dirás aos filhos de Israel: O Senhor Deus de vossos pais, o Deus de Abraão, o Deus de Isaque, e o Deus de Jacó, me enviou a vós; este é meu nome eternamente, e este é meu memorial de geração em geração. (Êxodo 3.13-15, ACF)*

"Eu Sou" é um dos primeiros nomes que Deus atribuiu a si mesmo. A primeira declaração aparece em Êxodo, quando Moisés pergunta a Deus o que diria quando fosse perguntado pelos israelitas qual era o seu nome. Deus disse a Moisés: "Eu Sou o que Sou".

No Evangelho de João, no Novo Testamento, Jesus utiliza o termo "Eu sou" em sete registros que declaram a sua identidade.

Eu sou o pão da vida. (João 6.35,48,51)

Eu sou a luz do mundo. (João 8.12)

Eu sou a porta das ovelhas. (João 10.7,9)

Eu sou o bom pastor. (João 10.11,14)

Eu sou a ressurreição e a vida. (João 11.25)

Eu sou o caminho, a verdade e a vida. (João 14.6)

Eu sou a videira verdadeira. (João 15.1,5)

Jesus usou a declaração "Eu sou" para revelar que ele era o próprio Deus. Ele não estava falando frases de efeito; ele sabia exatamente o que isso significava.

Salmos 27.1 (ACF) declara: "*O Senhor é a minha luz e a minha salvação; a quem temerei? O Senhor é a força da minha vida; de quem me recearei?*". E Jesus afirmou: *"Eu sou a luz do mundo" (João 8.12)* e *"Eu sou a [...] salvação" (Salmos 35.3).*

Salmos 23.1 declara: *"O Senhor é o meu pastor; nada me faltará".* Todo bom judeu conhecia esse salmo. Então, Jesus disse: "Eu sou o bom pastor".

Jesus é Deus. Este é o ponto inicial por onde começamos a entender sobre Jesus, pois ele é Deus em plenitude, que veio como homem para revelar o Pai e seu plano de amor para conosco. Jesus é Deus eterno. Ele é uma das três pessoas da Santíssima Trindade: Deus Pai, Deus Filho e Deus Espírito Santo. Jesus viveu para fazer a vontade de Deus Pai. Em João 6.38 (ARC), ele declara o seguinte: *"Eu desci do céu não para fazer a minha vontade, mas a vontade daquele que me enviou".*

Jesus entendeu a sua missão desde criança. Sua identidade foi confirmada, de fato, mesmo antes de ele nascer. O anjo anunciou a Maria, a José, aos pastores e aos magos do Oriente que Jesus era o Messias, o Salvador que veio para trazer salvação para toda a humanidade.

Jesus nunca esteve confuso a respeito de quem ele era e sobre qual era o seu propósito de vida.

Um dia, aos 12 anos, Jesus ficou no templo em Jerusalém conversando com os mestres da Lei e líderes religiosos, e, quando Maria e José o encontraram, Maria perguntou a Jesus o que ele estava fazendo. Jesus respondeu: *"Não sabeis que me convém tratar dos negócios de meu Pai?" (Lucas 2.49, ACF).* Ele não tinha nenhuma dúvida, mesmo quando criança, sobre a sua missão.

Sabemos que Jesus não veio por acaso. Ele veio com propósito, e esse propósito está diretamente ligado a nós.

> *Porque Deus amou ao mundo de tal maneira que deu o seu Filho unigênito, para que todo o que nele crê não pereça, mas tenha a vida eterna. Porquanto Deus enviou o seu Filho ao mundo, não para que julgasse o mundo, mas para que o mundo fosse salvo por ele. (João 3.16,17)*

> *É nisto que consiste o amor: não em que tenhamos amado a Deus, mas em que ele nos amou e enviou seu Filho como sacrifício para o perdão de nossos pecados. (1João 4.10, NVT)*

> *[Ele] veio buscar e salvar o perdido. (Lucas 19.10)*

A missão principal de Jesus foi trazer a salvação para a humanidade. Ele veio para trazer as boas-novas; trazer cura e libertação. Jesus, quando na sinagoga, leu a profecia escrita por Isaías:

> *O espírito do Senhor Deus está sobre mim; porque o SENHOR me ungiu, para pregar boas-novas aos mansos; enviou-me a restaurar*

> *os contritos de coração, a proclamar liberdade aos cativos, e a abertura de prisão aos presos; a apregoar o ano aceitável do Senhor e o dia da vingança do nosso Deus; a consolar todos os tristes; a ordenar acerca dos tristes de Sião que se lhes dê glória em vez de cinza, óleo de gozo em vez de tristeza, vestes de louvor em vez de espírito angustiado; a fim de que se chamem árvores de justiça, plantações do Senhor, para que ele seja glorificado. E edificarão os lugares antigamente assolados, e restaurarão os anteriormente destruídos, e renovarão as cidades assoladas, destruídas de geração em geração. (Isaías 61.1-4, ACF)*

Cristo sabia qual era a sua missão. Ele mesmo declarou em Marcos 10.45: *"Pois o próprio Filho do Homem não veio para ser servido, mas para servir e dar a sua vida em resgate por muitos".*

Resgate porque éramos presos e escravos do pecado. Escravos do Inimigo. *"O ladrão vem somente para roubar, matar e destruir; eu vim para que tenham vida e a tenham em abundância" (João 10.10).*

Estávamos nas trevas, sem esperança. Mas Jesus veio como luz para brilhar neste mundo, a fim de que todo aquele que nele crer não permaneça na escuridão. Ele veio para revelar a luz da glória de Deus. Ele não veio somente para chamar a atenção dos homens para Deus, mas também para providenciar o caminho para Deus, o Pai. Ele é o único caminho.

> *Eu sou o caminho, e a verdade, e a vida; ninguém vem ao Pai senão por mim. (João 14.6)*

Jesus veio para destruir as obras de Satanás. *"Aquele que pratica o pecado é do Diabo, porque o Diabo vem pecando desde o princípio. Para isso o Filho de Deus se manifestou: para destruir as obras do Diabo." (1João 3.8, NVI.)*

Ele veio para trazer salvação, libertação, e nos mostrar o caminho para Deus. Por amor a nós, Deus Pai enviou Jesus como cordeiro para morrer a morte que nós merecíamos e nos dar a vida eterna, vida abundante, vida plena que não merecíamos, mas podemos alcançar nele.

> *Quando o vi, caí a seus pés como morto. Porém ele pôs sobre mim a mão direita, dizendo: Não temas; eu sou o primeiro e o último e aquele que vive; estive morto, mas eis que estou vivo pelos séculos dos séculos e tenho as chaves da morte e do inferno. (Apocalipse 1.17,18)*

> *Pelo que também Deus o exaltou sobremaneira e lhe deu o nome que está acima de todo nome, para que ao nome de Jesus se dobre todo joelho, nos céus, na terra e debaixo da terra, e toda língua confesse que Jesus Cristo é Senhor, para glória de Deus Pai. (Filipenses 2.9-11)*

Jesus Cristo está vivo e é o nome sobre todo nome no céu, na terra e debaixo da terra. Jesus Cristo é o Cordeiro de Deus, o Senhor dos senhores e o Rei dos reis, mais que vencedor, e nós também venceremos com ele. Nisso consiste a nossa esperança.

> *Pelejarão eles contra o Cordeiro, e o Cordeiro os vencerá, pois é o Senhor dos senhores e o Rei dos reis; vencerão também os chamados, eleitos e fiéis que se acham com ele. (Apocalipse 17.14)*

No nome de Jesus Cristo, temos a verdade de Deus sobre nós. Sua identidade nos revela o Pai.

> *Porque um menino nos nasceu, um filho se nos deu; o governo está sobre os seus ombros; e o seu nome será: Maravilhoso Conselheiro, Deus Forte, Pai da Eternidade, Príncipe da Paz. (Isaías 9.6)*

Infelizmente, a maioria das pessoas não tem a visão correta de quem é Jesus; por isso, não consegue viver a vida plena prometida por ele. Vamos entender como discernir quem é Jesus afeta nossa maneira de viver e determina o nosso destino.

JESUS PARA MIM

Ao responder "Quem é Jesus para mim?", falamos da pessoa de Jesus.

Sabemos que Jesus é o eterno Deus. Isso é uma verdade absoluta. Mas como isso afeta a minha vida? Jesus é Deus. Existe um Deus, e não sou eu, nem você.

Quando queremos viver pensando que somos o Deus da nossa vida ou desejamos viver de forma autossuficiente, buscamos a independência, que é um caminho de morte, longe da comunhão com Deus. A comunhão com o Pai nos leva a um caminho de dependência, de entendimento de que Deus é soberano e de que sua vontade é absoluta.

Quando eu penso em Jesus para mim, declaro que ele é Deus, e eu sou dependente dele. Não vivo mais de acordo com a minha vontade. Paulo disse:

> *Não sabeis que entre todos os que correm no estádio, na verdade, somente um recebe o grande prêmio? Correi de tal maneira que o alcanceis! Todos os que competem nos jogos se submetem a um treinamento rigoroso, e isso, para obter uma coroa que logo se desvanece; no entanto, nós nos dedicamos para ganhar uma coroa que dura eternamente. Portanto, não corro como quem corre sem alvo, e não luto como quem apenas soca o ar. Mas esmurro o meu próprio corpo e faço dele meu escravo, para que, depois de haver pregado aos outros, eu mesmo não venha a ser reprovado. (1Coríntios 9.24-27, KJA)*

JESUS POR MIM

A pergunta "Quem é Jesus por mim?" trata da obra de redenção: encarnação, crucificação, ressurreição e ascensão.

Reconheço a obra que Jesus fez por mim como algo que eu não poderia fazer para mim mesmo. Essa obra incrível de Deus se fazer homem e habitar entre nós foi um ato de humildade, uma decisão de chegar até nós para que pudéssemos compreender o seu amor.

É surreal quando entendemos que a crucificação foi a missão de Cristo. Ninguém matou Jesus. Ele não foi executado porque era um criminoso rebelde ou blasfemador. Ele decidiu se entregar na cruz por mim e por você. O maior ato de amor de Jesus por nós foi a cruz. Jesus morreu por nós, mas, para garantir a vitória sobre a morte, Jesus ressuscitou. A ascensão mostra o que Jesus continua fazendo por nós: ele subiu e sentou-se à direita de Deus Pai e intercede por nós.

> *Olhando para Jesus, autor e consumador da fé, o qual, pelo gozo que lhe estava proposto, suportou a cruz, desprezando a afronta, e assentou-se à destra do trono de Deus. (Hebreus 12.2, ACF)*

> *A qual a seu tempo mostrará o bem-aventurado, e único poderoso Senhor, Rei dos reis e Senhor dos senhores. (1Timóteo 6.15, ACF)*

> *Quem os condenará? É Cristo Jesus quem morreu, ou melhor, quem ressuscitou, o qual está à direita de Deus e também intercede por nós. (Romanos 8.34, NAA)*

JESUS SOBRE MIM

Ao responder “Quem é Jesus sobre mim?”, falamos da sua autoridade e do seu governo. Jesus é Rei dos reis e Senhor dos senhores! Sempre foi e sempre será Deus.

Não podemos nos esquecer disso. Às vezes, nosso foco está em Jesus e em seu tempo aqui na terra, e nos esquecemos da real magnitude de quem é Jesus. Por isso, Jesus fez os discípulos se lembrarem disso em Mateus 28.18: *"Toda a autoridade me foi dada no céu e na terra"*.

Então, a verdade é que Jesus reina e governa com poder e autoridade para sempre. Mas é ele, de fato, quem governa a nossa vida?

Paulo mostrou em Romanos 10.9: *"Se, com a tua boca, confessares Jesus como Senhor e, em teu coração, creres que Deus o ressuscitou dentre os mortos, serás salvo"*. Dessa forma, se cremos em Jesus, precisamos tomar posição. Se Jesus é o nosso Senhor, ele tem o governo sobre nossa vida, nossa vontade, nossas decisões e nosso destino.

JESUS DENTRO DE MIM

Paulo declarou: *"Fui crucificado com Cristo. Assim, já não sou eu quem vive, mas Cristo vive em mim. A vida que agora vivo no corpo, vivo-a pela fé no filho de Deus, que me amou e se entregou por mim" (Gálatas 2.20, NVI).*

Preciso tomar posse de que eu tenho uma nova identidade em Cristo. Quando eu entrego a minha vida a Cristo, não sou mais o mesmo; sou uma nova pessoa. Em 2Coríntios 5.17, Paulo afirma: *"Se alguém está em Cristo, é nova criatura; as coisas antigas já passaram; eis que se fizeram novas"*. Eu em Cristo, e Cristo em mim, me torna nova criatura. Esse é o novo nascimento.

Certa vez, Nicodemos foi ao encontro de Jesus. Ele era um dos chefes judeus e estava muito admirado dos sinais que Jesus realizava, reconhecendo a ação de Deus em tais acontecimentos. Jesus falou a Nicodemos que, se alguém não nascesse da água e do Espírito, não poderia ver o Reino de Deus.

> *E havia entre os fariseus um homem, chamado Nicodemos, príncipe dos judeus. Este foi ter de noite com Jesus, e disse-lhe: Rabi, bem sabemos que és Mestre, vindo de Deus; porque ninguém pode fazer estes sinais que tu fazes, se Deus não for com ele. Jesus respondeu, e disse-lhe: Na verdade, na verdade te digo que aquele que não nascer de novo, não pode ver o reino de Deus. Disse-lhe Nicodemos: Como pode um homem nascer, sendo velho? Pode, porventura, tornar a entrar no ventre de sua mãe, e nascer? Jesus respondeu: Na verdade,*

na verdade te digo que aquele que não nascer da água e do Espírito, não pode entrar no reino de Deus. O que é nascido da carne é carne, e o que é nascido do Espírito é espírito. Não te maravilhes de te ter dito: Necessário vos é nascer de novo. O vento assopra onde quer, e ouves a sua voz, mas não sabes de onde vem, nem para onde vai; assim é todo aquele que é nascido do Espírito. (João 3.1-8, ACF)

Imagine o rosto reflexivo de Nicodemos ao questionar: "Como pode um homem nascer, sendo velho? Pode, porventura, tornar a entrar no ventre de sua mãe, e nascer?". Percebemos que Nicodemos não compreendeu o sentido das palavras de Jesus Cristo, mesmo ele sendo um príncipe judeu.

Jesus ainda ressalta: "O que é nascido da carne é carne, e o que é nascido do Espírito é espírito". Em seguida, Jesus fala a Nicodemos acerca do Espírito Santo como o vento, que "assopra onde quer, e ouves a sua voz, mas não sabes de onde vem, nem para onde vai; assim é todo aquele que é nascido do Espírito".

Todo aquele que nasceu de novo não vive mais para fazer a sua vontade, mas vive para servir e revelar o Pai, assim como Jesus o fez. Precisamos ter clareza sobre nosso propósito e nossa missão.

JESUS POR MEIO DE MIM

Outra pergunta é: "Quem é Jesus por meio de mim?". Nossa resposta demonstra como com nossas ações estamos cumprindo e dando continuidade à missão de Jesus Cristo.

Jesus veio por muitos motivos e várias missões: salvar, libertar, curar, restaurar, ser exemplo, mostrar o caminho, mas também ele iniciou uma missão chamada igreja. E a missão da igreja ainda não terminou. De fato, ainda está em construção. É aqui que nós entramos. Somos obras-primas de Deus, em Cristo Jesus, para fazer as boas obras. Precisamos cumprir a missão de Cristo, a obra que Deus preparou para que nós a praticássemos. Jesus falou em Mateus 28.19: *"Ide [...] fazei discípulos"*. Em João 20.21, Jesus disse: *"Assim como o meu Pai me enviou, eu também vos envio"*.

> *Assim como nos escolheu, nele, antes da fundação do mundo, para sermos santos e irrepreensíveis perante ele; e em amor nos predestinou para ele, para a adoção de filhos [...]. (Efésios 1.4,5)*

Deus nos predestinou para ele, para sermos seus filhos. Nosso principal propósito, para o qual fomos criados, se resume em termos de um relacionamento íntimo e pessoal com nosso Pai. Em Efésios, temos um texto bíblico incrível que descreve por que fomos salvos e para que estamos aqui. Isso responde às nossas maiores indagações internas: Quem somos? De onde viemos? E para onde vamos?

> *E vos vivificou, estando vós mortos em ofensas e pecados, em que noutro tempo andastes segundo o curso deste mundo, segundo o príncipe das potestades do ar, do espírito que agora opera nos filhos da desobediência; entre os quais todos nós também antes andávamos nos desejos da nossa carne, fazendo a vontade da carne e dos pensamentos; e éramos por natureza filhos da ira, como os outros também. Mas Deus, que é riquíssimo em misericórdia, pelo seu muito amor com que nos amou, estando nós ainda mortos em nossas ofensas, nos vivificou juntamente com Cristo (pela graça sois salvos), e nos ressuscitou juntamente com ele e nos fez assentar nos lugares celestiais, em Cristo Jesus; para mostrar nos séculos vindouros as abundantes riquezas da sua graça pela sua benignidade para conosco em Cristo Jesus. Porque pela graça sois salvos, por meio da fé; e isto não vem de vós, é dom de Deus. Não vem das obras, para que ninguém se glorie; porque somos feitura sua, criados em Cristo Jesus para as boas obras, as quais Deus preparou para que*

andássemos nelas. Portanto, lembrai-vos de que vós noutro tempo éreis gentios na carne, e chamados incircuncisão pelos que na carne se chamam circuncisão feita pela mão dos homens; que naquele tempo estáveis sem Cristo, separados da comunidade de Israel, e estranhos às alianças da promessa, não tendo esperança, e sem Deus no mundo. Mas agora em Cristo Jesus, vós, que antes estáveis longe, já pelo sangue de Cristo chegastes perto. Porque ele é a nossa paz, o qual de ambos os povos fez um; e, derrubando a parede de separação que estava no meio, na sua carne desfez a inimizade, isto é, a lei dos mandamentos, que consistia em ordenanças, para criar em si mesmo dos dois um novo homem, fazendo a paz, e pela cruz reconciliar ambos com Deus em um corpo, matando com ela as inimizades. E, vindo, ele evangelizou a paz, a vós que estáveis longe, e aos que estavam perto; porque por ele ambos temos acesso ao Pai em um mesmo Espírito. Assim que já não sois estrangeiros, nem forasteiros, mas concidadãos dos santos, e da família de Deus; edificados sobre o fundamento dos apóstolos e dos profetas, de que Jesus Cristo é a principal pedra da esquina; no qual todo o edifício, bem ajustado, cresce para templo santo no Senhor. No qual também vós juntamente sois edificados para morada de Deus em Espírito. (Efésios 2.1-22, ACF)

Somos da família de Deus. Não somos mais forasteiros e peregrinos sem rumo nesta vida. A cada dia, somos edificados em Cristo para sermos morada de Deus em Espírito. Deus quer mais do que visitar nossa vida e nosso coração; ele quer habitar em nós permanentemente.

Nosso propósito de vida é termos comunhão com o Pai por meio de Cristo. Jesus era um com o Pai. Assim também, devemos ser um com ele. *"Eu e o Pai somos um." (João 10.30.)* Você pode afirmar que a sua vida revela Deus? Suas ações, escolhas, seu temperamento, sua fala refletem o Pai?

A Bíblia é bem clara sobre o que Deus espera de nós e sobre qual é a nossa missão. Nossa vocação e missão é revelar o Pai em nós, é sermos um com ele e manifestarmos isso em nossa vida.

> *Vós, porém, sois raça eleita, sacerdócio real, nação santa, povo de propriedade exclusiva de Deus, a fim de proclamardes as virtudes daquele que vos chamou das trevas para a sua maravilhosa luz. (1Pedro 2.9)*

Podemos escolher viver do nosso modo, desprezando a vontade Deus, ou podemos escolher um caminho mais excelente: o caminho da comunhão com Deus, da vida no Espírito, santa e separada do mundo. Uma vida que reflete a luz e as virtudes de Deus.

CAPÍTULO 3

DISCERNINDO O TEMPO

"Sentença contra Dumá. Gritam-me de Seir:
Guarda, a que hora estamos da noite? Guarda, a que horas?
Respondeu o guarda: Vem a manhã, e também a noite;
se quereis perguntar, perguntai; voltai, vinde."
(Isaías 21.11,12)

As cidades da época do profeta Isaías eram cercadas por muralhas e tinham torres de vigia, de onde os guardas varavam a madrugada, vigiando os muros. O interessante do texto de Isaías que abre este capítulo é que o profeta faz a pergunta a alguém que não era de Israel. Dumá era um dos príncipes descendentes de Esaú, da região da Jordânia, nos dias de hoje. Ele pergunta duas vezes a mesma coisa: "A que hora estamos da noite?". Vamos refletir com base nisso.

Começo com algumas perguntas: "A que hora estamos na história da humanidade? Você sabe que horas são no relógio de Deus?". Uma coisa é saber a hora do nosso relógio; outra é saber a hora do relógio de Deus. Então, sigo perguntando: "Você sabe quanto tempo ainda temos como igreja do Senhor?". No meu ponto de vista, estamos mais perto do fim da história da humanidade do que nunca.

O cristianismo ocidental tornou-se tão capitalista, humanista e materialista que perdeu de vista a razão da nossa esperança, que é a segunda vinda de Cristo. Em meio a tantas notícias ruins e preocupações, tenho uma boa notícia para você: estamos perto do fim de toda maldade, perto do fim da existência do mal, perto do arrebatamento da igreja do Senhor Jesus.

É possível que façamos parte da última geração da igreja de Jesus na terra. Se realmente formos, é um grande privilégio; significa que não passaremos pela morte, mas seremos arrebatados e subiremos ao encontro do Senhor. No entanto, essa possibilidade traz uma grande responsabilidade, que é sabermos discernir o tempo, de forma que estejamos preparados para a volta de Jesus e façamos a obra missionária enquanto é tempo.

Os sinais do tempo do fim estão se cumprindo em muitos lugares do Planeta. Como nós assistimos a muitos desses sinais pelos telejornais, não nos damos conta de que eles são precursores da segunda vinda de Cristo. Deus, porém, quer que vivamos com sabedoria, discernindo o tempo e nos preparando para a volta iminente do Senhor Jesus Cristo.

Assistimos ao *tsunami* que aconteceu na Indonésia, Ásia e Japão e nos contentamos com a explicação científica. Os cientistas falam que foi causado pelo movimento das placas tectônicas que se chocaram, e essa explicação é suficiente para nós. Esquecemo-nos de olhar para a Bíblia, porque ela deixou de ser a referência da igreja e perdemos de vista os sinais bíblicos.

Ao ler Lucas 21, vemos que Jesus disse: *"Nos últimos dias, as nações ficarão apavoradas, desesperadas, pelo bramido do mar e das ondas"*. Jesus falava dos *tsunamis*, mas muitos de nós pensam que a ciência tem uma explicação lógica e aceitável. Não há problema em analisarmos os fatos por uma visão científica, mas nossa fé não pode estar pautada apenas pela ciência. Precisamos olhar para os acontecimentos à luz das Escrituras.

Como filhos de Deus, devemos viver com sabedoria: "Ensina-nos a contar os nossos dias, para que alcancemos um coração sábio" (Salmos 90.12). Este é o único salmo de Moisés, e ele fala sobre a brevidade da vida.

Moisés pede sabedoria para administrar bem o tempo! Administrar bem o tempo que ainda temos é muito importante para estarmos preparados para o encontro com o Senhor, nosso Deus.

A Bíblia fala de uma tribo de Israel chamada Issacar, nome do filho de Jacó. Essa tribo não teve muito destaque, mas era interessante. Os filhos de Issacar eram conhecedores do tempo e da época para saber o que Israel deveria fazer.

> *[Os] filhos de Issacar, conhecedores da época, para saberem o que Israel devia fazer, duzentos chefes e todos os seus irmãos sob suas ordens. (1Crônicas 12.32)*

Trazendo para nossos dias, os filhos de Deus deveriam ser conhecedores da época, para saber o que a igreja deve fazer. Se a igreja não souber o que fazer, ficará enamorada do mundo. Não saber discernir o tempo nos torna cada vez mais acomodados.

A tribo de Issacar sabia o que fazer. Eu gostaria que esse texto fosse sobre a igreja hoje! A igreja hoje sabe o que fazer? Talvez saiba na teoria, mas não na prática. Os pastores e líderes têm a responsabilidade de preparar a igreja como noiva para seu Noivo, o Senhor Jesus Cristo.

Quando eu olho a vida de Daniel, que, além de profeta, era político, vejo um político santo e de oração. Daniel lia a Bíblia; por exemplo, as profecias de Jeremias. Ao ler Jeremias, Daniel entendeu que o tempo do cativeiro era de setenta anos. Em Daniel 9.2, ele começa a orar a Deus, dizendo: *"Deus, o tempo do cativeiro terminou, leva o teu povo de volta".* Daniel orava com discernimento a respeito do tempo que estava vivendo. Penso que essa mesma posição e determinação de Daniel devem ser a da liderança da igreja em geral, de sabermos o tempo pela Palavra de Deus; de olhar os sinais e dizer: "Igreja, prepare-se!". Antigamente, quando se falava da volta de Jesus, a igreja vibrava. Hoje os cristãos não querem mais que Jesus volte. Estão tão apegados à terra que não têm mais saudades do céu.

Eu não sou mensageiro do caos, mas logo "a panela vai ferver". Quando falo isso, estou dizendo que o ambiente aqui vai ficar insuportável para os filhos de Deus. Quando isso acontecer, você vai sentir saudades do céu. Não sou profeta do caos; estou simplesmente dizendo o que está na Bíblia, que fala sobre uma tribulação tão grande que, se Deus não abreviasse os dias de quem estiver na terra, ninguém seria salvo. Por causa dos escolhidos, os dias serão abreviados, conforme o sermão profético de Mateus 24.

Na história de Israel, não foi diferente. Por muitos anos, os filhos de Israel não sentiram saudades da terra prometida. Algumas pessoas, erroneamente, afirmam que o cativeiro durou quatrocentos anos. Contudo, pelos primeiros trezentos anos, os israelitas foram os ricos da terra do Egito. José governou o Egito por oitenta anos. Quando chegaram ao Egito, os israelitas eram os irmãos do governador-geral. Enquanto durou a dinastia, eles eram ricos, moravam na melhor terra e tinham o maior rebanho e as melhores casas. Nesse tempo, eles não tinham saudade do céu, nem sonhavam com a terra prometida.

Certo dia, porém, mudou a dinastia, e veio o cativeiro. Foi então que eles começaram a sonhar com a terra prometida. Somente no cativeiro do faraó e com o crescimento da nação de Israel, o povo sentiu saudades da terra prometida. Êxodo 2 fala de um clamor, e Deus libertou o seu povo.

Hoje eu anseio por esse dia em que a igreja vai sentir saudades do céu outra vez. O dia em que a igreja voltará a entender que estamos na terra, mas que esta não é nossa morada definitiva. Estamos aqui de passagem. A nossa morada é o céu, e a nossa cidade é a nova Jerusalém. A igreja precisa enxergar isso outra vez.

O SÁBIO SABE DISCERNIR O TEMPO E O MODO

Somos exortados a viver como sábios, aproveitando bem cada oportunidade porque os dias são maus: *"Portanto, vede prudentemente como andais, não como néscios, e sim como sábios, remindo o tempo, porque os dias são maus" (Efésios 5.15,16).* Em outras palavras: "Vejam como vocês estão andando! Andem com sabedoria! Aproveitem bem cada oportunidade".

O apóstolo João exorta-nos para nos preparar para o fim, dizendo que, no relógio de Deus, a última hora começou há muito tempo: *"Filhinhos, já é a última hora; e, como ouvistes que vem o anticristo, também, agora, muitos anticristos têm surgido; pelo que conhecemos que é a última hora" (1João 2.18).*

Se você é cético a respeito da segunda vinda de Cristo e pensa que João errou ao dizer que já era chegada a última hora dois mil anos atrás, você está enganado. João não errou. Se o apóstolo João estivesse pregando em nossos dias, diria: "Filhinhos, a última hora já começou há muito tempo. Vocês estão vivendo os últimos minutos!".

> *Há, todavia, uma coisa, amados, que não deveis esquecer: que, para o Senhor, um dia é como mil anos, e mil anos, como um dia. (2Pedro 3.8)*

Deus não se move de forma cronológica, não está preso nem limitado ao tempo. Deus se move de eternidade a eternidade. Enquanto nós estamos presos no *cronos*, Deus vê tudo como um eterno presente. Mas nós estamos tão enamorados desta terra, tão fascinados pelo capitalismo e por todos os sonhos que podemos realizar, que vivemos um cristianismo da terra para a terra, tão humanista que perdemos a visão do céu.

Hoje o que chama a atenção é a mensagem dos *coaches*, porque a mensagem motivacional diz que você pode e vai chegar ao seu objetivo, mas isso é humanismo. Está na hora de a igreja voltar os olhos para o céu outra vez, de sentir saudades do céu e clamar pela segunda vinda de Cristo.

Deus se revela àqueles que o amam e vivem em profunda comunhão com o Espírito Santo. Viver com sabedoria é ser amigo de Deus. Deus decidiu que, antes de fazer qualquer coisa aqui na terra, falaria com os seus profetas. Ele revela o que vai fazer aos seus amigos íntimos.

Certamente, o SENHOR Deus não fará coisa alguma, sem primeiro revelar o seu segredo aos seus servos, os profetas. (Amós 3.7)

Essa intimidade com Deus, você não vai atingir na internet. Você só vai atingir essa intimidade com Deus se dobrar os joelhos e tiver um tempo com Deus no seu lugar secreto. A revelação acontece no lugar secreto.

Se você precisa de sabedoria, peça a Deus com fé, e você receberá. Salomão pediu sabedoria a Deus, e o Senhor a concedeu.

Em Gibeom o SENHOR apareceu a Salomão num sonho, à noite, e lhe disse: "Peça-me o que quiser, e eu darei a você". Salomão respondeu: "Tu foste muito bondoso para com o teu servo, o meu pai, Davi, pois ele foi fiel a ti, e foi justo e reto de coração. Tu mantiveste grande bondade para com ele e lhe deste um filho que hoje se assenta no seu trono. Agora, SENHOR, meu Deus, fizeste o teu servo reinar em lugar de meu pai, Davi. Mas eu não passo de um jovem e não sei o que fazer. Teu servo está aqui no meio do povo que escolheste, um povo tão grande que nem se pode contar. Dá, pois, ao teu servo um coração cheio de discernimento para governar o teu povo e capaz de distinguir entre o bem e o mal. Pois quem pode governar este teu grande povo?" O pedido que Salomão fez agradou ao Senhor. Por isso Deus lhe disse: "Já que você pediu isso e não uma vida longa nem riqueza, nem pediu a morte dos seus inimigos, mas discernimento para ministrar a justiça, farei o que você pediu. Eu darei a você um coração sábio e capaz de discernir, de modo que nunca houve nem haverá ninguém como você". (1Reis 3.5-12, NVI)

O homem inteligente planeja a vida até o fim da sua aposentadoria, mas o sábio prepara-se para a eternidade. Ser sábio é viver para a eternidade, porque a nossa verdadeira pátria é o céu.

Pois a nossa pátria está nos céus, de onde também aguardamos o Salvador, o Senhor Jesus Cristo. (Filipenses 3.20)

O sábio é aquele que sabe discernir o tempo e o modo. Ser sábio é diferente de ser inteligente. Para ser inteligente, basta pegar alguns livros e se dedicar aos estudos. Isso qualquer um pode fazer. Fazer uma boa faculdade, ter uma boa profissão e planejar a aposentadoria é inteligente, mas não significa que é sábio. Sábio é aquele que vive para a eternidade. Se você não é sábio, vive só da terra para a terra. Cristianismo da terra para a terra é tradição religiosa. Precisamos viver o cristianismo dos céus para a terra e da terra para o céu, pois a nossa pátria é o céu.

> *Mas a nossa cidade está nos céus, de onde também esperamos o Salvador, o Senhor Jesus Cristo. (Filipenses 3.20, ACF)*

A sabedoria, segundo a Bíblia, começa com o temor ao Senhor. O coração do sábio discerne o tempo e o modo; sabe o que fazer, a maneira correta de agir.

> *Quem guarda o mandamento não experimenta nenhum mal; e o coração do sábio conhece o tempo e o modo. Porque para todo propósito há tempo e modo; porquanto é grande o mal que pesa sobre o homem. (Eclesiastes 8.5,6)*

A Bíblia diz que aquele que guarda o mandamento não experimenta nenhum mal, e o seu coração, ou consciência, conhece o tempo e o modo.

> *Se, porém, algum de vós necessita de sabedoria, peça-a a Deus, que a todos dá liberalmente e nada lhes impropera; e ser-lhe-á concedida. (Tiago 1.5)*

Os patriarcas, apóstolos e profetas sabiam, antes de morrer, o tempo de sua morte por meio da revelação do Senhor. Jacó, por exemplo, chegou ao Egito com 130 anos, morou ali por dezessete anos e, aos 147, sabia que chegou o tempo da sua partida. Então, chamou os seus filhos em volta de sua cama, abençoou-os e profetizou sobre a descendência deles. As profecias de Jacó foram tão sérias que uma delas ainda nem se cumpriu, mesmo feita 3.750 anos atrás.

Ao primeiro filho, Jacó disse: "Rúben, você é a minha força; você é o meu primogênito. Mas você não vai herdar a bênção de Abraão porque você se prostituiu com a minha concubina Bila, no meu leito" (cf. Gênesis 49.3,4). Rúben perdeu a bênção por ter uma atitude carnal, por se prostituir. Receber a bênção de Abraão significava que o Cristo viria da linhagem daquela pessoa.

A Simeão e Levi, disse: "Vocês também perderam a bênção de Abraão, porque vocês dois mataram homens em Siquém. E vocês foram tão maus que cortaram até as pernas de bois. Vocês também perderam a bênção que vem de Abraão" (cf. Gênesis 49.5-7). Diná, filha de Jacó, tinha sido violentada, e seus irmãos planejaram a vingança. Simeão e Levi chamaram aqueles homens que tinham feito mal à sua irmã e propuseram um acordo no qual eles deveriam se circuncidar. No terceiro dia de circuncisão, quando estavam no auge da dor, Simeão e Levi mataram todos eles e perderam a bênção por serem violentos.

Você imagina que Jacó deveria estar louco, porque estava bem velhinho e em seu leito de morte, mas ele olha para Judá e diz: "Judá é leão. O cetro de autoridade vai estar na sua mão até que venha Siló"(cf. Gênesis 49.9,10). Siló é o primeiro título de Jesus no Antigo Testamento. Então, a profecia foi: "Até que venha o Messias!". E mais: "A ele os povos seguirão e obedecerão!". E o leão? Até aí, o leão não havia aparecido; ele tinha dito: "Judá é leão"! Jesus vem, estabelece seu ministério, morre na cruz, ressuscita, e nada do leão da profecia de Jacó aparecer, até os anos 90 a 95 d.C., a época da revelação do Apocalipse a João. Em Apocalipse 5, vemos Deus com o livro da história da humanidade, o livro da vida, e um anjo forte bradando: *"Quem é digno de abrir o livro e de romper seus selos?" (v. 2, A21).*

João chorou muito, pois pensou que nos céus ou na terra não existia ninguém digno de olhar para aquele livro, quanto mais de abri-lo.

Então, enquanto João chorava, um dos arcanjos falou: “Pare de chorar! Olhe o Leão da Tribo de Judá. Ele desceu para abrir o livro e romper os seus sete selos!”(cf. Apocalipse 5.5). Então, Jesus pegou o livro, e um novo louvor explodiu nos céus: “Digno é o cordeiro que foi morto e reviveu, de receber o poder, a sabedoria, a força, a honra e a glória e o louvor; porque foste morto e com teu sangue compraste para Deus os que procedem de toda tribo, língua, povo e nação”(cf. Apocalipse 5.12,9).

Jacó continuou profetizando sobre seus filhos. Chamou Dã e disse: “Vai ter um governante do povo da sua tribo”. E a este também disse: “Dã é serpente!”. O governante de Dã foi Sansão. A primeira parte dessa profecia se cumpriu, mas a segunda parte, em que ele diz que Dã é serpente, significa que a serpente é Satanás, o que significa que o anticristo viria da descendência de Dã. Essa é a parte da profecia que ainda não se cumpriu. Quando você ler a Bíblia, fique atento aos detalhes. Em Apocalipse 7, a tribo de Dã não aparece mais na contagem; é substituída pela tribo de Manassés.

Jacó já estava velho e morrendo. Então, disse para um filho: “Judá, você é leão!” e para outro: “Dã, você é serpente!”. Tenso e desconfortável, Jacó estava dando destino aos seus filhos com uma palavra profética.

Depois que Jacó deu a última profecia ao seu décimo segundo filho, morreu. O homem de Deus deve pregar o evangelho, profetizar e orar até morrer.

Pastor Yoon, da Yonsei Central Baptist Church, Seul, Coreia do Sul, aos 38 anos, terminava o seminário teológico quando foi acometido de um câncer agressivo. Seu estado era terminal. Era um câncer no fígado que tomou parte do estômago e do intestino. Ele já tinha metástase, estava mal por dentro e expirava um mau odor. Sua esposa, uma mulher muito carinhosa e temente a Deus, dizia: “Homem de Deus tem que morrer pregando ou orando”.

Certa vez, numa conferência de uma semana na igreja, ela disse: “Levante--se! Você vai pregar!”. Ela o amarrou ao púlpito, literalmente, porque ele não conseguia ficar em pé sozinho. Ela dizia para ele: "Pregue, até morrer!". E ele pregava até desmaiar. Então, ela o levava para o fundo da igreja, pegava água gelada, jogava no rosto dele e, quando ele acordava, dizia: "Você não morreu ainda. Volte a pregar!". Isso se repetiu durante toda aquela semana. Ele pregou a semana inteira e não morreu.

Depois daquela semana, ela disse: *"Você não morreu pregando; vai morrer orando".* Então, pegou-o, colocou-o no carro, subiu ao monte, colocou-o no meio da floresta próximo a um córrego, montou uma barraquinha, pegou uma porção de arroz cru, deu a ele e disse: "Fique aqui. Você não morreu pregando; vai morrer orando. Se você sentir fome, está aqui o fósforo, o arroz e a água. Você pode fazer um arroz e comer". Ele, porém, não tinha forças nem para se levantar. Então, orou, orou, orou e desmaiou. Ele perdeu a noção de tempo entre estar acordado e desmaiado. Aproximadamente trinta dias depois, ele acordou e sentiu fome. Pegou uns gravetinhos que a esposa tinha deixado, pôs fogo neles, pegou a panelinha, arrastou-se até a água, tomou um punhado de arroz, cozinhou e comeu. Ele estava se sentindo um pouco melhor.

Depois de comer, sentado no alto da montanha, ouviu uns gemidos. Sem forças para caminhar, ele se arrastou por aproximadamente trinta metros. Então, viu sua esposa orando enquanto caminhava em volta de uma árvore, de tal forma que já havia sulcos no trajeto que ela fazia. Havia mais de trinta dias que ela estava ali, orando e clamando pela cura dele. Ele ficou abismado. Durante aqueles dias, ele pensara: "A minha esposa me deixou aqui, sozinho, para morrer, assim como meus dois filhos". Todos aqueles dias, ele achava que tinha sido abandonado à morte, mas sua esposa estava lutando por ele de dia e de noite, como uma guerreira.

Pastor Yoon é um amigo. Já fui à Coreia algumas vezes, e ele já esteve em Marília comigo por quatro dias. Eu perguntei: "Quantos dias o senhor ficou no monte, pastor?", e ele me respondeu que desceram e subiram o monte diversas vezes, totalizando cerca de 90 dias. Depois, voltaram a ir para a igreja.

A igreja do pastor Yoon tem trinta e quatro anos e mais de 800 mil membros. Foram eles que começaram o avivamento da igreja em células. O templo da Yonsei Central Baptist Church é o mais lindo que eu conheço. A esposa do pastor é muito discreta, faz tudo nos bastidores. Os pais dela foram mártires quando a Coreia do Norte invadiu o Sul. Ela diz: "O homem de Deus tem que morrer orando ou pregando".

O nosso problema é que vamos ao médico e, quando ele dá o diagnóstico de câncer, a gente se desespera e pensa: "Acabou!". Eu sei bem o que é sobreviver ao câncer, pois também passei por um diagnóstico positivo. Os médicos deram o prognóstico de morte em dois a três meses. Eu tinha 40 anos e hoje estou com 58. Isso ocorreu dezoito anos atrás. Eu sei o que é sobreviver ao câncer.

Nós temos sete igrejas no sertão do Nordeste. Uma de nossas igrejas fica em Afogados da Ingazeira, a 480 quilômetros de Recife, no vale do Pajeú, divisa com a região da caatinga. Eu estava de visita lá no dia em que meu pai morreu. Tinha visitado meu pai mais ou menos um mês antes de viajar, e ele estava bem. Meu pai morava em Palmas, no Tocantins. Certa quinta-feira, meu irmão me ligou e disse que nosso pai estava mal e precisava ser internado. No sábado, ele fez uma cirurgia, que correu bem. No domingo, eu ia pregar a última mensagem do primeiro congresso do MDA (Modelo de Discipulado Apostólico) Sertão e, quando eu estava para subir ao púlpito para pregar, recebi uma mensagem de minha irmã, dizendo: "Nosso pai acaba de morrer". Eu amava o meu pai, mas naquele momento não compartilhei com ninguém aquela notícia. Peguei o celular, coloquei-o no silencioso e entreguei-o a uma pessoa, dizendo: "Segure para mim...". Então, orei: "Deus, me dá condições de pregar da melhor forma que eu puder!". Preguei por quarenta e cinco minutos. Quando fiz o apelo, 30 jovens entregaram a vida a Jesus.

Eu sei o que é pregar durante um câncer. Sei o que é fazer quimioterapia na sexta e pregar no domingo. Sei o que é pregar na hora de uma grande perda. Um homem de Deus não deve baixar a cabeça nos momentos difíceis.

Estêvão, um dos sete discípulos escolhidos para ajudar na ação social, foi além, operava sinais e maravilhas; por isso, era perseguido e ia morrer. A liderança do Sinédrio o odiava. Se eu e você estivéssemos no lugar dele, talvez ficássemos furiosos. Ao ler Atos 6.15, vemos que o rosto de Estêvão brilhava. Um homem de Deus, até no meio das maiores provas, tem o rosto reluzente.

É preciso tão pouco para fecharmos o semblante atualmente! Temos de deixar a luz de Deus brilhar no nosso coração, porque o coração alegre aformoseia o rosto, independentemente da circunstância, perda ou dor que estamos atravessando. Se você estiver cheio do Espírito Santo, seu rosto vai resplandecer.

OS PATRIARCAS SABIAM O TEMPO DE SUA PARTIDA

O Espírito Santo de Deus revelou ao profeta Elias o dia do seu arrebatamento ao céu. O mais interessante é que, na semana do arrebatamento de Elias, 200 outros profetas do Senhor receberam a mesma revelação.

> *Quando estava o SENHOR para tomar Elias ao céu por um redemoinho, Elias partiu de Gilgal em companhia de Eliseu. Disse Elias a Eliseu: Fica-te aqui, porque o SENHOR me enviou a Betel. Respondeu Eliseu: Tão certo como vive o SENHOR e vive a tua alma, não te deixarei. E, assim, desceram a Betel. Então, os discípulos dos profetas que estavam em Betel saíram ao encontro de Eliseu e lhe disseram: Sabes que o SENHOR, hoje, tomará o teu senhor, elevando-o por sobre a tua cabeça? Respondeu ele: Também eu o sei; calai-vos. (2Reis 2.1-3)*

Quando chegaram em Betel, os seminaristas da época já tinham recebido a revelação do arrebatamento de Elias. Eles chamaram Eliseu de lado para comunicar: "Eliseu, você está sabendo que é hoje o arrebatamento do seu discipulador?". O texto mostra que Deus revelou o dia do arrebatamento do seu principal profeta, Elias. Com certeza, tinham muito mais que 50 alunos nesse seminário.

Parece que Eliseu está sendo mal-educado com os discípulos dos profetas que chegaram para falar do arrebatamento de Elias, pois ele ordena que se calem. Mas o que Eliseu está dizendo é que ele já havia recebido a mesma revelação. É como se Eliseu quisesse deixar Elias pensar que não estava sabendo: "Não falem alto; Elias não precisa saber que estamos cientes do que está para acontecer".

No entanto, por que Deus fez questão de revelar, antecipadamente, o arrebatamento de Elias a esses homens? Para que eles fossem testemunhas.

Elias, em seu último dia antes de ser transladado, dá uma aula de discipulado a Eliseu. Primeiro, levou Eliseu a Gilgal, lugar do primeiro acampamento do povo de Deus na terra prometida, onde Josué circuncidou milhares de jovens nascidos no deserto e onde o maná parou de cair. Depois, foi a Betel, onde Jacó teve a visão da escada que ia da terra aos céus, onde os anjos subiam e desciam. Em seguida, vão à Jericó, onde Elias ensina sobre resistência e onde as muralhas caíram. De Jericó, Elias vai ao Jordão, e, junto com ele, vão Eliseu e mais 50 discípulos dos profetas, os mesmos homens que avisaram Eliseu sobre o arrebatamento de Elias. Ao chegar às margens do Jordão, Elias diz: "Eliseu, aqui nossos pais passaram a pés enxutos. Mais de 3 milhões de pessoas passaram aqui a pés enxutos. Vamos repetir esse milagre!". Elias bate com sua capa nas águas, e o rio Jordão se abre, e então eles passam a pés enxutos, enquanto os 50 discípulos ficam parados à margem.

Eu já fui a Jerusalém algumas vezes e conheci o rio Jordão. Ele é bem estreito. Para nós, no Brasil, chamaríamos de riacho, um córrego pequeno. Assim que eles atravessaram, Elias foi arrebatado. Aqueles discípulos assistiram a Elias subindo aos céus como em um redemoinho.

Como podemos saber que o viram? Quando Eliseu volta, eles dizem assim: "Deixa-nos procurar o corpo de Elias. Talvez o Senhor o deixou em alguma montanha" (cf. 2Reis 2.16). Eles tanto assistiram ao arrebatamento de Elias que queriam procurar o corpo, pois pensavam que Deus poderia ter deixado o corpo de Elias em algum lugar. Eliseu disse que não deveriam ir, mas depois permitiu que o procurassem. Então, buscaram o corpo por três dias e nada encontraram, pois o corpo de Elias tinha sido arrebatado.

O arrebatamento do profeta Elias ao céu foi assistido, ao vivo e em cores, por 51 homens. Isso me dá base para crer no arrebatamento visível da igreja de Jesus. O dia em que você for arrebatado, seus amigos vão assistir à sua subida aos céus. Será visível! Ou você se prepara ou, se for deixado para trás, a porta se fechará. Não haverá segunda chance depois do arrebatamento da igreja. Num piscar de olhos, em todo o mundo, o arrebatamento será visível, assim como aqueles 51 homens viram Elias subir aos céus. Deus deixou isso como exemplo e lição para o futuro. Tudo que aconteceu com Israel é exemplo para nós.

Não estou dizendo que você vai saber o dia do arrebatamento. Ninguém jamais saberá o dia do arrebatamento da igreja e da volta de Jesus. Mas, se você for íntimo de Deus, afirmo que o Espírito Santo vai dizer a você: "Filho, está chegando a hora! Filho, está muito próximo. Filho, este é o tempo".

Cabe a nós, como filhos de Deus, ler a Bíblia, ver os sinais, ouvir o Espírito Santo e estar preparados para a volta de Jesus a qualquer momento. Faça o que você tem que fazer agora! Quer viver o avivamento? É agora! Quer ganhar almas e fazer discípulos? É agora! Algumas coisas nós só podemos fazer agora, como ganhar almas e fazer discípulos. Outras coisas nós poderemos fazer lá no céu, como adorar, louvar, exaltar, glorificar. Então, se você quer fazer alguma coisa e atrair os céus para a terra, este é o tempo, esta é a hora!

O problema é que igreja tem a Bíblia na mão, mas não no coração. Os escribas e fariseus religiosos que tinham a Bíblia na mão, mas não tinham revelação nem discernimento, não perceberam o tempo da vinda de Jesus. Abra bem os seus olhos, olhe ao seu redor e veja os sinais da iminente segunda vinda de Cristo. Os magos do Oriente não tinham a Bíblia na mão, mas discerniram o tempo do nascimento de Jesus. Eles andavam debaixo de revelação; por isso, ao ver a estrela, fizeram uma longa viagem, de aproximadamente 1.400 quilômetros até Belém, para adorar a Jesus e oferecer as suas ofertas. Os líderes judeus não discerniram o tempo do nascimento de Jesus, nem o tempo do ministério de Jesus, por isso não o receberam. *"Veio para o que era seu, e os seus não o receberam." (João 1.11.)*

A igreja precisa andar debaixo de revelação da Palavra e do Espírito Santo para os nossos dias. Todo mover traz a revelação do Espírito. Este é o tempo de o Espírito Santo se revelar. Cuidado para não andar com a Bíblia na mão, mas fora da revelação.

Os fariseus, com a Bíblia na mão, rejeitaram o autor da Bíblia, quando o próprio Deus veio viver no meio deles. Já os magos andavam debaixo de uma revelação que descendia de Daniel. Aquela geração de magos tinha se livrado da morte e se convertido por causa de Daniel, quinhentos anos antes de Cristo. Eles sabiam o dia em que o Rei Jesus chegara porque eram uma linhagem que andava debaixo de revelação.

> *E, tendo nascido Jesus em Belém de Judeia, no tempo do rei Herodes, eis que uns magos vieram do oriente a Jerusalém, dizendo: Onde está aquele que é nascido rei dos judeus? Porque vimos a sua estrela no oriente, e viemos a adorá-lo. E o rei Herodes, ouvindo isto, perturbou-se, e toda Jerusalém com ele. E, congregados todos os príncipes dos sacerdotes, e os escribas do povo, perguntou-lhes onde havia de nascer o Cristo. E eles lhe disseram: Em Belém de Judeia; porque assim está escrito pelo profeta: E tu, Belém, terra de Judá, de modo nenhum és a menor entre as capitais de Judá; porque de ti sairá o Guia que há de apascentar o meu povo, Israel. Então Herodes, chamando secretamente os magos, inquiriu exatamente deles acerca do tempo em que a estrela lhes aparecera. E, enviando-os a Belém, disse: Ide, e perguntai diligentemente pelo menino e, quando o achardes, participai-mo, para que também eu vá e o adore. E, tendo*

eles ouvido o rei, partiram; e eis que a estrela, que tinham visto no oriente, ia adiante deles, até que, chegando, se deteve sobre o lugar onde estava o menino. E, vendo eles a estrela, regozijaram-se muito com grande alegria. E, entrando na casa, acharam o menino com Maria sua mãe e, prostrando-se, o adoraram; e abrindo os seus tesouros, ofertaram-lhe dádivas: ouro, incenso e mirra. (Mateus 2.1-11, ACF)

A revelação é para os íntimos de Deus. Simeão, pelo Espírito Santo, recebeu a revelação de que não morreria antes de ver Jesus e pegá-lo no seu colo. Então, um dia, Simeão estava no templo quando os pais de Jesus o levaram para apresentá-lo ao sacerdote; Jesus tinha 40 dias de nascido. Então, Simeão pegou Jesus no colo e disse: *"Agora, Senhor, podes despedir em paz o teu servo, segundo a tua palavra; porque os meus olhos já viram a tua salvação" (Lucas 2.29,30)*. Simeão sabia que aquele bebê era Jesus por meio de revelação.

Esta geração da igreja não tem mais andado por revelação porque não desenvolve intimidade com Deus.

O apóstolo Paulo sabia o tempo da sua morte: *"Quanto a mim, estou sendo já oferecido por libação, e o tempo da minha partida é chegado" (2Timóteo 4.6)*. O apóstolo Pedro também sabia o tempo de sua partida: *"Certo de que estou prestes a deixar o meu tabernáculo, como efetivamente nosso Senhor Jesus Cristo me revelou" (2Pedro 1.14).*

É verdade que ninguém saberá o dia do arrebatamento, mas você pode saber que o tempo está próximo. O Espírito Santo porá um sentimento muito profundo de santidade, paixão, compaixão, oração e clamor pelos perdidos.

Acredite você ou não, o arrebatamento da igreja acontecerá em breve. O sábio compreende o dia em que está vivendo; prepara-se para encontrar-se com o Senhor Deus. Para os verdadeiros discípulos, a notícia da segunda vinda de Jesus nunca será de tristeza, mas de júbilo. Eles se preparam com alegria para a volta de Jesus, mantendo sempre as vestes alvas, a lâmpada acesa e azeite na vasilha. Precisamos ter lâmpada, azeite e fogo. Fogo fala do Espírito Santo. Azeite fala de unção. Vida no Espírito é muito mais que cantar uma canção; é um estilo de vida de quem anda com Jesus.

> *Então o reino dos céus será semelhante a dez virgens que, tomando as suas lâmpadas, saíram ao encontro do esposo. E cinco delas eram prudentes, e cinco loucas. As loucas, tomando as suas lâmpadas, não levaram azeite consigo. Mas as prudentes levaram azeite em suas vasilhas, com as suas lâmpadas. E, tardando o esposo, tosquenejaram todas, e adormeceram. Mas à meia-noite ouviu-se um clamor: Aí vem o esposo, saí-lhe ao encontro. Então todas aquelas virgens se levantaram, e prepararam as suas lâmpadas. E as loucas disseram às prudentes: Dai-nos do vosso azeite, porque as nossas lâmpadas se apagam. Mas as prudentes responderam, dizendo: Não seja caso que nos falte a nós e a vós, ide antes aos que o vendem, e comprai-o para vós. E, tendo elas ido comprá-lo, chegou o esposo, e as que estavam preparadas entraram com ele para as bodas, e fechou-se a porta. E depois chegaram também as outras virgens, dizendo: Senhor, Senhor, abre-nos. E ele, respondendo, disse: Em verdade vos digo que vos não conheço. Vigiai, pois, porque não sabeis o dia nem a hora em que o Filho do homem há de vir. (Mateus 25.1-13, ACF)*

Na parábola das dez virgens, cinco eram prudentes e cinco insensatas. As dez sabiam que o noivo viria a qualquer momento, mas somente cinco estavam preparadas. As demais dormiram. E, se dormiram, significa que não deram tanta importância a respeito da vinda do noivo. Quem gritou: *"Aí vem o esposo, sai-lhe ao encontro!" (cf. Mateus 25.6)*? Alguém que estava acordado! Alguém que sabe discernir o tempo e o modo levantou no meio da noite e gritou que o noivo estava chegando. Deus manterá seus remanescentes acordados para dizer à igreja: "Levante-se, porque o noivo está chegando!". Serão aqueles que não cairão na sonolência espiritual.

O meu papel é este; estou aqui para avisar você: "Eis o noivo! Jesus está voltando a qualquer momento. Prepare-se!".

Nos quarenta anos em que o povo de Israel passou no deserto, sempre que desmontavam acampamento, tocavam as trombetas; mas, quando a última trombeta era tocada, todos tinham que marchar. Esse é um sinal para a igreja de Jesus.

> *Falou mais o SENHOR a Moisés, dizendo: Faze-te duas trombetas de prata; de obra batida as farás, e elas te servirão para a convocação da congregação, e para a partida dos arraiais. E, quando as tocarem, então toda a congregação se reunirá a ti à porta da tenda da congregação. Mas, quando tocar uma só, então a ti se congregarão os príncipes, os cabeças dos milhares de Israel. Quando, retinindo, as tocardes, então partirão os arraiais que estão acampados do lado do oriente. Mas, quando a segunda vez retinindo, as tocardes, então partirão os arraiais que estão acampados do lado do sul; retinindo, as tocarão para as suas partidas. Porém, ajuntando a congregação, as tocareis; mas sem retinir. E os filhos de Arão, sacerdotes, tocarão as trombetas; e a vós serão por estatuto perpétuo nas vossas gerações. E, quando na vossa terra sairdes a pelejar contra o inimigo, que vos oprime, também tocareis as trombetas retinindo, e perante o Senhor vosso Deus haverá lembrança de vós, e sereis salvos de vossos inimigos. Semelhantemente, no dia da vossa alegria e nas vossas solenidades, e nos princípios de vossos meses, também tocareis as trombetas sobre os vossos holocaustos, sobre os vossos sacrifícios pacíficos, e vos serão por memorial perante vosso Deus: Eu sou o Senhor vosso Deus. (Números 10.1-10, ACF)*

O arrebatamento da igreja de Jesus acontecerá ao ressoar da última trombeta. Algumas delas já tocaram, e precisamos nos preparar.

> *Isto afirmo, irmãos, que a carne e o sangue não podem herdar o reino de Deus, nem a corrupção herdar a incorrupção. Eis que*

vos digo um mistério: nem todos dormiremos, mas transformados seremos todos, num momento, num abrir e fechar de olhos, ao ressoar da última trombeta. A trombeta soará, os mortos ressuscitarão incorruptíveis, e nós seremos transformados. Porque é necessário que este corpo corruptível se revista da incorruptibilidade, e que o corpo mortal se revista da imortalidade. E, quando este corpo corruptível se revestir de incorruptibilidade, e o que é mortal se revestir de imortalidade, então, se cumprirá a palavra que está escrita: Tragada foi a morte pela vitória. (1Coríntios 15.50-54)

Não queremos, porém, irmãos, que sejais ignorantes com respeito aos que dormem, para não vos entristecerdes como os demais, que não têm esperança. Pois, se cremos que Jesus morreu e ressuscitou, assim também Deus, mediante Jesus, trará, em sua companhia, os que dormem. Ora, ainda vos declaramos, por palavra do Senhor, isto: nós, os vivos, os que ficarmos até à vinda do Senhor, de modo algum precederemos os que dormem. Porquanto o Senhor mesmo, dada a sua palavra de ordem, ouvida a voz do arcanjo, e ressoada a trombeta de Deus, descerá dos céus, e os mortos em Cristo ressuscitarão primeiro; depois, nós, os vivos, os que ficarmos, seremos arrebatados juntamente com eles, entre nuvens, para o encontro do Senhor nos ares, e, assim, estaremos para sempre com o Senhor. (1Tessalonicenses 4.13-17)

Jesus Cristo voltará em breve para buscar a sua amada igreja. A Bíblia diz que todos os habitantes da terra verão a segunda vinda de Cristo, descendo do céu com poder e grande glória.

Li um livro certa vez que falava sobre Jesus. O autor iniciava ironizando os marqueteiros de modo geral, dizendo que, se Deus o tivesse consultado antes da vinda de Jesus, ele faria totalmente diferente. Ele diria para Deus construir um palácio lindíssimo de cristal, prepararia o maior *show* pirotécnico, desde as nuvens, e, depois daquele *show*, Deus diria: "O Rei dos reis nasceu!". Depois dessa brincadeira, ele fala sério e descreve Jesus nascendo em Belém da Judeia, os anjos aparecendo aos pastores, e como Deus mudou o mundo por meio daquilo que as pessoas consideraram nada.

O mundo talvez quisesse um *show* na primeira vinda de Jesus, e Deus não deu. Mas o mundo está para ver o maior espetáculo da terra. Dos quatro cantos da terra, de norte a sul, de leste a oeste, todos os olhos verão a segunda vinda de Jesus. Desde a tribo mais simples até a nação mais poderosa, todos verão o céu se rasgar e Jesus, aquele que é sobre todo nome, no céu, na terra e embaixo da terra; o Maravilhoso Conselheiro, Deus Forte, Pai da Eternidade e Príncipe da Paz.

> *Porque, assim como o relâmpago sai do oriente e se mostra até no ocidente, assim há de ser a vinda do Filho do Homem. (Mateus 24.27)*

> *Então, aparecerá no céu o sinal do Filho do Homem; todos os povos da terra se lamentarão e verão o Filho do Homem vindo sobre as nuvens do céu, com poder e muita glória. (Mateus 24.30)*

> *Eis que vem com as nuvens, e todo olho o verá, até quantos o traspassaram. E todas as tribos da terra se lamentarão sobre ele. Certamente. Amém! (Apocalipse 1.7)*

O tempo de entrar pela porta da graça de Deus é agora. Ele descerá como severo juiz. Todos os que não estiverem preparados vão chorar e se lamentar por toda a eternidade, e muitos deles estão dentro das igrejas, brincando de ser cristão. Muita gente está dentro das igrejas, mas não sabe que horas são!

> *Peso de Dumá. Gritam-me de Seir: Guarda, que horas são da noite? Guarda, que horas são da noite? E disse o guarda: Vem a manhã, e*

> *também a noite; se quereis perguntar, perguntai; voltai, vinde. (Isaías 21.11,12)*

Os pastores são os guardiões da igreja: "Guarda, que horas são da noite?". Os pastores são os principais responsáveis por saber e comunicar a hora à igreja de Cristo. Pastores e líderes têm a responsabilidade de discernir o tempo e de comunicar que Jesus está voltando.

> *E alguém lhe perguntou: Senhor, são poucos os que são salvos? Respondeu-lhes: Esforçai-vos por entrar pela porta estreita, pois eu vos digo que muitos procurarão entrar e não poderão. Quando o dono da casa se tiver levantado e fechado a porta, e vós, do lado de fora, começardes a bater, dizendo: Senhor, abre-nos a porta, ele vos responderá: Não sei donde sois. (Lucas 13.23-25)*

Viva para a eternidade, com os pés na terra e o coração no céu. A verdadeira igreja, que se move pelo Espírito Santo, clama pela volta de Jesus.

> *O Espírito e a noiva dizem: Vem! Aquele que ouve, diga: Vem! Aquele que tem sede venha, e quem quiser receba de graça a água da vida. (Apocalipse 22.17)*

Administre com sabedoria o seu tempo; viva para a eternidade. Saiba que, como igreja de Jesus, estamos vivendo os últimos tempos na terra; por isso, temos que orar e vigiar em todo o tempo.

CAPÍTULO 4

OS PRINCIPAIS SINAIS DO TEMPO DO FIM

Os principais sinais que antecedem a segunda vinda de Cristo estão descritos neste capítulo. Todos os sinais que vamos enumerar foram previstos pelo Senhor Jesus Cristo no seu sermão profético, descritos em Mateus 24, Marcos 13 e Lucas 21. Eles revelam que estamos vivendo o tempo do fim.

> *E, estando assentado no Monte das Oliveiras, chegaram-se a ele os seus discípulos em particular, dizendo: Dize-nos, quando serão essas coisas, e que sinal haverá da tua vinda e do fim do mundo? (Mateus 24.3, ACF)*

Diante das perguntas dos discípulos que queriam saber quando tudo isso iria acontecer e quais seriam os sinais da sua vinda, Jesus começou a responder acerca dessas coisas. A Bíblia Sagrada fala mais sobre a segunda vinda de Jesus Cristo do que sobre a primeira vinda. Para sermos mais exatos, ela cita a segunda vinda oito vezes mais que a primeira. A expressão "últimos dias" começou a ser usada durante o ministério de Jesus, porém a expressão "o tempo do fim" tem a ver com os dias finais da história da humanidade.

Entendemos que estamos no tempo do fim porque os sinais estão descritos na Bíblia e se cumprem nos nossos dias. Deus não se limita ao *cronos* como nós, tendo em vista que nos movemos de forma cronológica; Deus se move de eternidade a eternidade. Apesar disso, Jesus disse que, quando víssemos todos os sinais, seria o princípio das dores, mas ainda não o fim. É como a mulher que está grávida e chega o tempo de ter o bebê; então, ela sofre as primeiras contrações de parto, mas ainda faltam algumas horas para o nascimento.

Não estamos dizendo que chegou o fim, mas afirmando que chegou o tempo do fim.

> *Filhinhos, já é a última hora; e, como ouvistes que vem o anticristo, também, agora, muitos anticristos têm surgido; pelo que conhecemos que é a última hora. (1João 2.18)*

> *Porém tudo isto é o princípio das dores. (Mateus 24.8)*

> *Estas coisas são o princípio das dores. (Marcos 13.8)*

O tempo do fim chegou, porém o fim não será logo.

> *Quando ouvirdes falar de guerras e revoluções, não vos assusteis; pois é necessário que primeiro aconteçam estas coisas, mas o fim não será logo. (Lucas 21.9)*

Jesus nos disse que, quando víssemos os sinais, a sua volta estaria muito próxima.

> *Assim também vós: quando virdes todas estas coisas, sabei que está próximo, às portas. (Mateus 24.33)*

A primeira coisa que deve ficar bem clara é que as pessoas jamais souberam e jamais saberão o dia da volta de Jesus. Ele voltará no dia e na hora que a maioria das pessoas não espera.

Mas a respeito daquele dia e hora ninguém sabe, nem os anjos dos céus, nem o Filho, senão o Pai. (Mateus 24.36)

Mas considerai isto: se o pai de família soubesse a que hora viria o ladrão, vigiaria e não deixaria que fosse arrombada a sua casa. Por isso, ficai também vós apercebidos; porque, à hora em que não cuidais, o Filho do Homem virá. (Mateus 24.43,44)

Ficai também vós apercebidos, porque, à hora em que não cuidais, o Filho do Homem virá. (Lucas 12.40)

Ora, ao começarem estas coisas a suceder, exultai e erguei a vossa cabeça; porque a vossa redenção se aproxima. (Lucas 21.28)

No capítulo 22 de Apocalipse, aparece três vezes a frase "Eis que venho sem demora". O Senhor Jesus Cristo voltará repentinamente. Mas, no Sermão do Monte, ele nos deixou sinais para que estivéssemos atentos e preparados. Falaremos mais detalhadamente sobre cada um deles.

GUERRAS

E, certamente, ouvireis falar de guerras e rumores de guerras; vede, não vos assusteis, porque é necessário assim acontecer, mas ainda não é o fim. Porquanto se levantará nação contra nação, reino contra reino. (Mateus 24.6,7)

Quando ouvirdes falar de guerras e revoluções, não vos assusteis; pois é necessário que primeiro aconteçam estas coisas, mas o fim não será logo. (Lucas 21.9)

As guerras sempre existiram ao longo da história. No entanto, se você olhar o século XVI, as guerras mataram cerca de 0,32% da humanidade, 1,6 milhão de pessoas.

Tabela 1	Conflitos custam cada vez mais vidas humanas.		
Período	CONFLITOS RELACIONADOS A MORTES (Milhões)	POPULAÇÃO MUNDIAL, MEADOS DO SÉCULO (Milhões)	MORTES RELACIONADAS A CONFLITOS (%)
Século XVI	1,6	493,9	0,32
Século XVII	6,1	579,1	1,05
Século XVIII	7,0	757,4	0,92
Século XIX	19,4	1172,9	1,65
Século XX	109,7	2519,5	4,35

Source: Conflict deaths data, Silvard 1991, 1996; twentieth century population data, UN 2005d; other population data, Human Development Report Office Interpolation based on Sykes (2004) (table B-10)

No século XVII, esse número cresce para 6,3 milhões de pessoas, o equivalente a 1,06% de toda a população mundial. No século XVIII, esses números continuaram a crescer de forma exponencial, e chegamos ao século XX com o número de 109,7 milhões de pessoas, que corresponde a 4,35% de toda a humanidade.

O século XX foi o período em que ocorreram a primeira e a segunda guerras mundiais. Nesses cem anos da história da humanidade, morreram mais pessoas em guerras do que em todos os milhares de anos da história da humanidade.

É interessante olharmos de forma didática para esses números, porque alguns podem argumentar que sempre houve guerras, e isso é um fato. Nunca, em toda a história, as guerras foram tão devastadoras quanto no século XX.

FOME

O Senhor Jesus fala de fomes, no plural. Ele também explica que haverá fome em vários lugares. Concluímos, assim, que ela não acontecerá em toda a terra, mas em alguns lugares específicos.

Haverá fomes, e pestes, e terremotos, em vários lugares. (Mateus 24.7, ACF)

Haverá grandes terremotos, epidemias e fome em vários lugares. (Lucas 21.11)

Haverá terremotos em vários lugares e também fomes. Estas coisas são o princípio das dores. (Marcos 13.8)

Em 2018, 821,6 milhões de pessoas passaram fome no mundo. Só na América Latina e no Caribe foram 42,5 milhões. De acordo com a ONU (Organização das Nações Unidas), a cada 4 segundos uma pessoa morre de fome no mundo. Esta é a realidade do mundo em que estamos inseridos. Milhões de pessoas estão passando fome neste exato momento.

O diretor-geral do Programa Mundial de Alimentos da ONU, David Beasley, afirmou sobre o período pós-pandemia por covid-19 que "a pandemia pode elevar os casos de fome a proporções bíblicas em poucos meses".

EPIDEMIAS

Lucas era médico e não usa a palavra "pestes", mas "epidemias". As epidemias são um dos sinais de que estamos no tempo do fim e de que Jesus está quase voltando.

Haverá grandes terremotos, epidemias e fome em vários lugares, coisas espantosas e também grandes sinais do céu. (Lucas 21.11)

Porquanto se levantará nação contra nação, e reino contra reino, e haverá fomes, e pestes e terremotos, em vários lugares. (Mateus 24.7, ACF)

A humanidade já passou por várias epidemias, mas vamos falar de apenas duas delas.

PESTE NEGRA

A peste negra, também conhecida como peste bubônica, foi a epidemia mais devastadora já registrada na história humana, tendo resultado na morte de 75 a 200 milhões de pessoas na Eurásia (Europa e Ásia), atingindo o pico na Europa nos anos 1347 a 1351, causando a morte de um terço da população. Vinte e cinco milhões de europeus dos 75 milhões existentes então morreram nesse período. O auge da peste negra se deu entre os anos 1346 e 1353. No século XIV, a peste negra matou cerca de 50 milhões de pessoas na África, Ásia e Europa.

O último grande surto em Londres ocorreu em 1665, dizimando cerca de um quinto da população da cidade. No século XIX, houve outro surto na China e na Índia, que matou mais de 12 milhões de pessoas.

Alguns estudiosos afirmam que estamos vivendo no tempo da grande tribulação por causa do coronavírus. Quero, com todo o respeito, refutar o que eles dizem e afirmar que estão completamente enganados e cairão em descrédito. Na época da peste negra, um terço da população da Europa morreu. Foi absolutamente devastador; um tempo muito parecido com o da covid-19.

GRIPE ESPANHOLA

Outra epidemia que marcou a história da humanidade foi a da chamada gripe espanhola. Ela iniciou nos EUA, entre seu exército, e se estendeu para a Espanha. Como ela se tornou devastadora a partir da Espanha, ficou conhecida como gripe espanhola. Foi uma vasta e mortal pandemia do vírus influenza. De janeiro de 1918 a dezembro de 1920, 500 milhões de pessoas foram infectadas em todos os continentes, cerca de um quarto da população mundial da época. Muitas pessoas morreram, inclusive centenas de milhares de brasileiros.

O mundo já passou por várias epidemias como essas, mas, neste tempo do fim, outras virão sobre a terra. O que vai acontecer será bem mais difícil e devastador do que todas as epidemias já conhecidas. A covid-19 é uma pandemia; portanto, é um dos sinais da segunda vinda de Jesus. Sobrevirão tempos ainda piores do que os que estamos vivendo.

TERREMOTOS

Outro sinal citado por Jesus nesse sermão são os terremotos. Novamente, aqui ele deixa claro que ocorreriam em vários lugares, não em todos. É interessante observar os detalhes da Bíblia, pois são chaves para entender o que está por vir ou que já está acontecendo em nossos dias, apontando para vinda do Senhor.

> *Porquanto se levantará nação contra nação, e reino contra reino, e haverá fomes, e pestes e terremotos, em vários lugares. (Mateus 24.7, ACF)*

> *Haverá grandes terremotos, epidemias e fome em vários lugares, coisas espantosas e também grandes sinais do céu. (Lucas 21.11)*

Sempre houve terremotos na terra; no entanto, nos últimos cem anos, aconteceram em maior número do que em todos os outros anos da história da humanidade.

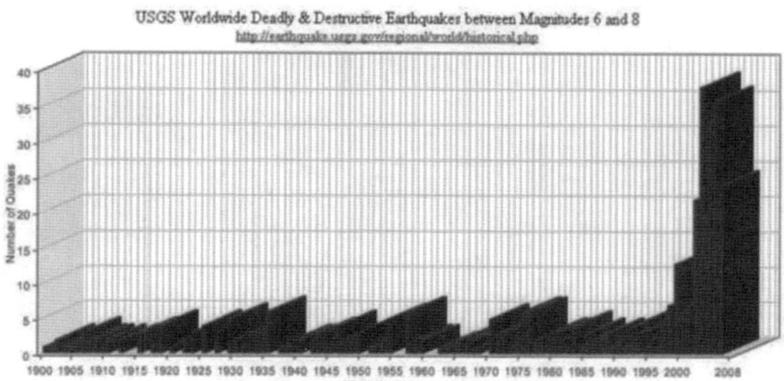

Incidência de terremotos de 1900 a 2008

Fonte: Google.

De 1900 até 2008, observa-se que houve um crescimento assustador no índice de terremotos na terra. Em alguns lugares, chegam a ser pequenos tremores diários, bem como clismas ou cataclismas.

O Senhor disse que ouviríamos acerca de grandes terremotos. Já tivemos vários deles no Japão, no Chile, na Indonésia e em alguns países da Ásia e até da Europa. Mas coisas maiores ainda ocorrerão nesse tempo.

TSUNAMIS

Jesus mencionou que, além dos terremotos, haveria também tsunamis. Falaremos sobre os sinais no sol, na lua e nas estrelas citados em Joel e Apocalipse mais adiante quando mencionarmos a grande tribulação.

> *Haverá sinais no sol, na lua e nas estrelas; sobre a terra, angústia entre as nações em perplexidade por causa do bramido do mar e das ondas. (Lucas 21.25)*

Tivemos dois grandes tsunamis, no Japão e na Indonésia.

Fonte: Broadband TV News. NHK World-Japan to explore historic tsunami.

No Japão, apesar das barreiras para a contenção do mar, nada foi forte o suficiente para conter a força das ondas. Mais de 20 mil pessoas morreram. Na Indonésia, o tsunami foi ainda mais devastador, e cerca de 270 mil pessoas morreram. Não podemos nos esquecer desses acontecimentos, pois eles são sinais deste tempo do fim. Outros tsunamis podem acontecer em escalas ainda mais devastadoras. Jesus previu todas essas coisas.

FALSOS PROFETAS E FALSOS MESSIAS

Jesus falou de alguns sinais que aconteceriam dentro da igreja. Ele fala do surgimento de muitos falsos profetas, que enganariam a muitos.

> *Levantar-se-ão muitos falsos profetas e enganarão a muitos. (Mateus 24.11)*

Falsos profetas existem por toda parte. Muito cuidado com o que você vê na internet, com o que você assiste e quem você ouve. É preciso ter discernimento para identificar a origem das palavras que você ouve. Muitas têm origem na mentira, no engano, na manipulação, no coração dos homens, no desejo de ganância. Existem pessoas que pregam sem experiência com Deus, com aparência de piedade, mas negam a fé e o estilo de vida santo. Esses são os falsos profetas.

Milhares de falsos profetas estão em atividade no mundo. Alguns fazem promessas miraculosas, irreais, e ainda cobram por isso. Uns na televisão, outros nas redes sociais, outros ainda na igreja, e há também os que estão nos pequenos grupos, numa casa, numa célula.

É preciso ter cuidado com pessoas que agradam demais. Os profetas da Bíblia não agiam dessa maneira. Os profetas da Bíblia foram homens e mulheres de Deus, que diziam: "Assim diz o Senhor Deus". Um profeta é a voz do céu na terra. Um profeta é a voz de Deus para os homens. Por isso, na Bíblia, encontramos 2.005 vezes a frase: "Assim diz o Senhor!".

Então, sempre que você ouvir alguém pregando só o que é bom, dizendo que você vai se dar bem, massageando seu ego, cuidado! Os profetas da Bíblia repreenderam reis, corrigiram sacerdotes, pregaram duro contra os falsos pastores que não estavam cuidando das ovelhas.

Estudando Jeremias 23, você verá o profeta pregando contra pastores, sacerdotes, profetas. Em Ezequiel 33.34, o profeta pregava com firmeza contra aqueles que manipulavam e tiravam proveito das ovelhas e contra os que não estavam pastoreando. Os profetas pregaram contra governadores e reis. Por isso, foram mortos; eles não pregavam para massagear o ego de ninguém!

> *Então, Jesus passou a dizer-lhes: Vede que ninguém vos engane. Muitos virão em meu nome, dizendo: Sou eu; e enganarão a muitos. (Marcos 13.5,6)*

> *Respondeu ele: Vede que não sejais enganados; porque muitos virão em meu nome, dizendo: Sou eu! E também: Chegou a hora! Não os sigais. (Lucas 21.8)*

Os falsos profetas de nosso tempo dizem: "Coronavírus, o fim chegou!". Jesus disse: "Não os sigam!". Em Mateus 7.15-23, Jesus disse que os falsos profetas são conhecidos pelos seus frutos. Vejam que eles têm aparência de piedade, pele de ovelha, mas por dentro são lobos vorazes. Se você não sabe o que é um lobo voraz, sugiro que assista a um documentário sobre como um lobo ataca e pega as suas presas.

Jesus cita também, como sinal de sua vinda, o surgimento de falsos cristos. Em todo o mundo, pessoas já se posicionaram como cristos ou messias, todos falsos.

> *Jesus, respondendo, disse-lhes: Acautelai-vos, que ninguém vos engane. Porque muitos virão em meu nome, dizendo: Eu sou o Cristo; e enganarão a muitos. (Mateus 24.4,5, ACF)*

A MULTIPLICAÇÃO DA INIQUIDADE

Jesus revela que, nos últimos anos, a iniquidade tomaria proporções alarmantes. Temos observado que, em todas as nações, a iniquidade tem se multiplicado de forma assustadora.

> *E, por se multiplicar a iniquidade, o amor se esfriará de quase todos. (Mateus 24.12)*

Ao estudar a Bíblia, percebemos que, quando a iniquidade se multiplicava nos tempos de Noé e se tornava generalizada, Deus pôs fim àquela geração com o dilúvio. Sobreviveram apenas oito pessoas, Noé e sua família: sua esposa, seus três filhos e suas três noras. Quando a iniquidade se multiplica, significa que o juízo de Deus está próximo. Quando a iniquidade se multiplicou em Sodoma e Gomorra, veio fogo e enxofre sobre aquela cidade.

É preciso que você entenda que Deus é misericordioso, mas a medida da iniquidade tem um limite diante dele. Deus espera por um tempo, mas depois vem o julgamento se não houver arrependimento.

FRIEZA ESPIRITUAL

Outro sinal do tempo do fim é a frieza espiritual. O tempo de esfriamento do amor de muitos cristãos. Como está a sua vida? Seu devocional? Seu tempo de meditação na Palavra? Sua vida de oração? Preste bastante atenção porque talvez esse sinal esteja acontecendo agora mesmo na sua vida. Jesus disse:

> *E, por se multiplicar a iniquidade, o amor se esfriará de quase todos. (Mateus 24.12)*

Uma das minhas preocupações durante o período de quarentena por causa da covid-19 foi justamente a frieza espiritual. O Diabo deseja que você fique o tempo todo assistindo a filmes, séries, ou conectado a redes sociais, se entediando, preenchendo a vida com as coisas deste mundo e deixando de lado a Bíblia, a oração e a evangelização.

Queremos encorajar você. Volte para a sua vida devocional! Se você quiser estar em pé na volta de Jesus Cristo, se quiser continuar firme na fé, é preciso disciplina espiritual nestes dias, como também manter firme, forte e acesa a chama do primeiro amor por Jesus.

O Senhor Jesus advertiu a igreja de Éfeso sobre o abandono do primeiro amor. Não deixe o seu amor por Jesus esfriar. No livro de Apocalipse, a primeira carta é destinada a Éfeso, uma igreja muito avivada. Agora, vinte anos depois da morte do apóstolo Paulo, a igreja está vivendo um tempo de frieza. Jesus disse:

> *Tenho, porém, contra ti que abandonaste o teu primeiro amor. Lembra-te, pois, de onde caíste, arrepende-te e volta à prática das primeiras obras; e, se não, venho a ti e moverei do seu lugar o teu candeeiro, caso não te arrependas. (Apocalipse 2.4,5)*

Essa palavra também é para você hoje. Volte ao primeiro amor. Pratique as primeiras obras. Lembre-se de quando você se converteu, de quando se apaixonou por Jesus, de quando amava mais as Escrituras Sagradas. Você tinha maior sensibilidade à voz do Espírito Santo. Ouça o Espírito Santo. Volte ao primeiro amor! Do contrário, ele virá e removerá o seu candeeiro, e você deixará de ser igreja!

Satanás criou um ambiente tão terrível, uma atmosfera tão mundana, que o amor de quase todos esfriará! Nossa oração é que essa profecia não se cumpra na minha vida nem na sua, mas que você possa atravessar este tempo tendo seu primeiro amor firme e ativo por Jesus.

O motivo pelo qual a iniquidade é multiplicada é o esfriamento do amor. Esta é a principal característica dos homens deste tempo do fim.

TEMPOS DIFÍCEIS

Paulo, apóstolo de Jesus Cristo, na segunda carta a Timóteo, descreve que, nos últimos dias, sobrevirão tempos difíceis e dá as características dos homens desses dias.

> *Saiba, porém, isto: nos últimos dias, sobrevirão tempos difíceis, pois os homens serão egoístas, avarentos, jactanciosos, arrogantes, blasfemadores, desobedientes aos pais, ingratos, irreverentes, desafeiçoados, implacáveis, caluniadores, sem domínio próprio, cruéis, inimigos do bem, traidores, atrevidos, enfatuados, mais amigos dos prazeres que amigos de Deus, tendo forma de piedade, negando--lhe, entretanto, o poder. Fuja também destes. (2Timóteo 3.1-5)*

Paulo recomenda: "Fuja dessa gente"! Então, fuja de quem é egoísta, avarento, jactancioso, arrogante, ingrato, irreverente, caluniador, cruel, inimigo do bem, traidor, atrevido, mais amigo do prazer que amigo de Deus. Fuja destes! É tempo de santidade, tempo de buscar ao Senhor. É tempo de compromisso com a Palavra de Deus.

Repito que não é meu objetivo aqui assustar você, mas ajudá-lo a entender os sinais. A Bíblia, a Palavra de Deus, fala sobre isso para nós: "quando vocês virem os sinais, não fiquem assustados, pois é só um tempo difícil, mas ainda não é o fim". É o princípio das dores. São as primeiras contrações, ou seja, significa que Jesus voltará em breve.

Quero encorajar você! A Bíblia diz que o sábio tem discernimento do tempo e do modo. A única maneira de um cristão discernir o tempo e o modo é lendo a Bíblia, olhando para os sinais que Jesus Cristo enumerou para conhecer o tempo que nós estamos vivendo. E, a partir daí, saber como agir nesse tempo.

Em 1João 2.18, o apóstolo João escreveu dizendo que nós estamos vivendo a última hora. Queremos dizer uma coisa: o tempo do fim chegou!

Não significa que chegou o fim. Significa que os últimos dias chegaram! Você pode afirmar que João escreveu isso há dois mil anos, dizendo que era a última hora, a que eu responderei que um dia para o Senhor são como mil anos, e mil anos como um dia.

Podemos dizer uma coisa: o ponteiro da hora já deu a volta! Nós estamos vivendo nos últimos dias ou, na maneira de Deus contar o tempo, os últimos minutos. Prepare-se para a volta de Jesus, mas, antes de tudo, esteja firmado na Palavra.

Precisamos estar firmados na Palavra para atravessar o tempo do fim. Estes são dias difíceis, mas os filhos de Deus são guardados e protegidos por Jesus. Deus é poderoso para guardar e levar você a salvo até o último dia.

FORMAÇÃO DA NAÇÃO DE ISRAEL

Fonte: Israel. Banco de Imagens e Fotos de Stock- iStock.

Um dos importantes sinais do tempo do fim é a formação do novo Estado de Israel. Essa foi uma terra que Deus deu a Abraão dois mil anos antes de Cristo. Você conhece a história? Depois, os descendentes de Israel vão para o Egito e retornam sob a liderança de Moisés. Por volta de 1450 a.C., eles entraram e dominaram a terra prometida sob a liderança de Josué e habitaram nessa terra até o ano 70 d.C.

Jesus entrou no templo e, quando ele saiu com seus discípulos, tão impressionados com a magnitude do templo (o templo tinha sido reconstruído por Zorobabel, reformado por Herodes), disse: *"Vocês estão tão impressionados com esse templo, mas não vai ficar aqui pedra sobre pedra que não seja derrubada" (Mateus 24.1,2)* é a profecia de Jesus sobre a destruição do templo.

> *Tendo Jesus saído do templo, ia-se retirando, quando se aproximaram dele os seus discípulos para lhe mostrar as construções do templo. Ele, porém, lhes disse: Não vedes tudo isto? Em verdade vos digo que não ficará aqui pedra sobre pedra que não seja derribada. (Mateus 24.1,2)*

> *Quando, porém, virdes Jerusalém sitiada de exércitos, sabei que está próxima a sua devastação. Então, os que estiverem na Judeia, fujam para os montes; os que se encontrarem dentro da cidade, retirem-se; e os que estiverem nos campos, não entrem nela. Porque estes dias são de vingança, para se cumprir tudo o que está escrito. Ai das que estiverem grávidas e das que amamentarem naqueles dias! Porque haverá grande aflição na terra e ira contra este povo. Cairão a fio de espada e serão levados cativos para todas as nações; e, até que os tempos dos gentios se completem, Jerusalém será pisada por eles. (Lucas 21.20-24)*

No ano 70 d.C., a cidade de Jerusalém foi sitiada pelo exército romano, sob o comando do general Tito. Ele sitiou a cidade, que era toda murada, durante cento e quarenta e cinco dias, numa época de Páscoa. Em Jerusalém, havia uma média de 200 mil habitantes na época, mas, durante a festa da Páscoa, judeus de todos os países iam para Jerusalém. Cerca de 1,2 milhão de pessoas passavam uma semana em Jerusalém. Esse era um ritual obrigatório para todo o povo judeu.

Tito chegou numa semana de Páscoa com o exército romano e sitiou a cidade. Ninguém entrava, e ninguém saía. Eles aguentaram por cento e quarenta e cinco dias, mas a situação de fome estava tão séria que até canibalismo já começava a ser praticado pelos judeus. Então, os judeus abriram os portões da cidade, e Tito entrou com as tropas romanas e matou, de acordo com Flávio Josefo, à espada 1,096 milhão de judeus. Era tanto o sangue que corria em algumas ruas de Jerusalém a ponto de chegar nos estribos dos cavalos.

O povo que restou de Israel foi disperso, a partir do ano 70 d.C., entre muitas nações. Essa dispersão ou diáspora durou 1.878 anos. Contudo, no dia 14 de maio de 1948, com o voto de um brasileiro chamado Oswaldo Aranha, Israel foi reconhecido novamente como nação. O voto de Oswaldo Aranha foi decisivo para que Israel fosse reconhecido novamente como nação.

O povo judeu, espalhado pela Europa, América e África, pôde voltar. Existem documentários interessantes sobre isso. O filme *Missão Mar Vermelho* mostra agentes israelitas no final dos anos 1970 e início dos anos 1980 resgatando judeus da Etiópia com o lema "Nós somos uma família!". Só da Etiópia, mais de 80 mil judeus retornaram para Israel.

Jerusalém tornou-se capital de Israel mil anos antes de Cristo, nos dias do rei Davi. Davi reinou em Hebrom sete anos e, depois, tomou Jerusalém e a tornou capital de Israel. Jerusalém voltou a ser capital de Israel no ano de 1967, no final da Guerra dos Seis Dias.

Os judeus retornaram a Jerusalém, que, desde 1967, tornou-se capital de Israel novamente. Assim se encerra o tempo dos gentios em Jerusalém, cumprindo o que está escrito sobre Jerusalém ser pisada e odiada, até que o tempo dos gentios terminasse.

Tenho ido a Israel uma vez por ano. Já liderei diversas caravanas! E é possível ouvir os judeus que foram resgatados cantando por terem retornado e não estarem mais subjugados. Esse é mais um dos sinais dos últimos dias.

Desde o início deste livro, eu disse que não falaria sobre as escolas escatológicas, mas tem um ponto que quero abordar aqui. Existe uma escola escatológica que afirma que a igreja só existe porque Israel falhou. Essa escola escatológica é perigosa; essa é a corrente dispensacionalista. Ela afirma que vai chegar um tempo, no início da grande tribulação, que a igreja será arrebatada da terra, e Deus passará a tratar de novo apenas com a nação de Israel. Respeito quem segue essa corrente, mas eu a considero perigosa.

A igreja não é um parêntese no plano de Deus, algo como um plano B. A igreja é um mistério que estava oculto através dos séculos e foi revelado em Jesus Cristo desde o chamado de Abraão. Quando Deus chamou Abraão, ele disse: *"Em ti serão benditas todas as famílias da terra!"*. O projeto de Deus era que Israel fosse uma bênção para todas as nações da terra. Isso se concretizou no nosso Senhor Jesus, que vem da nação de Israel. Em Jesus, nós somos abençoados.

Jesus só tem um corpo, a igreja. Ele é o cabeça desse corpo. Quando Jesus voltar, ele vai levar judeus, gregos, brasileiros, norte-americanos, europeus, asiáticos, africanos; gente de todos os povos, tribos, línguas e nações! Todos aqueles que reconheceram Jesus Cristo como Senhor.

Não haverá construção do Terceiro Templo. Não vamos voltar a fazer sacrifício! O sacrifício que deveria acontecer, já se consumou com Jesus Cristo na cruz do Calvário. Deus não levantará Israel como superpotência. O que farei aqui é mostrar o que está escrito na Bíblia! O sinal de Israel já aconteceu.

MULTIPLICAÇÃO DO CONHECIMENTO

Fonte: Google.

Outro sinal é a multiplicação do conhecimento.

A multiplicação do conhecimento é bem interessante. Aparece lá em Daniel 12.4 (KJA):

> *Porém tu, ó querido Daniel, tranca em segredo, mediante um selo, as palavras do Livro, até o tempo próprio do fim. Muitos farão de tudo e correrão de uma parte a outra em busca do maior saber; e o conhecimento se multiplicará muitas e muitas vezes!*

No fim do século XIX, o homem ainda andava na velocidade do cavalo, a mesma desde Adão. A realidade mudou no século XX. A humanidade avançou na área do conhecimento em duzentos anos mais do que em milhares de anos da história. Tivemos o maior avanço tecnológico e científico de todos os tempos nas últimas décadas.

Vamos analisar um gráfico interessante sobre a evolução industrial. Antigamente, no século XVIII, a produção era mecanizada, com divisão nas etapas do trabalho. No século XIX, já tínhamos a eletricidade. No século XX, contávamos com a automação da produção e a tecnologia da informação. Agora estamos no século XXI, a era da inteligência artificial.

Fonte: Pinterest. Match na nova indústria | UOL TAB | Revolução industrial, Revolução, Nova.

Poucas décadas atrás, quando fazíamos uma ligação para o exterior, tínhamos que usar aquele telefone a disco preso por um fio à tomada.

Precisávamos de uma série de números. O custo da ligação era caríssimo. Como num piscar de olhos, poucas décadas passaram, e hoje falamos com qualquer pessoa, em qualquer lugar do mundo, do nosso *smartphone* que carregamos conosco no bolso o tempo todo. Na época do telefone a disco, isso parecia um sonho impossível.

O disco rígido de um computador de antigamente, com capacidade de apenas 5 megabytes, pesava uma tonelada. Hoje um disco rígido de 16GB cabe na palma da mão, pesa apenas alguns gramas e é bem mais potente!

Fonte: made-by-ALexandra: Long history of storage devices (part 1).

Existem outros exemplos bem interessantes, como o GPS e o Uber. Chegamos ao tempo da inteligência artificial, que é e uma ferramenta que o Anticristo vai usar.

Agora, preste atenção. Pensamos que, se houvesse melhor tecnologia, cresceríamos no conhecimento individual e o mundo seria melhor. Contudo, não é a tecnologia ou a ciência que podem construir um mundo melhor, mas o amor exemplar de Deus em Cristo. Esse é o único caminho capaz de erguer uma sociedade justa e sem corrupção.

> *A humanidade falhará em seus planos de construir o mundo maravilhoso e tecnológico como querem, pois falta-lhes a essência*

de todas as coisas: o amor a Deus e ao próximo como a si mesmo. (Professor Daniel de Carvalho Luz)

Veja bem, o conhecimento se multiplicou, a ciência se multiplicou, tivemos o maior avanço científico e tecnológico da história nestes últimos anos, mas a iniquidade aumentou em igual proporção.

Vemos a multiplicação da maldade e também da corrupção. A corrupção no Brasil é generalizada. Vai desde o menor município até a capital do país, Brasília.

Avançamos em nível tecnológico e científico, mas pioramos como seres humanos. O conhecimento científico e tecnológico não traz o amor de Deus, que é essência para uma sociedade justa, abençoada e igualitária. Se você quer um mundo melhor, conheça Deus e o seu amor, conheça Jesus e o projeto dele. Ame ao Senhor de todo o coração e ame seu próximo como a si mesmo.

APOSTASIA DOS CRISTÃOS

O apóstolo Paulo falou em tempo de apostasia. Temos aqui dois tipos de apostasia. A primeira é a dos cristãos e, depois, a generalizada.

> *Ora, o Espírito afirma expressamente que, nos últimos tempos, alguns apostatarão da fé, por obedecerem a espíritos enganadores e a ensinos de demônios, pela hipocrisia dos que falam mentiras e que têm cauterizada a própria consciência. (1Timóteo 4.1,2)*

O grande apóstolo afirma expressamente que, nos últimos tempos, muitos apostatarão da fé. Essa é a apostasia daqueles que afirmavam "Creio em Jesus" e que hoje não creem mais na Bíblia como Palavra de Deus. Os apóstatas afirmam que a Bíblia não é a Palavra de Deus.

A Bíblia é a Palavra de Deus de Gênesis a Apocalipse. Ela é a santa, poderosa e infalível Palavra de Deus em tudo que nela está escrito. Pode passar o céu e a terra, mas as palavras do Senhor jamais passarão. Os homens santos de Deus escreveram o que está na Bíblia da parte do Senhor Deus, movidos pelo Espírito Santo. Sim, movidos pelo Espírito Santo!

Veja agora uma pesquisa feita na Europa recentemente. A pergunta foi: "A fé cristã e a religião têm alguma importância para você?".

SE A FÉ CRISTÃ É IMPORTANTE PARA VOCÊ ?

PAÍS	SIM, É IMPORTANTE	NÃO É IMPORTANTE
Suécia	16,5%	83%
Dinamarca	18%	80,5%
Estônia	16%	78%
Noruega	20,5%	78%
Hong Kong	23%	75,5%
Novazelândia	24,5%	75,5%
Japão	23,5%	75%
República Tcheca	20,5%	74,5%
Inglaterra	26,5%	73%
Finlândia	28%	70%

Fonte: Designer Hely Braga.

Na Suécia, um país de berço protestante, 83% das pessoas entrevistadas disseram que a fé e a religião não têm nenhuma importância para elas. Na Dinamarca, outro país de berço protestante, 80,5% dos habitantes deram a mesma resposta. Estônia, Noruega, Japão, Chéquia, Inglaterra e Finlândia apresentaram resultado semelhantemente assustador, ultrapassando 70%. Eles se consideram países pós-cristãos. Nesses países, os cristãos já apostataram da fé. A fé já não faz nenhum sentido para a sua vida.

APOSTASIA GENERALIZADA

A apostasia generalizada é a que acontece fora da igreja. Estamos vivendo um tempo de depravação moral jamais vista. Este é um tempo marcado pela multiplicação da iniquidade, da maldade, da perversidade, da violência, da corrupção. É neste tempo de apostasia generalizada que aparecerá o homem do pecado, o filho da perdição, o Anticristo.

> *Irmãos, no que diz respeito à vinda de nosso Senhor Jesus Cristo e à nossa reunião com ele, nós vos exortamos a que não vos demovais da vossa mente, com facilidade, nem vos perturbeis, quer por espírito, quer por palavra, quer por epístola, como se procedesse de nós, supondo tenha chegado o Dia do Senhor. Ninguém, de nenhum modo, vos engane, porque isto não acontecerá sem que primeiro venha a apostasia e seja revelado o homem da iniquidade, o filho da perdição. (2Tessalonicenses 2.1-3)*

As pessoas escreviam cartas fraudulentas em nome de Paulo. Já existia naquela época *fake news*, mas escritas com tinta. Paulo disse: *"Não aceite cartas fraudulentas; não aceite ninguém que está profetizando, dizendo que o dia do Senhor já chegou".*

Hoje a palavra é a mesma. Não escute essas coisas. Não se mova com facilidade. Não dê atenção a essas palavras quer por carta, quer por mídias sociais, quer por qualquer meio. Propaga-se que o dia do Senhor já chegou, assim como já temos ouvido de alguns acerca do início da grande tribulação.

Ei, o dia do Senhor ainda não chegou. Paulo disse em 2Tessalonicenses 2.3: *"Ninguém, de nenhum modo, vos engane, porque isto não acontecerá sem que primeiro venha a apostasia e seja revelado o homem da iniquidade, o filho da perdição"*, ou seja, o Anticristo.

Paulo fala de um tempo de apostasia, iniquidade, corrupção generalizada. Observe o que acontece no carnaval brasileiro; o que acontece nos principais clubes e nas principais boates. Dê uma olhada na corrupção da política, na corrupção que vai do mercado mais simples até o topo da pirâmide do poder. Veja o que acontece em nosso país, e você perceberá que estamos vivendo esse tempo.

Paulo disse acerca desse tempo de uma forma muito séria, e Jesus já havia falado sobre isso em Mateus 24, quando alerta sobre a multiplicação da iniquidade, o tempo da apostasia dos cristãos e o tempo de frieza e apostasia generalizadas.

ÓDIO AOS CRISTÃOS

Esse tempo será marcado por intolerância, ódio, perseguição e morte aos cristãos.

> *Então, sereis atribulados, e vos matarão. Sereis odiados de todas as nações, por causa do meu nome. (Mateus 24.9)*
>
> *Sereis odiados de todos por causa do meu nome; aquele, porém, que perseverar até ao fim, esse será salvo. (Marcos 13.13)*
>
> *E sereis entregues até por vossos pais, irmãos, parentes e amigos; e matarão alguns dentre vós. De todos sereis odiados por causa do meu nome. (Lucas 21.16,17)*

O décimo quinto sinal que antecede a vinda de Jesus é o ódio aos cristãos. Sei que você vai dizer, e eu concordo, que a igreja sempre foi perseguida. Na verdade, a igreja nasceu debaixo de perseguição em Israel. Os cristãos não foram aceitos, e o império romano os perseguiu, a partir de Nero, que, inclusive, assassinou o apóstolo Paulo.

Domiciano, na inauguração do Coliseu, fez uma festa de cem dias e matou no local mais de 10 mil cristãos. A igreja atravessou muitas perseguições desses imperadores até que Constantino, que se dizia cristão, usou o álibi do cristianismo para vencer uma guerra, misturando política com religião. Na verdade, ele era um cristão, porém não convertido. Era muito mais nominal. No entanto, foi o único imperador que não perseguiu o cristianismo.

Depois, a igreja atravessou outros tempos difíceis no período da Idade Média e no tempo da Inquisição, que durou 1.200 anos.

A Inquisição foi um período difícil no qual mais de 50 milhões de pessoas foram mortas. A grande maioria era formada por cristãos considerados protestantes ou hereges. Foi também nesse período que houve a caça às bruxas na Europa.

Veja as imagens que retratam a perseguição dos cristãos em todo o mundo. Em 2020, foram mortos 9.488 cristãos. Esse número vem crescendo especialmente nos países do norte da África, como a Nigéria, e outros do Oriente Médio e China. Cristãos presos em 2020 somam 3.711 pessoas que não negaram sua fé. Esses números estão disponíveis no site da Missão Portas Abertas, uma missão confiável, com números verídicos, que acompanha a igreja perseguida em todo o mundo.

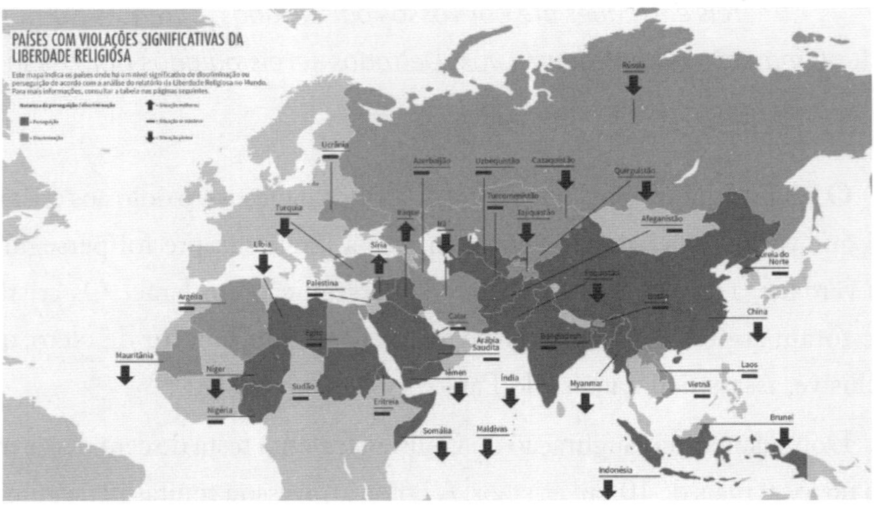

Fonte: Extraído do *site* Portas Abertas.

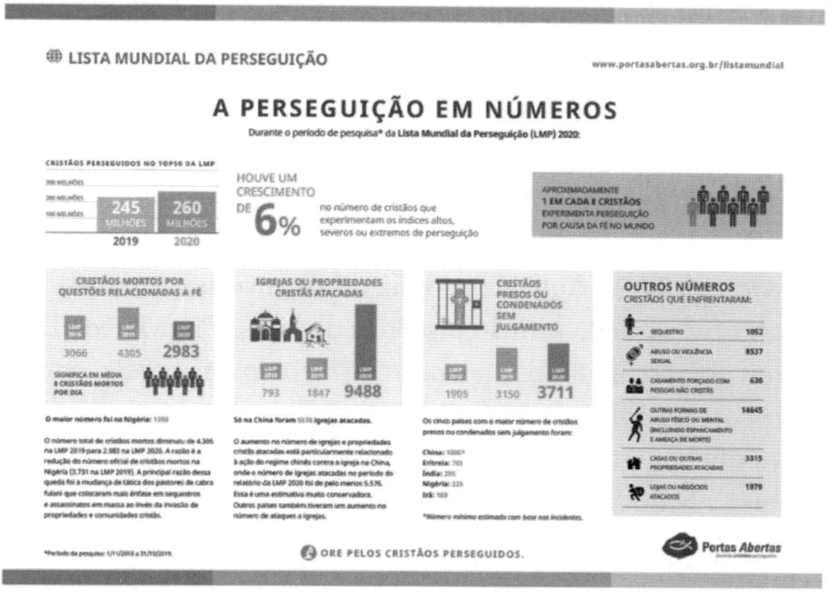

Fonte: Extraído do *site* Portas Abertas.

Um dos sistemas que mais perseguiu, e continua perseguindo, prendendo e matando os cristãos é o comunismo.

Os comunistas mataram 70 milhões de pessoas na China, mais de 20 milhões de pessoas na União Soviética, sem contar aproximadamente 5 milhões de ucranianos; eles exterminaram um terço (33%) da população do Camboja. No total, os regimes comunistas assassinaram aproximadamente 110 milhões de pessoas de 1917 a 1987. Além do martírio desenfreado, os comunistas escravizaram a população de nações e regiões inteiras, como Rússia, Vietnã, China, Leste Europeu, Coreia do Norte, Cuba e boa parte da Ásia Central. Eles arruinaram a vida de mais de 1 bilhão de pessoas.

É interessante analisar Mateus 24.9. Jesus disse que esse tempo seria marcado por intolerância, ódio, perseguição e morte aos cristãos. Muitos setores da nossa própria sociedade são intolerantes aos cristãos verdadeiros. Se olharmos o que acontece, por exemplo, em Brasília, a mídia detonou a ministra Damares em 2021 apenas porque ela postou que era uma pastora, uma cristã, e citou uma experiência pessoal dela com Jesus. Ela sofreu grande ataque à sua fé. Ninguém atacou a religião de outros ministros. Ninguém falou de quem é ateu, espírita, budista ou de qualquer outra religião. Então, a própria mídia se encarrega de promover a intolerância aos cristãos.

Jesus falou "*sereis atribulados*", mas ele também falou de um tempo bem pior. Ele disse: *"Sereis odiados de todas as nações, por causa do meu nome" (Mateus 24.9).* Aqui ele não diz de algumas nações, mas de todas. Esse trecho faz parte do sermão profético de Jesus. Em Marcos 13.13, ele diz: *"Sereis odiados de todos por causa do meu nome; aquele, porém, que perseverar até ao fim, esse será salvo".* E em Lucas 21.16, assevera: *"Sereis entregues até por vossos pais, irmãos, parentes e amigos".* O próprio pai não aceitará a fé do filho que escolher Jesus.

O cristianismo que está sendo pregado atualmente, porém, que denomino de paz e amor, que oferece graça barata, um evangelho que chamo *light*, esse não é o cristianismo de Jesus. É importante que você perceba que esse tempo será bem difícil para os cristãos. A história não se encerrará com o triunfo de nenhuma ideologia política nem religiosa. A história se encerrará com o triunfo de Jesus Cristo e sua amada igreja.

A igreja atravessou 1.200 anos de Inquisição, duas guerras mundiais, o comunismo soviético e está sobrevivendo e crescendo, mesmo no comunismo chinês e nos países fechados para a evangelização. Permaneça firme em Jesus. Você pode confiar que ele é poderoso para guardar aqueles que o amam.

> *Portanto, meus amados irmãos, sede firmes, inabaláveis e sempre abundantes na obra do Senhor, sabendo que, no Senhor, o vosso trabalho não é vão. (1Coríntios 15.58)*

O DERRAMAMENTO DO ESPÍRITO SANTO SOBRE TODOS OS POVOS, NAÇÕES E ETNIAS

Um dos principais sinais que antecedem a segunda vinda de Jesus é o derramamento do Espírito Santo sobre todos os povos, nações e etnias.

Dificilmente você vai escutar pastores, líderes e professores especialistas em escatologia apontar esse sinal, mas ele é muito importante. Eu acredito que seja um dos últimos sinais que antecedem a volta de Jesus.

A primeira pessoa que fez referência sobre isso foi Joel. Esse profeta viveu em cerca de 800 a.C. Joel conta em seu livro quais são os últimos sinais antes da volta de Jesus.

> *E acontecerá, depois, que derramarei o meu Espírito sobre toda a carne; vossos filhos e vossas filhas profetizarão, vossos velhos sonharão, e vossos jovens terão visões; até sobre os servos e sobre as servas derramarei o meu Espírito naqueles dias. Mostrarei prodígios no céu e na terra: sangue, fogo e colunas de fumaça. O sol se converterá em trevas, e a lua, em sangue, antes que venha o grande e terrível Dia do SENHOR. E acontecerá que todo aquele que invocar o nome do SENHOR será salvo. (Joel 2.28-32)*

O livro de Atos retrata o derramamento do Espírito Santo, no dia de Pentecostes. Cerca de 120 discípulos estavam presentes. Milhares de pessoas estavam na cidade para a comemoração da festa de Pentecostes. Muitos se aproximaram daquele lugar, e 3 mil pessoas se converteram.

> *E, quando aquele som ocorreu, ajuntou-se uma multidão, e estava confusa, porque cada um os ouvia falar na sua própria língua. E todos pasmavam e se maravilhavam, dizendo uns aos outros: Pois quê! não são galileus todos esses homens que estão falando? Como, pois, os ouvimos, cada um, na nossa própria língua em que somos nascidos? Partos e medos, elamitas e os que habitam na Mesopotâmia, Judeia, Capadócia, Ponto e Ásia e Frígia e Panfília, Egito e partes da Líbia, junto a Cirene, e forasteiros romanos, tanto judeus como prosélitos, cretenses e árabes, todos nós temos ouvido em nossas próprias línguas falar das grandezas de Deus. (Atos 2.6-11, ACF)*

No século VI a.C., o império medo-persa governava sobre 127 nações conhecidas do mundo, da Índia até a Etiópia. A população do mundo na época de Jesus era cerca de 170 milhões de pessoas. Nesse tempo, já existia a nação da China e outros povos que não estavam debaixo desse domínio. Alguns povos da Ásia e da Europa não estavam em Jerusalém na festa de Pentecostes.

> *E sucedeu nos dias de Assuero, o Assuero que reinou desde a Índia até a Etiópia, sobre cento e vinte e sete províncias, que, naqueles dias, assentando-se o rei Assuero no trono do seu reino, que estava na fortaleza de Susã, no terceiro ano do seu reinado, fez um banquete a todos os seus príncipes e seus servos, estando assim perante ele o poder da Pérsia e Média e os nobres e príncipes das províncias, para mostrar as riquezas da glória do seu reino, e o esplendor da sua excelente grandeza, por muitos dias, a saber: cento e oitenta dias. (Ester 1.1-4, ACF)*

> *Então foram chamados os escrivães do rei, naquele mesmo tempo, no terceiro mês (que é o mês de Sivã), aos vinte e três dias; e se escreveu conforme a tudo quanto ordenou Mardoqueu aos judeus, como também aos sátrapas, e aos governadores, e aos líderes das províncias, que se estendem da Índia até Etiópia, cento e vinte e sete províncias, a cada província segundo o seu modo de escrever, e a cada povo conforme a sua língua; como também aos judeus segundo o seu modo de escrever, e conforme a sua língua. (Ester 8.9, ACF)*

No dia de Pentecostes, essa profecia apenas começou a se cumprir, porque aquele ajuntamento em Jerusalém teve apenas 16 povos representados. Então, podemos afirmar que a profecia ainda não se cumpriu em sua integralidade. A segunda parte dela se cumprirá no tempo do fim, como está escrito em Joel, repetido no sermão do apóstolo Pedro.

> *Mas o que ocorre é o que foi dito por intermédio do profeta Joel: E acontecerá nos últimos dias, diz o Senhor, que derramarei do meu Espírito sobre toda a carne; vossos filhos e vossas filhas profetizarão, vossos jovens terão visões, e sonharão vossos velhos; até sobre os meus servos e sobre as minhas servas derramarei do meu Espírito naqueles dias, e profetizarão. (Atos 2.16-18)*

A população do mundo hoje é de 7,8 bilhões de habitantes. Cerca de 2,3 bilhões são adeptos do cristianismo, divididos em grupos principais de católicos, protestantes, ortodoxos e evangélicos. O cristianismo é a maior religião do mundo. A parte cristã da população mundial representa cerca de 33% da humanidade, o que significa que uma em cada três pessoas no mundo é cristã.

A promessa do derramamento do Espírito Santo é sobre todas as nações, povos e etnias. A profecia diz: *"derramarei do meu Espírito sobre todos os povos, sobre todas as etnias"*. Por que o Senhor Deus está derramando do seu Espírito sobre todos os povos? Porque Deus quer que todas as pessoas tenham a possibilidade de serem salvas. Sem o Espírito Santo, ninguém se converte a Jesus. Deus não tem prazer na morte do ímpio. O desejo de Deus é que o homem seja salvo e tenha a vida eterna.

> [Deus] *deseja que todos os homens sejam salvos e cheguem ao pleno conhecimento da verdade. (1Timóteo 2.4)*

> *Quando ele vier, convencerá o mundo do pecado, da justiça e do juízo: do pecado, porque não creem em mim; da justiça, porque vou para o Pai, e não me vereis mais; do juízo, porque o príncipe deste mundo já está julgado. (João 16.8-11)*

Chegou o tempo do último grande derramamento do Espírito Santo sobre todos os povos, nações e etnias. Chegaram os dias de vivermos a profecia de um avivamento sem precedentes. Um derramamento do Espírito

Santo como nunca houve na história da humanidade. Creio que contemplaremos o maior avivamento de todos os tempos e teremos a maior colheita de vidas para Jesus de toda a história. Ninguém poderá dizer que não teve a oportunidade de ser salvo.

Acontecerão coisas terríveis nos últimos dias, mas também teremos o sinal fantástico do derramamento do Espírito Santo sobre todos os povos.

No Brasil, temos várias etnias e tribos que não foram alcançadas pelo evangelho. E, de acordo com o texto de Joel, os indígenas serão alcançados, os quilombolas serão alcançados, todos os diferentes grupos étnicos e tribos serão alcançados, e receberão poder do Espírito Santo. Eles vão profetizar. Eles terão visões. Sonharão. Experimentarão o favor do Senhor. Não importa se são povos da Grande São Paulo ou da Floresta Amazônica, ou do Sertão Nordestino, Deus vai derramar do seu Espírito Santo nestes dias como nunca antes. Essa é a nossa fé e a nossa crença com base no que Joel está dizendo.

EVANGELHO DE JESUS SENDO PREGADO A TODOS OS POVOS, NAÇÕES E LÍNGUAS

Como eu disse no tópico anterior, Jesus voltará quando o evangelho for pregado a todas as nações, povos e etnias.

> *E será pregado este evangelho do reino por todo o mundo, para testemunho a todas as nações. Então, virá o fim. (Mateus 24.14)*

> *Mas é necessário que primeiro o evangelho seja pregado a todas as nações. (Marcos 13.10)*

Pessoas de todos os povos, tribos, línguas e nações ouvirão a mensagem do evangelho, crerão em Jesus, serão salvas e habitarão o céu por toda a eternidade.

Depois destas coisas, vi, e eis grande multidão que ninguém podia enumerar, de todas as nações, tribos, povos e línguas, em pé diante do trono e diante do Cordeiro, vestidos de vestiduras brancas, com palmas nas mãos. (Apocalipse 7.9)

E será pregado este evangelho do reino por todo o mundo, para testemunho a todas as nações. Então, virá o fim. (Mateus 24.14)

O evangelho de Cristo sendo pregado a todos os povos só será possível após o derramamento do Espírito Santo. A igreja está pregando há dois mil anos, e ainda não se cumpriu essa profecia. Isso porque ela não tem a ver conosco, mas com o derramamento do Espírito, em primeiro lugar, sobre todas as pessoas. Sem o derramamento do Espírito, este sinal seria impossível.

Com o último derramamento do Espírito Santo de Deus, acontecerá o maior avivamento de todos os tempos. Teremos a maior colheita de vidas da história da igreja, e o evangelho de Jesus será pregado a todas as nações, povos e etnias. Depois, virá o fim.

Ide, portanto, fazei discípulos de todas as nações, batizando-os em nome do Pai, e do Filho, e do Espírito Santo; ensinando-os a guardar todas as coisas que vos tenho ordenado. E eis que estou convosco todos os dias até à consumação do século. (Mateus 28.19,20)

A vontade do Senhor Jesus é que todos ouçam a mensagem do evangelho. Como discípulos de Jesus, é nosso dever pregar o evangelho, o arrependimento e a remissão de pecados a todas as pessoas.

E disse-lhes: Ide por todo o mundo e pregai o evangelho a toda criatura. Quem crer e for batizado será salvo; quem, porém, não crer será condenado. (Marcos 16.15,16)

> *E que em seu nome se pregasse arrependimento para remissão de pecados a todas as nações, começando de Jerusalém. (Lucas 24.47)*

A evangelização das nações só pode ser feita com sucesso no poder, na unção e na direção do Espírito Santo.

> *Mas recebereis poder, ao descer sobre vós o Espírito Santo, e sereis minhas testemunhas tanto em Jerusalém como em toda a Judeia e Samaria e até aos confins da terra. (Atos 1.8)*

O derramamento do Espírito Santo é algo soberano, uma promessa de Deus, e ele vai cumpri-la; mas é algo pelo qual nós devemos clamar, orar, almejar de todo o nosso coração. Estamos perto de que isso se concretize pela primeira vez na história.

Nossa tarefa é apressar a vinda do dia de Deus pregando o evangelho e enviando missionários. Jesus só voltará quando o evangelho for pregado a todos os povos, nações e línguas. Enquanto isso não acontecer, Jesus não voltará. O evangelista Marcos escreve: Mas é necessário que primeiro o evangelho seja pregado a todas as nações" (13.10).

Sem o poder do Espírito Santo, a igreja não faz missões. Sem o poder do Espírito Santo, a igreja não envia os missionários pelo mundo; pelo contrário, acomoda-se e torna-se uma religião fria. Mas, com o derramamento do Espírito Santo, acontecerá o maior avivamento de todos os tempos e o maior movimento missionário de todas as épocas.

Dos 7,8 bilhões de habitantes da Terra, 5,4 bilhões podem ter acesso à Bíblia completa nos dias atuais, totalizando 674 povos ou línguas. Estima-se que 631 milhões de pessoas podem ter acesso ao Novo Testamento. O Novo Testamento já está disponível em 1.515 línguas. Cerca de 1.135 povos têm acesso a trechos do Novo Testamento, o que equivale a 406 milhões de pessoas.

De 7,8 bilhões de pessoas, apenas 209 milhões não têm nenhum versículo da Bíblia traduzido em sua língua, 3.773 povos. Estamos muito perto da volta de Jesus.

Se você é um cristão que se tornou cético e acha que vai levar mais cem anos para o evangelho chegar a todo o mundo, digo que estamos mais próximos do que você imagina! Observe esses dados. Eles são precisos. Faltam apenas 209 milhões de pessoas, uma população menor que a do Brasil, para que todos tenham acesso às Escrituras e à pregação do evangelho.

Nunca estivemos tão próximos de cumprir a tarefa de fazer discípulos em todas as nações. Hoje, com redes sociais, internet e tantas ferramentas disponíveis, podemos avançar em alta velocidade tanto na tradução da Bíblia quanto na pregação do evangelho. Nunca foi tão rápido traduzir a Bíblia! Este sinal se cumprirá nestes dias por causa do avanço tecnológico. É possível cumprir a tarefa de Mateus 28 de evangelização a todos os povos ainda na nossa geração.

> *Toda a autoridade me foi dada no céu e na terra. Ide, portanto, fazei discípulos de todas as nações, batizando-os em nome do Pai, e do Filho, e do Espírito Santo; ensinando-os a guardar todas as coisas que vos tenho ordenado. E eis que estou convosco todos os dias até à consumação do século. (Mateus 28.18-20)*

Por meio desse último derramamento do Espírito Santo sobre todos os povos, a boa-nova se espalhará de uma tribo da periferia a outra tribo. Se a igreja falhar, Jesus se revelará por intermédio de sonhos e visões. Esse sinal já está se cumprindo bem diante dos nossos olhos! Teremos a maior colheita de vidas da história da igreja. Pregar o evangelho e fazer discípulos de todas as nações é uma ordem de Jesus Cristo, e, quando isso se completar, Jesus voltará.

Esta é a missão da igreja: fazer discípulos. À medida que cumprimos essa ordem, antecipamos a volta de Jesus. Ele disse aos discípulos: *"Ide por todo o mundo e pregai o evangelho a toda criatura" (Marcos 16.15)*. Ou seja, ele quer que o evangelho seja pregado a todas as pessoas. Marcos 16.16 diz: *"Quem crer e for batizado será salvo; quem, porém, não crer será condenado"*.

Todos merecem ouvir a mensagem do evangelho do Senhor Jesus Cristo. Nossa missão é pregar o evangelho a todas as pessoas. Em todos os lugares e por todos os meios possíveis, para que as pessoas conheçam a verdade, sejam libertas e possam ser salvas.

Em Lucas 24.47, temos as palavras do Senhor Jesus: *"Comecem em Jerusalém e atinjam todas as nações!"*. Devemos pregar a mensagem de arrependimento, a mensagem da conversão, a mensagem de que há esperança, de que há perdão, reconciliação e vida plena em Cristo Jesus. Isso começou em Jerusalém e chegou até nós. Agora precisamos prosseguir e avançar para apressar a volta do Senhor Jesus.

A evangelização das nações só pode ser feita com sucesso no poder, na unção, sob o governo e direção do Espírito Santo de Deus. Em Atos 1.8, a palavra diz: *"Mas recebereis poder, ao descer sobre vós o Espírito Santo, e sereis minhas testemunhas tanto em Jerusalém como em toda a Judeia e Samaria e até aos confins da terra"*. Isso significa em Marília, no estado de São Paulo, no Brasil e em todas as nações! Então, quero encorajar você a ser uma testemunha eficaz no poder e na unção do Espírito Santo de Deus.

SINAIS NOS CÉUS

Os profetas falaram que haverá sinais na terra, no sol, na lua e nas estrelas.

> *Mostrarei prodígios no céu e na terra: sangue, fogo e colunas de fumaça. O sol se converterá em trevas, e a lua, em sangue, antes que venha o grande e terrível Dia do SENHOR. (Joel 2.30,31)*

> *Porque as estrelas e constelações dos céus não darão a sua luz; o sol, logo ao nascer, se escurecerá, e a lua não fará resplandecer a sua luz. (Isaías 13.10)*

Sangue, fogo e coluna de fumaça são uma referência a guerras. O Sol se converterá em trevas é o eclipse total do Sol; e a Lua em sangue, o eclipse lunar. Isaías profetizou 700 anos a.C., dizendo: *"Porque as estrelas e constelações dos céus não darão a sua luz; o sol logo ao nascer, se escurecerá, e a lua não fará resplandecer a sua luz".* Joel falou a mesma profecia 800 anos a.C., descrevendo um eclipse total do Sol, da Lua e das estrelas. Ezequiel, profeta do tempo do governo babilônico, 500 a.C., também recebeu a mesma inspiração.

> *Quando eu te extinguir, cobrirei os céus e farei enegrecer as suas estrelas; encobrirei o sol com uma nuvem, e a lua não resplandecerá a sua luz. (Ezequiel 32.7)*

É interessante olhar para esse sinal como um dos sinais no final da grande tribulação, antes que venha o grande e terrível Dia do Senhor. O Novo Testamento confirma essas profecias mostrando os sinais no céu no tempo do fim.

> *Mostrarei prodígios em cima no céu e sinais embaixo na terra: sangue, fogo e vapor de fumaça. O sol se converterá em trevas, e a lua, em sangue, antes que venha o grande e glorioso Dia do Senhor. (Atos 2.19,20)*

No final da última etapa da grande tribulação, irá ocorrer, além de tudo que está acontecendo na terra, a queda das estrelas do firmamento. Já temos exemplos de acontecimentos semelhantes na Rússia, em 2017, e na Indonésia, em 2013. No final da grande tribulação, veremos esse acontecimento a olho nu em toda a terra. As estrelas cairão do firmamento, e os poderes dos céus serão abalados.

> *Logo em seguida à tribulação daqueles dias, o sol escurecerá, a lua não dará a sua claridade, as estrelas cairão do firmamento, e os poderes dos céus serão abalados. Então, aparecerá no céu o sinal do Filho do Homem; todos os povos da terra se lamentarão e verão o Filho do Homem vindo sobre as nuvens do céu, com poder e muita glória. E ele enviará os seus anjos, com grande clangor de trombeta, os quais reunirão os seus escolhidos, dos quatro ventos, de uma a outra extremidade dos céus. (Mateus 24.29-31)*

> *Mas, naqueles dias, após a referida tribulação, o sol escurecerá, a lua não dará a sua claridade, as estrelas cairão do firmamento, e os poderes dos céus serão abalados. Então, verão o Filho do Homem vir nas nuvens, com grande poder e glória. E ele enviará os anjos e reunirá os seus escolhidos dos quatro ventos, da extremidade da terra até à extremidade do céu. (Marcos 13.24-27)*

> *Haverá sinais no sol, na lua e nas estrelas; sobre a terra, angústia entre as nações em perplexidade por causa do bramido do mar e das ondas; haverá homens que desmaiarão de terror e pela expectativa das coisas que sobrevirão ao mundo; pois os poderes dos céus serão abalados. Então, se verá o Filho do Homem vindo numa nuvem, com poder e grande glória. (Lucas 21.25-27)*

Os evangelhos de Mateus, Marcos e Lucas afirmam que o Senhor Jesus Cristo voltará após a grande tribulação. O Sol escurecerá, a Lua não terá claridade, as estrelas cairão do firmamento e os poderes dos céus serão abalados. Então, no meio da escuridão total, aparecerá no céu o sinal do Filho do Homem. Jesus brilhará!

Todos os povos da terra se lamentarão e verão o Filho do Homem vindo nas nuvens do céu com poder e grande glória. Ele enviará seus anjos com um estridente som de trombeta, os quais reunirão os seus escolhidos, ou seja, os salvos, dos quatro ventos, da extremidade da terra até a extremidade do céu. De todos os povos, de todas as etnias.

Os anjos os levarão para estar diante de Jesus. E eles serão colocados à direita de Jesus! Jesus voltará, mas agora não mais como Salvador, e sim como Juiz. O dia da sua volta será o dia do juízo das nações.

> *Enquanto eu observava, o Cordeiro abriu o sexto selo, e houve um grande terremoto. O sol ficou escuro como pano negro, e a lua inteira se tornou vermelha como sangue. Então as estrelas caíram do céu como figos verdes de uma figueira sacudida por um forte vento. O céu foi enrolado como pergaminho, e todas as montanhas e ilhas foram movidas de seu lugar. (Apocalipse 6.12-14, NVT)*

João vê um terremoto tão grande que todas as montanhas e ilhas serão movidas do seu lugar. E ao mesmo tempo o sol se escurecerá. Ele está falando a mesma coisa que Jesus disse em Mateus 24. As estrelas cairão do céu como figos verdes de uma figueira sacudida por um vendaval. Se fosse aqui no Brasil, diríamos que seria como uma mangueira carregada de mangas verdes em dia de forte vento e chuva, em que muitas caem no chão.

No meio de tudo isso, acontece a volta visível de Jesus. A segunda vinda de Jesus Cristo será visível a todas as pessoas do planeta Terra.

> *Eis que vem com as nuvens, e todo olho o verá, até quantos o traspassaram. E todas as tribos da terra se lamentarão sobre ele. Certamente. Amém! (Apocalipse 1.7)*

Todos os que já existiram na terra o verão, inclusive os que o transpassaram. Os mortos ressuscitarão. Os que fizeram o bem ressuscitarão para a vida, e os que fizeram o mal, para o castigo, horror, inferno e lago de fogo.

A história não se encerra com o triunfo do inferno nem com a ação dos demônios causando tormento em toda a terra. Cristo aparecerá nas nuvens com poder e grande glória, o nosso Senhor, o Sol da Justiça, essa é a nossa esperança. Os demônios agirão debaixo da permissão de Deus até o tempo determinado por ele. Eles causarão guerras, matarão 1/3 da população, controlarão a mídia e causarão horror em todo lugar, mas esse *não é o fim!*

O melhor da história está para acontecer, pois, no meio de todos esses acontecimentos, aparecerá no céu o sinal do Filho do Homem. Todos o verão: desde a pessoa da tribo mais simples até a mais importante, desde o mais pobre até o mais rico olhará para o céu e verá Jesus voltando com poder e grande glória. *"Eis que vem com as nuvens, e todo olho o verá."* Todas as tribos da terra se lamentarão porque não entregaram sua vida para Jesus. Você está preparado para a volta do Senhor Jesus? Pelos sinais que ele anunciou e que foram enumerados neste estudo, sabemos que estamos vivendo o tempo do fim.

O Senhor Jesus pode voltar a qualquer momento, pois ele é o Senhor de todas as coisas. Mas ele nos deixou esses sinais para que olhássemos para eles e pudéssemos saber o tempo que estamos vivendo. A Bíblia diz que o sábio sabe discernir o tempo e o modo de agir. Este é tempo do fim. É o momento de você se preparar para a segunda vinda de Jesus.

A história não se encerrará com o domínio de nenhuma ideologia política, filosófica ou religiosa. A história se encerrará com o triunfo de Jesus Cristo e sua igreja. Será o fim da história da humanidade na terra, mas será o início de nossa história com Jesus na glória para todo o sempre. Nossos olhos estão naquele que criou todas as coisas. Entregue sua vida a Jesus. Confie nele. Se você não está preparado, este é o tempo de colocar sua vida nas mãos de Jesus.

A GRANDE TRIBULAÇÃO

A grande tribulação será um dos últimos sinais que antecedem a volta de Jesus. O palco para a grande tribulação está sendo montado em todos os aspectos, especialmente nos âmbitos político, sociológico e tecnológico, com o avanço científico e tecnológico dos nossos dias.

Esse é um dos sinais mais importantes. Ao término dele, Jesus voltará. Então, fique atento a cada detalhe descrito nesse sinal. A grande tribulação foi vista e mencionada na Bíblia por muitos profetas, apóstolos e por Jesus. Daniel 12 já falava da grande tribulação.

> *Nessa época, Miguel, o grande príncipe que guarda seu povo, se levantará. Haverá um tempo de angústia como nunca houve desde que as nações vieram a existir. Nesse tempo, porém, todos de seu povo que tiverem o nome escrito no livro serão salvos. (Daniel 12.1, NVT)*

A igreja passará pela grande tribulação. Será o tempo mais difícil da história do povo de Deus na terra. Será um tempo de perseguição, martírio, morte, provação, mas Deus estará conosco nesse período. A igreja desde o seu início em Jerusalém sofreu as mais diferentes perseguições, tribulações e os mais diversos problemas e, mesmo assim, ela venceu. Já atravessamos mais de dois mil anos de história e estamos firmes na direção da segunda vinda do Senhor Jesus.

O sermão profético do Senhor Jesus Cristo foi dirigido aos seus discípulos e, depois, à igreja. Os evangelhos não foram escritos para os ímpios; foram escritos para a igreja.

> *Porque nesse tempo haverá grande tribulação, como desde o princípio do mundo até agora não tem havido e nem haverá jamais. Não tivessem aqueles dias sido abreviados, ninguém seria salvo; mas, por causa dos escolhidos, tais dias serão abreviados. (Mateus 24.21,22)*

A segunda vinda de Cristo Jesus e o arrebatamento da igreja acontecerão após a grande tribulação.

Logo em seguida à tribulação daqueles dias, o sol escurecerá, a lua não dará a sua claridade, as estrelas cairão do firmamento, e os poderes dos céus serão abalados. Então, aparecerá no céu o sinal do Filho do Homem; todos os povos da terra se lamentarão e verão o Filho do Homem vindo sobre as nuvens do céu, com poder e muita glória. E ele enviará os seus anjos, com grande clangor de trombeta, os quais reunirão os seus escolhidos, dos quatro ventos, de uma a outra extremidade dos céus. (Mateus 24.29-31)

Mas, naqueles dias, após a referida tribulação, o sol escurecerá, a lua não dará a sua claridade, as estrelas cairão do firmamento, e os poderes dos céus serão abalados. Então, verão o Filho do Homem vir nas nuvens, com grande poder e glória. (Marcos 13.24-26)

Haverá sinais no sol, na lua e nas estrelas; sobre a terra, angústia entre as nações em perplexidade por causa do bramido do mar e das ondas; haverá homens que desmaiarão de terror e pela expectativa das coisas que sobrevirão ao mundo; pois os poderes dos céus serão abalados. Então, se verá o Filho do Homem vindo numa nuvem, com poder e grande glória. (Lucas 21.25-27)

A igreja do Senhor Jesus Cristo será tirada da terra no final da grande tribulação.

Depois destas coisas, vi, e eis grande multidão que ninguém podia enumerar, de todas as nações, tribos, povos e línguas, em pé diante do trono e diante do Cordeiro, vestidos de vestiduras brancas, com palmas nas mãos; e clamavam em grande voz, dizendo: Ao nosso Deus, que se assenta no trono, e ao Cordeiro, pertence a salvação. Todos os anjos estavam de pé rodeando o trono, os anciãos e os quatro seres viventes, e ante o trono se prostraram sobre o seu rosto, e adoraram a Deus, dizendo: Amém! O louvor, e a glória, e a sabedoria, e as ações de graças, e a honra, e o poder, e a força sejam ao nosso Deus, pelos séculos dos séculos. Amém! Um dos anciãos tomou a palavra, dizendo: Estes, que se vestem de vestiduras brancas, quem são e donde vieram? Respondi-lhe: meu Senhor, tu o sabes. Ele, então, me disse: São estes os que vêm da grande tribulação, lavaram suas vestiduras e as alvejaram no sangue do Cordeiro, razão por que se acham diante do trono de Deus e o servem de dia e de noite no seu santuário; e aquele que se assenta no trono estenderá sobre eles o seu tabernáculo. (Apocalipse 7.9-15)

Deus não livrou Israel do cativeiro no Egito por muitos anos, mas, quando eles clamaram, Deus interveio, e eles tiveram que permanecer ali durante as primeiras pragas, mas, na noite da décima praga, Deus tirou os filhos de Israel daquele lugar.

Deus não livrou Sadraque, Mesaque e Abede-Nego da fornalha, mas o anjo do Senhor entrou com eles na fornalha. Esteja certo de que a igreja que passará pela grande tribulação será protegida, fortalecida e renovada pelo Senhor Jesus. Jesus estará com você, fortalecendo, dando graça e sabedoria. Ele renovará as suas forças dia após dia.

Historicamente, Deus não livrou a igreja de passar pelos períodos de tribulações, angústias, perseguições e morte, mas o Senhor esteve sempre presente. O mesmo acontecerá antes da destruição final: a igreja de Jesus será retirada deste mundo. Não sabemos quanto tempo durará a grande tribulação. Alguns acreditam que serão sete anos. Outros acreditam que serão três anos e meio, porém ninguém tem a palavra final a esse respeito.

O ANTICRISTO E A MARCA DA BESTA

Estamos vivendo o tempo em que os sinais do fim estão sendo revelados a nós. Assim como aprouve a Deus não permitir que entendêssemos antes do tempo, hoje temos maior esclarecimento e revelação sobre o que irá acontecer.

Quando João teve a revelação, ele estava querendo decifrar um código que não podia ser descoberto na sua época, pois só poderia ser descoberto na época em que o anticristo fosse se revelar. Vamos analisar, a partir da interpretação do texto bíblico, o número 666, ou a marca da besta e o anticristo.

Muitas pessoas tentam decodificar o número 666 e muitas explicações surgiram ao longo do tempo. Algumas associam o número a nomes, por conta da disciplina chamada gematria. Gematria é uma disciplina que transforma letras em números, era natural os povos gregos e hebraicos antigos a usarem, pois naquele tempo não havia números. Os números arábicos eram interpretados pelas próprias letras. Todas as letras do alfabeto hebraico possuem um valor numérico.

O alfabeto hebraico tem 22 letras e, embora o Novo Testamento tenha sido escrito em grego, Jesus falava com seus discípulos na língua hebraica ou aramaica, que é a língua original das escrituras.

A sexta letra do alfabeto hebraico é a letra wav. Então, o número 666, escrito em hebraico, seria wav wav wav, ou, de forma simplificada, www. Existem algumas razões pelas quais podemos crer que o número 666 está diretamente ligado à rede mundial chamada internet, que tem como prefixo o www. O número 6 está ligado também ao número do homem, à imperfeição, à trindade satânica, ao Diabo, anticristo e falso profeta.[1]

A primeira razão de associarmos o número 666 à marca da besta é porque está ligado ao sistema global mundial. Apenas um sistema de tamanho alcance tecnológico poderia controlar o mundo. Nesse quesito, somos a única geração da história capaz de viver a profecia de Apocalipse 13.

> *Também obrigou todos, pequenos e grandes, ricos e pobres, livres e escravos, a receberem certa marca na mão direita ou na testa, para que ninguém pudesse comprar nem vender, a não ser quem tivesse*

[1] Disponível em: https://www.youtube.com/watch?v=N9fCzb6amIU. Acesso em 10 fev. 2022.

> *a marca, que é o nome da besta ou o número do seu nome. Aqui há sabedoria. Aquele que tem entendimento calcule o número da besta, pois é número de homem. Seu número é seiscentos e sessenta e seis. (Apocalipse 13.16-18)*

No tempo em que o anticristo estabelecer o seu sistema, ninguém no mundo poderá comprar ou vender sem ele. Qualquer tipo de operação comercial exigirá que a pessoa esteja conectada a esse sistema. Cada vez mais, as lojas físicas estão dando lugar à internet e o anticristo vai usar a web para estabelecer o seu sistema de controle.

> *Eu ouvi, mas não compreendi. Por isso perguntei: "Meu, senhor, qual será o resultado disso tudo?" Ele respondeu: "Siga o seu caminho, Daniel, pois as palavras estão seladas e lacradas até ao tempo do fim. Muitos serão purificados, alvejados e refinados, mas os ímpios continuarão ímpios. Nenhum dos ímpios levará isto em consideração, mas os sábios sim.". (Daniel 12.8-10)*

Quando o anjo Gabriel faz a revelação a Daniel, ele afirma que aquelas palavras estavam seladas e lacradas até o tempo do fim. Ou seja, ele não podia compreendê-las naquele momento, as pessoas só entenderiam quando chegasse a hora.

Compreendemos que este tempo seja hoje e que este número seja a internet porque as gerações anteriores, sem acesso a esta tecnologia, não poderiam influenciar e dominar o comércio mundial.

Outro ponto para analisarmos é que estamos chegando na data do aniversário de 2 mil anos da crucificação de Cristo. Jesus Cristo provavelmente foi crucificado entre o ano 27 e 29 d.C., pois houve um erro quanto à data de seu nascimento. Jesus nasceu por volta de 4 e 6 a.C. No livro de Oseias 6.1, lemos: "Venham, voltemos para o Senhor. Ele nos despedaçou, mas nos trará cura; ele nos feriu, mas sarará nossas feridas. Depois de dois dias ele nos dará vida novamente, ao terceiro dia, ele nos restaurará, para que vivamos em sua presença". Oseias está falando aqui de tempo de tratamento que Deus teria com povo de Israel.

> *Não se esqueçam disto, amados: para o Senhor um dia é como mil anos, e mil anos como um dia. (2Pedro 3.8)*

Após a morte de Jesus, Deus começou a tratar com Israel. Durante todo este tempo, os judeus viveram espalhados pelo mundo sendo perseguidos. Durante quase dois mil anos, o povo de Israel tem sido tratado e disciplinado por Deus, mas a promessa de Deus é que, no terceiro dia, a ferida será sarada e eles viverão com Deus. Estamos vivendo no tempo em que essas coisas estão para acontecer.

O terceiro dia fala do período da conversão de Israel no final da grande tribulação, na batalha do Armagedom. Os judeus olharão para os céus e verão o sinal de Cristo, a marca das suas mãos, e perguntarão: "Que marcas são essas nas suas mãos?" e o Senhor Jesus dirá: "Essas são as feridas que fui ferido na casa dos meus amigos". Haverá grande arrependimento e conversão em Israel e o Senhor dará vitória contra o anticristo na batalha do Armagedom. Depois destas coisas, virá o período em que o povo de Israel habitará com o Senhor.

Ao mesmo tempo em que está para se cumprir os 2 mil anos do tratamento de Deus com Israel para, em seguida, Deus restaurar todas as coisas, o anticristo vai ser levantado no mundo enquanto seu sistema é implantado.

A internet começou a ganhar força por volta dos anos 1990 e, durante este período de trinta anos, ela já revolucionou completamente o nosso estilo de vida. A nossa comunicação é completamente digital. As grandes plataformas possuem bilhões de pessoas conectadas em todo o planeta. Gradativamente, a internet tem se tornado maior do que sequer imaginamos.

Todas as nossas informações estão disponíveis na internet, e podemos ser rastreados até mesmo com o telefone desligado. Hoje, a internet é absolutamente compulsória, como o alimento e a água. Em breve, nada poderá operar sem ela.

Antigamente, os documentos importantes eram guardados em cofre; hoje tudo pode ser guardado na nuvem. Cada telefonia tem a sua nuvem, na qual são armazenados vídeos, fotos, textos e documentos. Essas nuvens estão interconectadas de maneira a formar uma grande nuvem e essa grande nuvem permite que as pessoas comprem, vendam e se conectem.

A implantação do 5G levará essa conexão a outro patamar. Todos os eletrodomésticos da sua casa, automóveis, aparelhos médicos e computador estarão conectados à internet. Isso é chamado, na linguagem técnica, de IOT ou *Internet Of Things*, internet das coisas.

Porém, a última fronteira da internet será o corpo humano. A internet não será somente a internet das coisas, mas será também a internet das pessoas. Ela será utilizada dentro do corpo humano por meio de chips implantados em forma de nano robôs. Esses implantes cibernéticos nada mais são do que o trans humanismo.

A próxima geração da internet acrescentará a inteligência artificial nos seres humanos, o que eles chamam de cérebro híbrido. O ser humano não vai ter só a inteligência do seu cérebro, ele vai ter um empoderamento e impulsionamento de inteligência, de conhecimento. Com os avanços tecnológicos, o homem vai aumentar a sua capacidade de raciocínio, pois terá conexões neurais humanas melhoradas com a inteligência artificial.

O que podemos perceber é uma tentativa de evolução do homo sapiens para o homo deus. Vemos o homem novamente querendo ser como Deus, como aconteceu no Jardim do Éden. É provável que essa interface que permitirá essa evolução esteja pronta entre cinco e dez anos. Já existem empresas trabalhando nisso, como a Neuralink. Eles estão tentando desenvolver uma interface entre o cérebro humano e a web através de impulsos elétricos ou impulsos de luz. Os primeiros testes para implantar o chip em seres humanos começam muito em breve. As primeiras tentativas serão feitas com voluntários que têm doenças em estágio final, como Alzheimer e outras doenças degenerativas do sistema nervoso.

Há um temor quanto aos futuros robôs serem tão superiores aos homens, que eles o dominem. Essa é uma das razões para tentar melhorar a capacidade cerebral da humanidade, além das muitas melhorias na saúde e na capacidade do homem. Imagine o que um homem será capaz de fazer quando ele tiver o cérebro híbrido, tendo a capacidade de acessar todo o conhecimento disponível na rede através do pensamento. A interface parcial que possa conectar a mente humana à máquina não deve demorar mais do que 5 anos para estar em vigor.

A agência chamada Darpa, Defence Advanced Research Projects (Projetos de pesquisa avançada para defesa), está investindo 60 milhões de dólares por ano para desenvolver o implante neural que torne os futuros soldados empoderados.

Há um grande perigo em tudo isso: em um futuro bem próximo, a web não estará apenas fora das pessoas, mas dentro delas, e o controle total do mundo será absolutamente possível. Não existirá papel-moeda e não terá como você comprar ou vender nada se você não estiver conectado à web.

Satanás não consegue ler a nossa mente, mas através do chip de computador ele terá o poder de interpretar nossos pensamentos e sentimentos, isso porque o chip vai conseguir fazer uma pintura digital dos códigos que saem das nossas conexões neurais. Nossos neurônios passarão por uma interface em que os pensamentos se tornam números ou códigos, e eles poderão ser lidos e decodificados.

As pessoas que aderirem ao sistema se submeterão a todo tipo de controle e, quem não aderir, estará limitado em suas necessidades mais básicas de sobrevivência. Quem receber o dispositivo será influenciado e controlado e, quando isso acontecer, o mundo estará pronto para o anticristo.

As ações para que isso aconteça de forma voluntária será tão poderosa que as pessoas vão querer desesperadamente um implante no seu cérebro, seja para adquirir mais inteligência, ter uma saúde melhor e até mesmo para poder descobrir qualquer mudança de nuance no temperamento ou no humor. Pessoas com depressão ou surtos psicóticos vão ter suas crises detectadas antes que aconteçam. Muitos serão os benefícios!

Mas, lembre-se: enquanto a internet estiver fora de você, você controla. Você pode decidir fugir desse sistema e ir para uma floresta ou para o deserto; pode decidir viver de maneira mais simples como os homens primitivos a fim de manter a sua fé. Mas com o chip implantado, você não terá mais poder de escolha. Enquanto a igreja está na terra, ela tem condições de fazer resistência clara, pregando o evangelho a toda criatura.

O ANTICRISTO

A Bíblia nos alerta sobre o surgimento do anticristo, um líder mundial que enganará as nações e assumirá o controle do mundo. Ele exercerá tamanha influência, que o mundo cairá aos seus pés. Ele seduzirá a todos e dominará o mundo em todas as suas estruturas: social, política e religiosa.

Segundo a Palavra, podemos saber um pouco mais a respeito da sua nacionalidade, sua origem e, principalmente, do seu caráter. O anticristo será aceito pelos judeus, pois ele fará um pacto para proteger Israel.

O caos no mundo traz o contexto ideal para o surgimento do anticristo, que vai propor a paz, a segurança e a harmonia no mundo. Ele será o líder mais incrível que já surgiu em toda a história, eloquente em palavras, de inteligência singular e, por isso, enganará e seduzirá a muitos com suas palavras.

> *"[...] Não deixem que ninguém os engane de modo algum. Antes daquele dia virá a apostasia e, então, será revelado o homem do pecado, o filho da perdição. Este se opõe e se exalta acima de tudo o que se chama Deus ou é objeto de adoração, chegando até a assentar-se no santuário de Deus, proclamando que ele mesmo é Deus. Não se lembram de que, quando eu ainda estava com vocês, costumava falar essas coisas? E agora vocês sabem o que o está detendo, para que ele seja revelado no seu devido tempo. A verdade é que o mistério da iniquidade já está em ação, restando apenas que seja afastado aquele que agora o detém. Então será revelado o perverso, a quem o Senhor Jesus matará com o sopro de sua boca e destruirá pela manifestação de sua vinda. A vinda desse perverso é segundo a ação de Satanás, com todo o poder, com sinais e com maravilhas enganadoras. Ele fará uso de todas as formas de engano da injustiça para os que estão perecendo, porque rejeitaram o amor à verdade que os poderia salvar. Por essa razão Deus lhes envia um poder sedutor, a fim de creiam na mentira e sejam condenados todos os que não creram na verdade, mas tiveram prazer na injustiça. " (2Tessalonicenses 2.3-12)*

O anticristo é chamado de: O homem da iniquidade; O filho da perdição; O iníquo; Aquele que se opõe e se exalta contra Deus. Nesse sentido, podemos afirmar que "anticristos são todos os falsos mestres que neguem a pessoa e a obra do filho de Deus".[2]

O espírito do anticristo atua no mundo desde o século I e se opõe firmemente à obra de Cristo. Ele é qualquer ato que negue a obra de Jesus

---

2 **Hindson, Edson. O Anticristo. São Paulo: Editora Vida, 2000.**

Cristo na cruz do calvário com o objetivo de enfraquecer, negar e rejeitar a verdade de Cristo. Trata-se de toda impiedade e rebelião contra Deus.

> *O rei fará o que bem entender. Ele se exaltará e se engrandecerá acima de todos os deuses e dirá coisas jamais ouvidas contra o Deus dos deuses. Ele terá sucesso até que o tempo da ira se complete, pois o que foi decidido irá acontecer. (Daniel 11.36)*

> *Ele falará contra o Altíssimo, oprimirá os seus santos e tentará mudar os tempos e a lei. Os santos serão entregues nas mãos dele por um tempo, tempos e meio tempo. (Daniel 7.25).*

Durante toda a história da Igreja, o espírito do anticristo foi atuante com perseguições, heresias, engano espiritual e falsos profetas. E, nos últimos dias, o anticristo perseguirá implacavelmente a Igreja.

> *Enquanto eu observava, esse chifre guerreava contra os santos e os derrotava. (Daniel 7.21)*

> *Foi-lhe dado poder para guerrear contra os santos e vencê-los. Foi-lhe dada autoridade sobre toda tribo, povo, língua e nação. Todos os habitantes da terra adorarão a besta, a saber, todos aqueles que não tiveram seus nomes escritos no livro da vida do Cordeiro que foi morto desde a criação do mundo. (Apocalipse 13.7)*

Em Apocalipse 12 e 13 vemos a apresentação da trindade ímpia, composta por Satanás, pelo anticristo e pelo falso profeta. Em Daniel 11 vemos que ele virá caladamente e tomará o reino pelo engano. Segundo Hindson, há sete jogadores simbólicos no drama do fim dos tempos, e os dois últimos são a besta que saiu do mar e a besta que saiu da terra. A Bíblia chama a besta da terra de "o falso profeta". Então, temos um falso líder religioso no fim dos tempos que exorta as pessoas a obedecerem a liderança do anticristo.

O anticristo será ateu, aristocrático, secular. E o que vemos hoje na cultura ocidental é uma ascensão do secularismo que quer empurrar Deus para fora do nosso sistema educacional, para fora do nosso sistema político e fora das nossas vidas. Esse "vácuo" é imediatamente preenchido por Satanás. O que vemos hoje é um ateísmo passivo. As pessoas negam a existência do Deus que, intuitivamente, sabem que existe, pois foram criadas à sua imagem, para ter um relacionamento com ele.

Em meio a todos esses acontecimentos dos últimos dias, há uma história de salvação acontecendo. Deus é o Deus que está sempre redimindo os quebrados e reconciliando os excluídos. Mesmo as pessoas mais improváveis podem ter suas vidas completamente transformadas pelo poder do evangelho.

Jericó era uma pequena cidade, onde reinavam a morte e a destruição, Deus havia amaldiçoado e condenado aquela cidade. Então, todos morrem. Mas Deus poupa Raabe, a prostituta, e sua família é redimida e trazida para a família de Deus. E, quando analisamos em Mateus a genealogia de Cristo, percebemos que ela foi inserida na linhagem de Jesus Cristo. Ela era cananeia, mas agora se torna cristã, participante da linhagem de Jesus.

Em todo o tempo o desejo de Deus é que todos sejam salvos, e, enquanto estivermos na terra, anunciaremos o evangelho redentor de Jesus Cristo.

Assim como houve uma plenitude do tempo para a vinda de Cristo, também haverá o tempo certo para o surgimento do anticristo, e nada acontecerá fora da permissão e do cronograma divino. Nenhuma dessas notícias são para nos assustar, mas para nos preparar como igreja para esse tempo e nos motivar ainda mais a anunciar o evangelho de Cristo, até que ele venha.

CAPÍTULO 5

AS BEM-AVENTURANÇAS DO APOCALIPSE

A palavra "bem-aventurado" significa: feliz, muito feliz, bendito, abençoado.

O livro de Apocalipse tem um plano perfeito, fala de Jesus Cristo e sua amada igreja. É um livro centrado na pessoa de Cristo, é a revelação de sua glória, majestade, triunfo, soberania como Rei dos reis e Senhor dos senhores. Ele trata de bênçãos completas para a igreja, revela as sete bem-aventuranças para os discípulos fiéis de Jesus Cristo. Fala da felicidade plena e eterna dos discípulos do Senhor.

> *Revelação de Jesus Cristo, que Deus lhe deu para mostrar aos seus servos as coisas que em breve devem acontecer e que ele, enviando por intermédio do seu anjo, notificou ao seu servo João, o qual atestou a palavra de Deus e o testemunho de Jesus Cristo, quanto a tudo o que viu. (Apocalipse 1.1,2)*

> *Portanto, escreva o que viu, tanto as coisas que estão acontecendo agora como as que acontecerão depois. (Apocalipse 1.19, NVT)*

> *Bem-aventurados aqueles que leem e aqueles que ouvem as palavras da profecia e guardam as coisas nela escritas, pois o tempo está próximo. (Apocalipse 1.3)*

O livro de Apocalipse era para ser lido em voz alta nas igrejas. Quando o pastor recebia as cartas, ele tinha a responsabilidade de ler para o povo durante os cultos de adoração e de celebração ao Senhor Jesus. De todos os livros da Bíblia Sagrada, o Apocalipse é o que tem a maior visão panorâmica da história da humanidade e do controle total que Jesus Cristo tem sobre a história, sobre o mundo e tudo o que nele existe. Portanto, a leitura do livro de Apocalipse nos encoraja a uma vida de fé, santidade, consagração, amor, perseverança, obediência e fidelidade a Jesus Cristo até o fim.

Nós somos orientados a ler a Palavra de Deus, a meditar, a estudar. Mas, sobretudo, somos orientados a praticar a Palavra de Deus e a que ela seja nossa única regra de fé e conduta. As bem-aventuranças têm a ver com as nossas atitudes: ler, ouvir e praticar a mensagem e o que o livro nos ensina.

> *Tão somente sê forte e mui corajoso para teres o cuidado de fazer segundo toda a lei que meu servo Moisés te ordenou; dela não te desvies, nem para a direita nem para a esquerda, para que sejas bem-sucedido por onde quer que andares. Não cesses de falar deste Livro da Lei; antes, medita nele dia e noite, para que tenhas cuidado de fazer segundo tudo quanto nele está escrito; então, farás prosperar o teu caminho e serás bem-sucedido. (Josué 1.7,8)*

Deus avisou isso a Josué quando tinha pronto apenas o Pentateuco, os cinco primeiros livros da Bíblia. Deus disse: *"Medita nesse livro dia e noite; pratica o que nele está escrito; seja forte e corajoso; seja ousado para ler, ouvir e para praticar o que diz a palavra".*

> *Bem-aventurado o homem que não anda no conselho dos ímpios, não se detém no caminho dos pecadores, nem se assenta na roda dos escarnecedores. Antes, o seu prazer está na lei do SENHOR, e na sua lei medita de dia e de noite. Ele é como árvore plantada junto a corrente de águas, que, no devido tempo, dá o seu fruto, e cuja folhagem não murcha; e tudo quanto ele faz será bem-sucedido. (Salmos 1.1-3)*

A Palavra de Deus deve ser lâmpada para os nossos pés e luz para o nosso caminho (cf. Salmos 119.105).

BEM-AVENTURADOS OS MORTOS QUE DESDE AGORA MORREM NO SENHOR

> *Então, ouvi uma voz do céu, dizendo: Escreve: Bem-aventurados os mortos que, desde agora, morrem no Senhor. Sim, diz o Espírito, para que descansem das suas fadigas, pois as suas obras os acompanham. (Apocalipse 14.13)*

Os mortos em Cristo são felizes. Essa foi a voz que veio do céu, não da terra. É a voz de Deus e não dos homens. *"Preciosa é aos olhos do SENHOR a morte dos seus santos". (Salmos 116.15)*

Para Deus, a morte dos santos é preciosa. Os que morrem em Cristo são felizes porque entram na glória do céu, na eternidade, com o Senhor Jesus para todo o sempre, pois ele é a ressureição e a vida, e aquele que crer nele, ainda que morra, viverá.

A parábola do rico e Lázaro nos revela que nem todos os mortos são felizes. Lázaro morreu, e foi levado para o seio de Abraão, para a presença de Deus; mas o rico morreu, foi sepultado e levado para o inferno. Naquela escuridão e no sofrimento pelo fogo, o rico enxergou Lázaro na glória do céu e começou a clamar que Deus permitisse que Lázaro molhasse na água a ponta do seu dedo e refrescasse a sua língua porque estava atormentado naquela chama, mas Deus disse: *"É impossível. Ninguém pode sair do céu ou do inferno". (cf. Lucas 16.19-31).*

Não são todos os mortos que são felizes; são felizes os mortos que morrem no Senhor, que morrem servindo a Jesus Cristo, que morrem na fidelidade a Jesus. O capítulo 14 de Apocalipse nos mostra um grande contraste entre os ímpios sofrendo atormentados no inferno e os salvos felizes desfrutando da plenitude da alegria na glória do céu.

A fumaça do seu tormento sobe pelos séculos dos séculos, e não têm descanso algum, nem de dia nem de noite, os adoradores da besta e da sua imagem e quem quer que receba a marca do seu nome. (Apocalipse 14.11)

E ouvi uma voz que vinha do céu, dizendo: "Escreva isto: Felizes os que, de agora em diante, morrem no Senhor. Sim, diz o Espírito, eles são verdadeiramente felizes, pois descansarão de seu trabalho árduo; porque suas boas obras os acompanharão". (Apocalipse 14.13, NVT)

Os que morrem no pecado não terão descanso do seu sofrimento eterno nem de dia nem de noite, mas os que morrem em Cristo são felizes porque vão desfrutar da glória do céu, onde habitarão com o Senhor Deus para todo o sempre. Eles não serão levados para o céu pelas suas obras, pois as boas obras não abrem o caminho para o céu; apenas acompanham os salvos, e por elas os salvos receberão recompensas eternas.

Os mortos em Cristo entrarão no céu, onde não haverá mais lágrimas. Eles serão felizes para sempre porque entrarão no céu, onde não haverá dor, tristeza, pecado ou morte.

Jamais terão fome, nunca mais terão sede, não cairá sobre eles o sol, nem ardor algum, pois o Cordeiro que se encontra no meio do trono os apascentará e os guiará para as fontes da água da vida. E Deus lhes enxugará dos olhos toda lágrima. (Apocalipse 7.16,17)

BEM-AVENTURADO AQUELE QUE VIGIA E GUARDA AS SUAS VESTES

Eis que venho como vem o ladrão. Bem-aventurado aquele que vigia e guarda as suas vestes, para que não ande nu, e não se veja a sua vergonha. (Apocalipse 16.15)

A segunda vinda do Senhor Jesus Cristo será repentina e inesperada para os ímpios. O objetivo da vigilância é esperar e não ser pego de surpresa ou despreparado no dia da volta de Jesus, não andar espiritualmente nu e não ser deixado para trás, não ser lançado no inferno e sofrer vergonha pública e eterna, porque só os limpos de coração verão Deus.

> *Bem-aventurados os limpos de coração, porque verão a Deus. (Mateus 5.8)*

> *Eu virei inesperadamente, como ladrão! Feliz é aquele que me espera alerta e mantém puras suas vestes, para que não precise andar nu e envergonhado. (Apocalipse 16.15, NVT)*

> *Em todo tempo sejam alvas as tuas vestes, e jamais falte o óleo sobre a tua cabeça. (Eclesiastes 9.8)*

Os filhos de Deus devem orar, vigiar e esperar com fidelidade e com grande expectativa a segunda vinda do Senhor Jesus Cristo.

> *Portanto, vigiai, porque não sabeis em que dia vem o vosso Senhor. (Mateus 24.42)*

> *Por isso, ficai também vós apercebidos; porque, à hora em que não cuidais, o Filho do Homem virá. (Mateus 24.44)*

> *Vigiai, pois, porque não sabeis o dia nem a hora. (Mateus 25.13)*

Vigiar, orar, testemunhar, pregar o evangelho e perseverar firme na fé até o fim é o que o Senhor Jesus espera de cada um de seus amados discípulos. *Aquele, porém, que perseverar até o fim, esse será salvo. (Mateus 24.13)*

Ele espera que eu e você perseveremos firmes na fé, na perseverança, no amor, na pureza, na santidade até o fim. É o nosso dever vigiar em todo tempo. Vigiar é não baixar a guarda e manter-se alerta para não cair nas paixões da carne, nas tentações e ciladas do Diabo.

> *Vigiai, pois, a todo tempo, orando, para que possais escapar de todas estas coisas que têm de suceder e estar em pé na presença do Filho do Homem. (Lucas 21.36)*

Perseverar firme na fé e não se contaminar com esse sistema mundano, corrompido, perverso, influenciado pelo Maligno é nosso dever como discípulos de Jesus.

> *A religião pura e sem mácula, para com o nosso Deus e Pai, é esta: visitar os órfãos e as viúvas nas suas tribulações e a si mesmo guardar-se incontaminado do mundo. (Tiago 1.27)*

> *Pelo contrário, segundo é santo aquele que vos chamou, tornai-vos santos também vós mesmos em todo o vosso procedimento, porque escrito está: Sede santos, porque eu sou santo. (1Pedro 1.15,16)*

A Bíblia diz que devemos vigiar e orar para não cairmos em tentação e adotarmos um estilo de vida santo todos os dias da nossa existência na terra.

> *Vigiai e orai, para que não entreis em tentação; o espírito, na verdade, está pronto, mas a carne é fraca. (Mateus 26.41)*

BEM-AVENTURADOS AQUELES QUE SÃO CHAMADOS PARA A CEIA DAS BODAS DO CORDEIRO

> *Então, me falou o anjo: Escreve: Bem-aventurados aqueles que são chamados à ceia das bodas do Cordeiro. E acrescentou: São estas as verdadeiras palavras de Deus. (Apocalipse 19.9)*

A noiva do Cordeiro é a igreja verdadeira. O Cordeiro é Jesus Cristo, o Filho de Deus, e as bodas serão a festa de casamento.

> *Em seguida, ouvi outra vez algo semelhante ao som do clamor de uma grande multidão, como o som de fortes ondas do mar, como o som de violentos trovões: "Aleluia! Porque o Senhor, nosso Deus, o Todo-poderoso, reina. Alegremo-nos, exultemos e a ele demos glória, pois chegou a hora do casamento do Cordeiro, e sua noiva já se preparou. Ela recebeu um vestido do linho mais fino, puro e branco". Porque o linho fino representa os atos justos do povo santo. E o anjo me disse: "Escreva isto: Felizes os que são convidados para o banquete de casamento do Cordeiro". E acrescentou: "Essas são as palavras verdadeiras de Deus." (Apocalipse 19.6-9, NVT)*

A vida no céu será uma festa de celebração ao Senhor, nosso Deus, que nunca terminará.

O evangelho é o chamado de Deus para celebrarmos a vida. Quando ele conta a parábola da ovelha que se perdeu, o pastor faz uma festa de celebração com os amigos. Quando a mulher encontra a dracma perdida, ela faz uma festa com as amigas. Quando o filho pródigo volta para casa, o pai promove uma festa com os amigos, e assim acontecerá com todos nós ao sermos convidados para a ceia das bodas do Cordeiro de Deus. O céu festeja, dizendo: Aleluia!

Quem é que nos convida para as bodas do Cordeiro? Deus, nosso Pai que está no céu. Ele nos ama com amor eterno e nos faz um convite para as bodas do casamento do seu Filho com a igreja: *"Venham, a casa está pronta e há lugar para você. Tudo está pronto, a mesa está posta, e você pode vir e receber de graça".*

> *O reino dos céus é semelhante a um rei que celebrou as bodas de seu filho. Então, enviou os seus servos a chamar os convidados para*

as bodas; mas estes não quiseram vir. Enviou ainda outros servos, com esta ordem: Dizei aos convidados: Eis que já preparei o meu banquete; os meus bois e cevados já foram abatidos, e tudo está pronto; vinde para as bodas. (Mateus 22.2-4)

A mensagem de evangelismo na verdade é um convite para a festa. A pessoa precisa se arrepender dos seus pecados, mudar de vida, mas também tem que saber que está sendo convidada para uma festa de celebração eterna no céu de luz e glória com todos os salvos e com todos os anjos.

No dia em que Jesus morreu na cruz, ele disse: *"Está consumado"*. A obra da salvação é plena e completa em Cristo Jesus. Você não precisa fazer nada; apenas se arrepender dos seus pecados, confessá-los e servir a Jesus pela fé.

Os convidados para as bodas não são a elite religiosa; o convite para as bodas do Cordeiro de Deus está aberto às pessoas de todas as nações, tribos, povos, raças e etnias.

Ele, porém, respondeu: Certo homem deu uma grande ceia e convidou muitos. À hora da ceia, enviou o seu servo para avisar aos convidados: Vinde, porque tudo já está preparado. (Lucas 14.16,17)

Voltando o servo, tudo contou ao seu senhor. Então, irado, o dono da casa disse ao seu servo: Sai depressa para as ruas e becos da cidade e traze para aqui os pobres, os aleijados, os cegos e os coxos. Depois, lhe disse o servo: Senhor, feito está como mandaste, e ainda há lugar. Respondeu-lhe o senhor: Sai pelos caminhos e atalhos e obriga a todos a entrar, para que fique cheia a minha casa. (Lucas 14.21-23)

Deus não quer o céu vazio, ele quer ver a casa eterna, o lar celestial, cheia. Evangelizar é esvaziar o caminho do inferno e levar pessoas para a casa do Pai. Todas as pessoas são convidadas, ou seja, a porta da salvação eterna pela graça mediante a fé em Jesus Cristo está aberta para todos.

Ide, pois, para as encruzilhadas dos caminhos e convidai para as bodas a quantos encontrardes. E, saindo aqueles servos pelas estradas, reuniram todos os que encontraram, maus e bons; e a sala do banquete ficou repleta de convidados. (Mateus 22.9,10)

Quem são os que entrarão para as bodas e participarão da festa eterna com o Cordeiro de Deus? Somente os discípulos fiéis de Jesus Cristo que vivem um estilo de vida santo.

Entrando, porém, o rei para ver os que estavam à mesa, notou ali um homem que não trazia veste nupcial e perguntou-lhe: Amigo, como entraste aqui sem veste nupcial? E ele emudeceu. Então, ordenou o rei aos serventes: Amarrai-o de pés e mãos e lançai-o para fora, nas trevas; ali haverá choro e ranger de dentes. (Mateus 22.11-13)

Nas bodas do Cordeiro de Deus, estaremos reunidos com todos os salvos de todas as épocas, para sempre.

Digo-vos que muitos virão do Oriente e do Ocidente e tomarão lugares à mesa com Abraão, Isaque e Jacó no reino dos céus. (Mateus 8.11)

A expectativa das bodas do Cordeiro de Deus deve nos motivar a evangelizar, fazer discípulos, cuidar bem deles e trabalhar rápido e com dedicação para o avanço da obra missionária no Brasil e entre as nações, cumprindo, assim, o ide de Jesus. O Senhor Deus quer que sua casa fique cheia de filhos e filhas parecidos com Jesus, pessoas procedentes de todas as nações, povos e línguas.

E disse-lhes: Ide por todo o mundo e pregai o evangelho a toda criatura. Quem crer e for batizado será salvo; quem, porém, não crer será condenado. (Marcos 16.15,16)

Ide, pois, para as encruzilhadas dos caminhos e convidai para as bodas a quantos encontrardes. (Mateus 22.9)

Respondeu-lhe o senhor: Sai pelos caminhos e atalhos e obriga a todos a entrar, para que fique cheia a minha casa. (Lucas 14.23)

A vida eterna com Cristo Jesus na glória do céu será uma festa de adoração e celebração que jamais acabará.

BEM-AVENTURADO E SANTO AQUELE QUE TEM PARTE NA PRIMEIRA RESSURREIÇÃO

Bem-aventurado e santo é aquele que tem parte na primeira ressurreição; sobre esses a segunda morte não tem autoridade; pelo contrário, serão sacerdotes de Deus e de Cristo e reinarão com ele os mil anos. (Apocalipse 20.6)

A primeira ressurreição é dos salvos em Cristo Jesus, para o arrebatamento da igreja, a fim de estarmos com o Senhor para sempre.

Eis que vos digo um mistério: nem todos dormiremos, mas transformados seremos todos, num momento, num abrir e fechar de olhos, ao ressoar da última trombeta. A trombeta soará, os mortos ressuscitarão incorruptíveis, e nós seremos transformados. Porque é necessário que este corpo corruptível se revista da incorruptibilidade, e que o corpo mortal se revista da imortalidade. E, quando este corpo corruptível se revestir de incorruptibilidade, e o que é mortal se revestir de imortalidade, então, se cumprirá a palavra que está escrita: Tragada foi a morte pela vitória. (1Coríntios 15.51-54)

No dia da segunda vinda do Senhor Jesus Cristo, os mortos em Cristo ressuscitarão primeiro.

Não queremos, porém, irmãos, que sejais ignorantes com respeito aos que dormem, para não vos entristecerdes como os demais, que não têm esperança. Pois, se cremos que Jesus morreu e ressuscitou, assim também Deus, mediante Jesus, trará, em sua companhia, os que dormem. Ora, ainda vos declaramos, por palavra do Senhor, isto: nós, os vivos, os que ficarmos até à vinda do Senhor, de modo algum precederemos os que dormem. Porquanto o Senhor mesmo, dada a sua palavra de ordem, ouvida a voz do arcanjo, e ressoada a trombeta de Deus, descerá dos céus, e os mortos em Cristo ressuscitarão primeiro; depois, nós, os vivos, os que ficarmos, seremos arrebatados juntamente com eles, entre nuvens, para o encontro do Senhor nos ares, e, assim, estaremos para sempre com o Senhor. (1Tessalonicenses 4.13-17)

A ressurreição dos mortos em Cristo não é para o juízo, mas para a vida eterna, para receber o corpo glorificado e reinar com o Senhor para sempre. A ressurreição dos salvos é para a vida eterna.

Bem-aventurado e santo é aquele que tem parte na primeira ressurreição; sobre esses a segunda morte não tem autoridade; pelo contrário, serão sacerdotes de Deus e de Cristo e reinarão com ele os mil anos. (Apocalipse 20.6)

Muitos dos que estão mortos e enterrados ressuscitarão, alguns para a vida eterna e outros para a vergonha e a desonra eterna. (Daniel 12.2, NVT)

Não vos maravilheis disto, porque vem a hora em que todos os que se acham nos túmulos ouvirão a sua voz e sairão: os que tiverem feito o bem, para a ressurreição da vida; e os que tiverem praticado o mal, para a ressurreição do juízo. (João 5.28,29)

Aqueles que nascem uma só vez, mediante o nascimento físico, do Espírito morrerão duas vezes: fisicamente e depois espiritualmente, para sempre, a chamada segunda morte. Os que nascem duas vezes, mediante o nascimento físico e o do Espírito, se morrerem, será apenas uma só vez, porque sua vida eterna está garantida eternamente com Jesus.

BEM-AVENTURADO AQUELE QUE GUARDA AS PALAVRAS DA PROFECIA DESTE LIVRO

Eis que venho sem demora. Bem-aventurado aquele que guarda as palavras da profecia deste livro. (Apocalipse 22.7)

Guardar significa aceitar o conteúdo do livro de Apocalipse como legítimo, como está escrito, sem mudar, adulterar, acrescentar ou subtrair nada da profecia apocalíptica. Guardar também significa obedecer, praticar, observar, valorizar a importância do texto sagrado como palavra de Deus. Temos que crer e viver como está escrito na Bíblia. Não devemos tirar nada do que está escrito e tampouco acrescentar absolutamente nada ao seu conteúdo.

Nada acrescentareis à palavra que vos mando, nem diminuireis dela, para que guardeis os mandamentos do SENHOR, vosso Deus, que eu vos mando. (Deuteronômio 4.2)

Toda palavra de Deus é pura; ele é escudo para os que nele confiam. Nada acrescentes às suas palavras, para que não te repreenda, e sejas achado mentiroso. (Provérbios 30.5,6)

Eu, a todo aquele que ouve as palavras da profecia deste livro, testifico: Se alguém lhes fizer qualquer acréscimo, Deus lhe acrescentará os flagelos escritos neste livro; e, se alguém tirar qualquer coisa das palavras do livro desta profecia, Deus tirará a sua parte da árvore da vida, da cidade santa e das coisas que se acham escritas neste livro. (Apocalipse 22.18,19)

As profecias do Apocalipse não foram escritas para satisfazer a curiosidade intelectual de alguns cristãos quanto ao futuro. O objetivo é preparar o povo santo, a igreja de Jesus, para viver dentro da boa, agradável e perfeita vontade de Deus; preparar a igreja para o tempo do fim e a volta iminente do Senhor Jesus.

O céu é mais que o nosso destino; é a nossa maior motivação, o alvo maior da nossa vida, o foco da nossa fé e a razão da nossa esperança.

BEM-AVENTURADOS AQUELES QUE LAVAM AS SUAS VESTES NO SANGUE DO CORDEIRO

Bem-aventurados aqueles que lavam as suas vestiduras [no sangue do Cordeiro], para que lhes assista o direito à árvore da vida, e entrem na cidade pelas portas. (Apocalipse 22.14)

O critério para a salvação não são as boas obras, mas o sacrifício de Jesus Cristo na cruz do Calvário, onde ele levou sobre si todos os nossos pecados, transgressões e iniquidades.

Os habitantes da nova Jerusalém, a cidade de Deus, entrarão na cidade santa pelas portas, não pelas suas boas obras, mas por causa do sangue de Jesus. Todas as pessoas que são lavadas pelo sangue do Cordeiro de Deus derramado na cruz do Calvário são perdoadas, justificadas, santificadas, vencem o pecado, o mundo, o Maligno e entram na cidade santa pelas portas.

Eles, pois, o venceram por causa do sangue do Cordeiro e por causa da palavra do testemunho que deram e, mesmo em face da morte, não amaram a própria vida. (Apocalipse 12.11)

Se, porém, andarmos na luz, como ele está na luz, mantemos comunhão uns com os outros, e o sangue de Jesus, seu Filho, nos purifica de todo pecado. (1João 1.7)

Todos aqueles que não foram lavados pelo sangue de Jesus, o Cordeiro de Deus, ficarão de fora da cidade santa e serão lançados no lago de fogo, que é a segunda morte.

Bem-aventurados aqueles que lavam as suas vestiduras [no sangue do Cordeiro], para que lhes assista o direito à árvore da vida, e entrem na cidade pelas portas. Fora ficam os cães, os feiticeiros, os impuros, os assassinos, os idólatras e todo aquele que ama e pratica a mentira. (Apocalipse 22.14,15)

E, se alguém não foi achado inscrito no Livro da Vida, esse foi lançado para dentro do lago de fogo. (Apocalipse 20.15)

E entoavam novo cântico, dizendo: Digno és de tomar o livro e de abrir-lhe os selos, porque foste morto e com o teu sangue compraste para Deus os que procedem de toda tribo, língua, povo e nação e para o nosso Deus os constituíste reino e sacerdotes; e reinarão sobre a terra. (Apocalipse 5.9,10)

Agora, pois, já nenhuma condenação há para os que estão em Cristo Jesus. (Romanos 8.1)

Assim, já não sois estrangeiros e peregrinos, mas concidadãos dos santos, e sois da família de Deus. (Efésios 2.19)

As bem-aventuranças no livro de Apocalipse são para mostrar à igreja que somos um povo privilegiado, com promessas tremendas, maravilhosas, gloriosas, feitas pelo Senhor, nosso Deus e Pai celeste, que nos ama com amor eterno e tem preparado o melhor para cada um dos seus filhos amados. Elas nos dizem que servimos a Deus e que ele está no controle do universo, da história, de todas as coisas, e que triunfaremos com Jesus eternamente.

Permaneça fiel. Somos membros da eterna família de Deus, por isso fazemos parte do povo mais feliz da terra. Você é bem-aventurado.

CAPÍTULO 6

PROMESSAS DE JESUS AOS VENCEDORES

No livro de Apocalipse, capítulos 2 e 3, temos sete cartas endereçadas para as sete igrejas da Ásia menor — região da Turquia hoje. Eram cartas curtas, mas com mensagens bem direcionadas do Senhor Jesus para as igrejas dessa região. Nessas cartas, o Senhor exortou as igrejas, corrigiu, ensinou, chamou ao arrependimento, por vezes falou palavras duras e firmes, mas também elogiou (como foi o caso da igreja de Filadélfia). No final de cada uma das sete cartas, encontramos promessas lindas e poderosas do Senhor Jesus de gloriosas recompensas para os seus servos fiéis e vencedores.

> *Achei-me em espírito, no dia do Senhor, e ouvi, por detrás de mim, grande voz, como de trombeta, dizendo: O que vês escreve em livro e manda às sete igrejas: Éfeso, Esmirna, Pérgamo, Tiatira, Sardes, Filadélfia e Laodiceia. (Apocalipse 1.10,11)*

> *Quem vencer herdará todas as coisas; e eu serei seu Deus, e ele será meu filho. (Apocalipse 21.7, ACF)*

Servir ao Senhor Jesus Cristo deve ser para nós a maior honra, o maior privilégio, o motivo de maior alegria, porque conhecer a Cristo foi o que de melhor poderia ter acontecido conosco na terra. Viver sem Jesus é viver sem esperança, é viver sem certeza de futuro, mas com Jesus temos segurança eterna.

Além da grande e eterna salvação que o Senhor nos oferece mediante a graça, pela fé, no dia de sua segunda vinda, ele recompensará a todos os discípulos fiéis nos últimos dias.

Nós fomos salvos por Jesus, escolhidos por ele não apenas para viver como vencedores na terra, mas para sermos mais do que vencedores.

Vejamos algumas promessas que foram registradas no livro de Apocalipse pelo apóstolo João, inspirado pelo Espírito Santo.

O VENCEDOR COMERÁ DA ÁRVORE DA VIDA QUE ESTÁ NO PARAÍSO DE DEUS

Quem tem ouvidos, compreenda o que o Espírito declara às igrejas: "Ao vencedor darei o direito de comer da árvore da vida, que está no paraíso de Deus". (Apocalipse 2.7, KJA)

Esta promessa é porque o Apocalipse traz de volta algumas coisas que o homem perdeu quando pecou no Éden. A Bíblia diz que Deus formou um jardim, criou o homem e o colocou nele. A árvore da vida então foi colocada no jardim do Éden para que o homem comesse de seu fruto; mas o homem não comeu (cf. Gênesis 2.9). Quando o homem caiu em pecado, comendo do fruto da árvore do conhecimento do bem e do mal, o Senhor Deus o expulsou do paraíso e colocou querubins com uma espada de fogo para proteger o portão. Assim, o homem não poderia voltar até a árvore da vida e comer do fruto, condenando a humanidade a viver eternamente no pecado.

E, expulso o homem, colocou querubins ao oriente do jardim do Éden e o refulgir de uma espada que se revolvia, para guardar o caminho da árvore da vida. (Gênesis 3.24)

Deus, por amor, graça e misericórdia, protegeu o caminho da árvore da vida, pois se o homem comesse do fruto em pecado não teria mais salvação. Assim, a primeira providência ao chegarmos no primeiro céu será a liberação para que o homem possa comer livremente do fruto da árvore da vida, aquela que foi tirada do paraíso terreno, mas que está no paraíso eterno. Alimentar-se da árvore da vida será a maior honra, um grande privilégio, o galardão concedido somente aos discípulos fiéis e verdadeiros, que andam em santidade e vencem o mundo e suas propostas, o pecado, a própria carne e o Diabo com as suas tentações.

> *Ao vencedor, dar-lhe-ei que se alimente da árvore da vida que se encontra no paraíso de Deus. (Apocalipse 2.7)*

> *Se é necessário que me glorie, ainda que não convém, passarei às visões e revelações do Senhor. Conheço um homem em Cristo que, há catorze anos, foi arrebatado até ao terceiro céu (se no corpo ou fora do corpo, não sei, Deus o sabe) e sei que o tal homem (se no corpo ou fora do corpo, não sei, Deus o sabe) foi arrebatado ao paraíso e ouviu palavras inefáveis, as quais não é lícito ao homem referir. (2Coríntios 12.1-4)*

Paraíso e terceiro céu são a mesma coisa, não um lugar intermediário. Nós temos o céu atmosférico, o céu planetário e o terceiro céu, que é o céu de Deus, também chamado de paraíso. É o lugar que Jesus mencionou ao olhar para o ladrão que se arrependeu na cruz.

> *Jesus lhe respondeu: Em verdade te digo que hoje estarás comigo no paraíso. (Lucas 23.43)*

> *Alimentar-se da árvore da vida significa participar da plenitude da vida eterna com Cristo Jesus nosso amado Senhor e eterno Salvador (Apocalipse 2.7).*

Do solo fez o SENHOR Deus brotar toda sorte de árvores agradáveis à vista e boas para alimento; e também a árvore da vida no meio do jardim e a árvore do conhecimento do bem e do mal. (Gênesis 2.9)

No meio da sua praça, de uma e outra margem do rio, está a árvore da vida, que produz doze frutos, dando o seu fruto de mês em mês, e as folhas da árvore são para a cura dos povos. (Apocalipse 22.2)

Vencedor é aquele que permanece na fé, que persevera sem jamais olhar para trás, sem deixar esfriar o primeiro amor por Jesus e pelas pessoas. É aquele que a cada dia ama intensa e apaixonadamente ao Senhor Jesus Cristo e a sua amada igreja.

Tenho, porém, contra ti que abandonaste o teu primeiro amor. Lembra-te, pois, de onde caíste, arrepende-te e volta à prática das primeiras obras; e, se não, venho a ti e moverei do seu lugar o teu candeeiro, caso não te arrependas. (Apocalipse 2.4,5)

A primeira carta foi direcionada à igreja da cidade de Éfeso, uma igreja com milhares de membros em que o primeiro amor havia se esfriado. O avivamento tinha passado porque as pessoas esqueceram o discipulado e deixaram de lado a oração, o fervor espiritual.

O VENCEDOR RECEBERÁ A COROA DA VIDA E TERÁ ETERNA SALVAÇÃO

Sê fiel até à morte, e dar-te-ei a coroa da vida. (Apocalipse 2.10)

Aquele que tem ouvidos compreenda o que o Espírito revela às igrejas: "O vencedor de maneira alguma sofrerá a punição da segunda morte". (Apocalipse 2.11, KJA)

A expressão "segunda morte" significa a condenação eterna dos perdidos no lago de fogo.

> *Então, a morte e o inferno foram lançados para dentro do lago de fogo. Esta é a segunda morte, o lago de fogo. E, se alguém não foi achado inscrito no Livro da Vida, esse foi lançado para dentro do lago de fogo. (Apocalipse 20.14,15)*

Se alguém morrer na prática do pecado, será lançado no lago de fogo.

> *Quanto, porém, aos covardes, aos incrédulos, aos abomináveis, aos assassinos, aos impuros, aos feiticeiros, aos idólatras e a todos os mentirosos, a parte que lhes cabe será no lago que arde com fogo e enxofre, a saber, a segunda morte. (Apocalipse 21.8)*

Os atletas olímpicos fazem de tudo para conquistar uma coroa corruptível, mas o cristão verdadeiro é alguém que corre atrás da incorruptível coroa de glória.

> *Não sabeis vós que os que correm no estádio, todos, na verdade, correm, mas um só leva o prêmio? Correi de tal maneira que o alcanceis. Todo atleta em tudo se domina; aqueles, para alcançar uma coroa corruptível; nós, porém, a incorruptível. Assim corro também eu, não sem meta; assim luto, não como desferindo golpes no ar. Mas esmurro o meu corpo e o reduzo à escravidão, para que, tendo pregado a outros, não venha eu mesmo a ser desqualificado. (1Coríntios 9.24-27)*

É preciso ser fiel aponto de morrer por Jesus, se assim for preciso. A coroa da vida é um prêmio concedido apenas aos vencedores. Eles também não sofrerão a punição da segunda morte, ou seja, têm garantida a eterna salvação, a herança dos vencedores.

Não temas as coisas que tens de sofrer. Eis que o diabo está para lançar em prisão alguns dentre vós, para serdes postos à prova, e tereis tribulação de dez dias. Sê fiel até à morte, e dar-te-ei a coroa da vida. Quem tem ouvidos, ouça o que o Espírito diz às igrejas: O vencedor de nenhum modo sofrerá dano da segunda morte. (Apocalipse 2.10,11)

Nenhuma condenação há para os que estão em Cristo Jesus. (Romanos 8.1)

Vencedores são aqueles que não sucumbem diante da perseguição, que atravessam os tempos difíceis, que vencem as provações, as tribulações, as aflições, as tentações, o Diabo. Vencedor é aquele que permanece firme e fiel até a morte (Apocalipse 2.10).

As principais armas dos discípulos vencedores são: a autoridade do nome de Jesus; o sangue de Jesus; o bom testemunho; a oração intensa e fervorosa; a Palavra de Deus; a adoração; o louvor e o não amar a própria vida, mas amar a Deus acima de todas as coisas.

Eles, pois, o venceram por causa do sangue do Cordeiro e por causa da palavra do testemunho que deram e, mesmo em face da morte, não amaram a própria vida. (Apocalipse 12.11)

Toda autoridade no céu e na terra pertence a Jesus. *Jesus, aproximando-se, falou-lhes, dizendo: Toda a autoridade me foi dada no céu e na terra. (Mateus 28.18)*

O VENCEDOR TERÁ UM NOME ETERNO ESCRITO NA GLÓRIA

Quem tem ouvidos compreenda o que o Espírito revela às igrejas: "Ao vencedor proporcionarei do maná escondido, bem como lhe darei uma pedra branca, e sobre essa pedra branca estará gravado um novo nome, o qual ninguém conhece, a não ser aquele que o recebe". (Apocalipse 2.17, KJA)

O maná escondido que Jesus usou é uma referência ao maná que Moisés tinha mandado Arão guardar dentro da arca da aliança.

Disse também Moisés a Arão: Toma um vaso, mete nele um gômer cheio de maná e coloca-o diante do SENHOR, para guardar-se às vossas gerações. Como o SENHOR ordenara a Moisés, assim Arão o colocou diante do Testemunho para o guardar. (Êxodo 16.33,34)

Por trás do segundo véu, se encontrava o tabernáculo que se chama o Santo dos Santos, ao qual pertencia um altar de ouro para o incenso e a arca da aliança totalmente coberta de ouro, na qual estava uma urna de ouro contendo o maná, o bordão de Arão, que floresceu, e as tábuas da aliança. (Hebreus 9.3,4)

Sabemos que somente o sumo sacerdote poderia entrar no Santo dos Santos, uma vez ao ano, para interceder por ele mesmo e pelo povo, porém o sumo sacerdote jamais poderia meter a mão dentro da arca e pegar a porção de maná para comer ou tirar dali.

Mas, no segundo, o sumo sacerdote, ele sozinho, uma vez por ano, não sem sangue, que oferece por si e pelos pecados de ignorância do povo. (Hebreus 9.7)

No entanto, essa promessa de Jesus diz que os discípulos vencedores terão privilégio infinitamente maior do que o privilégio do sumo sacerdote da antiga aliança, porque comer do maná celestial, em comunhão íntima com o Senhor, é alimentar-se do pão vivo que desceu do céu (Apocalipse 2.17).

Declarou-lhes, pois, Jesus: Eu sou o pão da vida; o que vem a mim jamais terá fome; e o que crê em mim jamais terá sede. (João 6.35)

Eu sou o pão vivo que desceu do céu; se alguém dele comer, viverá eternamente; e o pão que eu darei pela vida do mundo é a minha carne. (João 6.51)

O “maná escondido” simboliza também o privilégio incomparável que todos os discípulos do Senhor Jesus terão de participar da grande festa celestial, a ceia das bodas do Cordeiro de Deus com a sua maravilhosa igreja.

Então, me falou o anjo: Escreve: Bem-aventurados aqueles que são chamados à ceia das bodas do Cordeiro. E acrescentou: São estas as verdadeiras palavras de Deus. (Apocalipse 19.9)

Os juízes da época de João tinham uma prática de usar uma pedra branca para votar em benefício do réu para que este fosse livre da condenação. Pedra branca com o nome gravado, nessa promessa, significa o ingresso pago por Jesus Cristo para a grandiosa solenidade de suas bodas com a sua amada igreja.

Vencedor é aquele que vence a falsa doutrina de Balaão (o que se deixou levar pelo lucro e se tornou um falso profeta), é aquele que vence a prostituição, a idolatria, o amor ao dinheiro, as paixões da carne e também a falsa doutrina dos nicolaítas, uma seita que estava entrando na igreja.

Tenho, todavia, contra ti algumas coisas, pois que tens aí os que sustentam a doutrina de Balaão, o qual ensinava a Balaque a armar ciladas diante dos filhos de Israel para comerem coisas sacrificadas aos ídolos e praticarem a prostituição. Outrossim, também tu tens os que da mesma forma sustentam a doutrina dos nicolaítas. (Apocalipse 2.14,15)

O VENCEDOR OCUPARÁ UMA POSIÇÃO DE AUTORIDADE COM CRISTO

> *Ao vencedor, que guardar até ao fim as minhas obras, eu lhe darei autoridade sobre as nações, e com cetro de ferro as regerá e as reduzirá a pedaços como se fossem objetos de barro; assim como também eu recebi de meu Pai, dar-lhe-ei ainda a estrela da manhã. Quem tem ouvidos, ouça o que o Espírito diz às igrejas. (Apocalipse 2.26-29)*

A posição da igreja de Cristo Jesus já é de autoridade sobre os demônios, sobre os principados, sobre as potestades, assentada nas regiões celestiais com nosso Senhor.

> *Mas Deus, sendo rico em misericórdia, por causa do grande amor com que nos amou, e estando nós mortos em nossos delitos, nos deu vida juntamente com Cristo, — pela graça sois salvos, e, juntamente com ele, nos ressuscitou, e nos fez assentar nos lugares celestiais em Cristo Jesus. (Efésios 2.4-6)*

Os vencedores ocuparão uma posição de destaque na glória ao lado de Cristo Jesus, o altíssimo privilégio de participar do governo eterno de Jesus Cristo.

Vencedor é aquele que permanece em santidade, que vence o espírito maligno de Jezabel, que é símbolo de feitiçaria, idolatria, satanismo, prostituição e adultério. Aquele que vence esse espírito maligno tenta se infiltrar nas igrejas trazendo falsas profecias, manipulação, sedução, imoralidade sexual, adultério, feitiçaria, paganismo, materialismo, doutrinas impuras e libertinas. Tudo isso tem a ver com Jezabel, e vencedor é aquele que vence esses pecados.

> *Tenho, porém, contra ti o tolerares que essa mulher, Jezabel, que a si mesma se declara profetisa, não somente ensine, mas ainda*

seduza os meus servos a praticarem a prostituição e a comerem coisas sacrificadas aos ídolos. Dei-lhe tempo para que se arrependesse; ela, todavia, não quer arrepender-se da sua prostituição. Eis que a prostro de cama, bem como em grande tribulação os que com ela adulteram, caso não se arrependam das obras que ela incita. (Apocalipse 2.20-22)

O VENCEDOR TEM O NOME ESCRITO NO LIVRO DA VIDA E SERÁ VESTIDO DE BRANCO

> *Assim, o vencedor andará trajado com vestes brancas, e de modo algum apagarei o seu nome do Livro da Vida; pelo contrário, reconhecerei o seu nome na presença do meu Pai e dos seus anjos. (Apocalipse 3.5, KJA)*

O vencedor andará com ele e terá o nome no Livro da Vida, confessado por Jesus diante de Deus Pai, dos seus santos anjos e de todos os salvos na glória.

Só andará com o Senhor Jesus vestido de branco na glória quem já anda com Jesus em santidade com ele aqui na terra. Estar ao lado de Jesus é desfrutar de uma posição de honra, de amizade, de intimidade, comunhão e amor eterno.

Ter o nome escrito no Livro da Vida é a garantia de eterna salvação, mas ter o nome confessado por Jesus diante do Pai, diante dos seus anjos, diante dos salvos, será uma grande honra.

> *[Disse Jesus:] Todo aquele que me confessar diante dos homens, também eu o confessarei diante de meu Pai, que está nos céus. (Mateus 10.32)*

O que é melhor? Conhecer alguém importante ou ser conhecido por ele? Melhor do que conhecer a doutrina da Bíblia é conhecer o Deus da Bíblia.

Melhor do que conhecer a doutrina de Deus é ser filho de Deus. Melhor do que ser conhecido na terra é ser conhecido no céu. Melhor do que ser honrado na terra é ser honrado no céu. Melhor do que ser famoso na terra é ser amado no céu. Melhor do que conhecer sobre Jesus é ser conhecido e amigo de Jesus, porque somente esses serão salvos.

> *Nem todo o que me diz: Senhor, Senhor! entrará no reino dos céus, mas aquele que faz a vontade de meu Pai, que está nos céus. Muitos, naquele dia, hão de dizer-me: Senhor, Senhor! Porventura, não temos nós profetizado em teu nome, e em teu nome não expelimos demônios, e em teu nome não fizemos muitos milagres? Então, lhes direi explicitamente: nunca vos conheci. Apartai-vos de mim, os que praticais a iniquidade. (Mateus 7.21-23)*

> *Entretanto, o firme fundamento de Deus permanece, tendo este selo: O Senhor conhece os que lhe pertencem. E mais: Aparte-se da injustiça todo aquele que professa o nome do Senhor. (2Timóteo 2.19)*

De que adianta ser amigo dos homens e não ser amigo de Deus? De que adianta agradar aos homens e não agradar a Deus? De que adianta ser aprovado pelos homens e ser reprovado por Deus? De nada adianta ser aplaudido na terra e não ser aplaudido no céu.

> *Perguntou ainda o SENHOR a Satanás: Observaste o meu servo Jó? Porque ninguém há na terra semelhante a ele, homem íntegro e reto, temente a Deus e que se desvia do mal. (Jó 1.8)*

O Senhor nos confiou talentos, e é nosso dever, no mínimo, multiplicá-los para que no último dia possamos ouvir as palavras do nosso Senhor Jesus:

> *Então, aproximando-se o que recebera cinco talentos, entregou outros cinco, dizendo: Senhor, confiaste-me cinco talentos; eis*

> *aqui outros cinco talentos que ganhei. Disse-lhe o senhor: Muito bem, servo bom e fiel; foste fiel no pouco, sobre o muito te colocarei; entra no gozo do teu senhor. (Mateus 25.20,21)*

Naquele grande e glorioso dia da volta do Senhor Jesus, ele irá proclamar o nosso nome diante do Pai, diante dos seus santos anjos, diante dos salvos. Esse momento será aquele em que você receberá o aplauso do céu.

Vencedor é aquele que ora sempre, vigia, conserva a fé que recebeu, não negocia a sua fé nem volta atrás; é aquele que vive em santidade, que não mancha as suas vestes com as contaminações do pecado.

> *Lembra-te, pois, do que tens recebido e ouvido, guarda-o e arrepende-te. Porquanto, se não vigiares, virei como ladrão, e não conhecerás de modo algum em que hora virei contra ti. Tens, contudo, em Sardes, umas poucas pessoas que não contaminaram as suas vestiduras e andarão de branco junto comigo, pois são dignas. (Apocalipse 3.3,4)*

Não manche as suas vestes; se elas estiverem manchadas, você precisa se arrepender para ele lhe dar vestes alvas, sandálias novas e um véu novo. Volte para a casa do Pai.

O VENCEDOR SERÁ COLUNA NO SANTUÁRIO DE DEUS

> *Farei do vencedor uma coluna no templo do meu Deus, de onde jamais sairá. Escreverei nele o Nome do meu Deus e o nome da cidade do meu Deus, a nova Jerusalém que desce do céu da parte do meu Deus; e igualmente escreverei nele o meu novo Nome. (Apocalipse 3.12, KJA)*

Ser coluna é ser firme, é ser sustentação na igreja na terra, para ter no futuro uma posição de honra na glória do céu ao lado do Senhor Jesus. Para que você seja coluna na igreja triunfante, precisa ser coluna na igreja militante. Será coluna no céu com Cristo aquele que já é coluna hoje na igreja, que permanece firme, mostrando o caminho. O Senhor Jesus nos deu um testemunho para sustentarmos. Aquele que o sustenta até o fim será coluna na casa eterna do Senhor com a família de Deus.

Para os discípulos fiéis do Senhor Jesus Cristo, a salvação é algo que já está definida em nossa vida, é segura, eterna, e ninguém pode tomá-la.

> *Eu lhes dou a vida eterna; jamais perecerão, e ninguém as arrebatará da minha mão. (João 10.28)*

A coroa, o prêmio, as recompensas, muitas coisas podem ser tomadas de nós, porque o recebimento da coroa, do prêmio e das recompensas depende de como terminaremos a nossa carreira cristã. *Venho sem demora. Conserva o que tens, para que ninguém tome a tua coroa. (Apocalipse 3.11)*

Vencedor é aquele que mantém a sua fé sempre viva, firme, fervorosa, inabalável. É aquele que trabalha muito para o Senhor, que discipula, vigia, ora o tempo todo para não perder a recompensa prometida por Jesus (Apocalipse 3.11).

O VENCEDOR SE ASSENTARÁ COM JESUS NO SEU TRONO

> *Ao vencedor, Eu lhe concederei que se assente comigo no meu trono, assim como Eu venci e me assentei com meu Pai no seu trono. (Apocalipse 3.21, KJA)*

Essa será a maior honra, o maior presente, o maior prêmio, a maior recompensa, o mais alto privilégio, o mais excelente galardão que o homem pecador redimido, regenerado, liberto, salvo, poderá ter, assentar-se com o Senhor Jesus Cristo no seu trono de glória.

O vencedor é aquele que não ama o dinheiro, não é morno nem frio, mas quente; cheio do fogo do Espírito Santo, fervoroso, avivado na fé; é perseverante na oração, na adoração, no ensino, na pregação do evangelho e no testemunho; é alguém que ouve a voz de Jesus e abre a porta de sua casa, que o recebe e tem a experiência de cear com ele.

> *Conheço as tuas obras, que nem és frio nem quente. Quem dera fosses frio ou quente! Assim, porque és morno e nem és quente nem frio, estou a ponto de vomitar-te da minha boca; pois dizes: Estou rico e abastado e não preciso de coisa alguma, e nem sabes que tu és infeliz, sim, miserável, pobre, cego e nu. (Apocalipse 3.15-17)*

> *Eis que estou à porta e bato; se alguém ouvir a minha voz e abrir a porta, entrarei em sua casa e cearei com ele, e ele, comigo. (Apocalipse 3.20)*

Vencedor é o discípulo de Jesus que é sempre firme, sempre fiel, perseverante, que permanece na videira, que tem um estilo de vida santo, que vence o mundo, a própria carne, o pecado e o Diabo. O discípulo vencedor é sóbrio, evita o pecado, afasta-se do mal, vigia sempre, entende os sinais da segunda vinda de Cristo e prepara-se; por isso, estará de pé diante de Jesus.

> *Vigiai, pois, a todo tempo, orando, para que possais escapar de todas estas coisas que têm de suceder e estar em pé na presença do Filho do Homem. (Lucas 21.36)*

O Senhor Jesus Cristo voltará em breve e recompensará cada um dos vencedores. *Eis que venho sem demora, e comigo está o galardão que tenho para retribuir a cada um segundo as suas obras. (Apocalipse 22.12)*

> *Combati o bom combate, completei a carreira, guardei a fé. Já agora a coroa da justiça me está guardada, a qual o Senhor, reto juiz, me dará naquele Dia; e não somente a mim, mas também a todos quantos amam a sua vinda. (2Timóteo 4.7,8)*

O discípulo vencedor terá herança eterna. *O vencedor herdará estas coisas, e eu lhe serei Deus, e ele me será filho. (Apocalipse 21.7)*

CAPÍTULO 7

ATITUDES CORRETAS DE QUEM ESPERA A VOLTA DE JESUS

Vamos analisar quais devem ser as atitudes corretas de quem espera a segunda vinda de Cristo. A grande pergunta que o apóstolo Pedro fez foi: "Sabendo que Jesus vai voltar e que tudo nesta terra será destruído, que pessoas devemos ser?".

> *Antes de tudo saibam que, nos últimos dias, surgirão escarnecedores zombando e seguindo suas próprias paixões. Eles dirão: "O que houve com a promessa da sua vinda? Desde que os antepassados morreram, tudo continua como desde o princípio da criação". Mas eles deliberadamente se esquecem de que há muito tempo, pela palavra de Deus, existem céus e terra, esta formada da água e pela água. E pela água o mundo daquele tempo foi submerso e destruído. Pela mesma palavra os céus e a terra que agora existem estão reservados para o fogo, guardados para o dia do juízo e para a destruição dos ímpios. Não se esqueçam disto, amados: para o Senhor um dia é como mil anos, e mil anos como um dia.*
>
> *O Senhor não demora em cumprir a sua promessa, como julgam alguns. Ao contrário, ele é paciente com vocês, não querendo que*

ninguém pereça, mas que todos cheguem ao arrependimento. O dia do Senhor, porém, virá como ladrão. Os céus desaparecerão com um grande estrondo, os elementos serão desfeitos pelo calor, e a terra, e tudo o que nela há, será desnudada. Visto que tudo será assim desfeito, que tipo de pessoas é necessário que vocês sejam? Vivam de maneira santa e piedosa, esperando o dia de Deus e apressando a sua vinda. Naquele dia os céus serão desfeitos pelo fogo, e os elementos se derreterão pelo calor. Todavia, de acordo com a sua promessa, esperamos novos céus e nova terra, onde habita a justiça. Portanto, amados, enquanto esperam estas coisas, empenhem-se para serem encontrados por ele em paz, imaculados e inculpáveis. (2Pedro 3.3-14, NVI)

Que palavra tão poderosa do apóstolo Pedro: "Cuidado com os zombadores. Cuidado com os incrédulos. Cuidado com aqueles que estão andando nas suas próprias paixões!". Eles vão dizer: "Vocês não falaram que Jesus ia voltar? Onde está a promessa da sua vinda? Desde a Antiguidade, tudo está do mesmo jeito na terra!". É preciso ter cuidado com cristãos, pastores, pregadores e líderes que não creem mais na volta de Jesus.

O apóstolo Pedro começa a falar sobre o surgimento da terra, que veio à existência pela palavra de Deus. A seguir, ele fala do céu, no sentido planetário. Afirma que tudo isso vai passar pelo fogo. Tudo isso está guardado para o dia do juízo, para a destruição dos homens ímpios. Não se esqueça de algo muito importante: um dia para o Senhor é como mil anos, e mil anos como um dia. Deus não está preso ao cronos, como nós. Nós contamos o tempo de uma forma cronológica, mas Deus se move de eternidade a eternidade. Pedro diz: "O Senhor não demora em cumprir a sua promessa, como julgam alguns [...]". Ao contrário, se Jesus não voltou ainda é porque ele é paciente, longânimo e bondoso. Ele deseja que todos se arrependam, sejam salvos e cheguem ao pleno conhecimento da verdade.

Deus não tem prazer que ninguém pereça. Ele já tinha dito isso por meio do profeta Ezequiel: *"Não tenho prazer na morte de ninguém, diz o Senhor Deus. Portanto, convertei-vos e vivei" (Ezequiel 18.32).* Pedro continua: "Os céus e a terra vão passar pelo fogo"! Preste bastante atenção: todas as obras e construções humanas, tudo o que existe na terra, vai ser destruído no grande dia. Diante dessa grande catástrofe, Pedro pergunta: "Diante de tudo isso, que tipo de gente você deve ser? Que tipo de discípulo? Como vocês devem viver? Qual deve ser o seu estilo de vida? As suas atitudes?". E ele ensina: "Vivam de maneira piedosa, com um estilo de vida santo, esperando e apressando a volta de Jesus"!

Pedro diz que todas as obras humanas iriam desaparecer, mas ele afirma: "Esperamos novos céus e nova terra, onde habita a justiça". Ele nos dá um conselho: "Portanto, amados, enquanto vocês esperam a volta de Jesus e os acontecimentos finais, lutem para serem encontrados por ele em paz, com uma vida sem manchas, um estilo de vida santo". Precisamos ser inculpáveis e irrepreensíveis diante de Deus. É bem interessante essa exortação de Lucas: "Acautelai-vos". Ou seja, tomem cuidado, estejam atentos, "para que nunca vos suceda que o vosso coração fique sobrecarregado".

> *Acautelai-vos por vós mesmos, para que nunca vos suceda que o vosso coração fique sobrecarregado com as consequências da orgia, da embriaguez e das preocupações deste mundo, e para que aquele dia não venha sobre vós repentinamente, como um laço. Pois há de sobrevir a todos os que vivem sobre a face de toda a terra. Vigiai, pois, a todo tempo, orando, para que possais escapar de todas estas coisas que têm de suceder e estar em pé na presença do Filho do Homem. (Lucas 21.34-36)*

Ele fala das consequências da orgia, embriaguez e das preocupações deste mundo. Se você ficar preso a essas coisas, o dia vai surpreendê-lo, e você não terá mais oportunidade de salvação. Ele continua dizendo que essas coisas sobrevirão a todos sobre a face da terra. Jesus disse: "Vigiai, pois, a todo tempo, orando, para que possais escapar de todas estas coisas que têm de suceder e estar em pé na presença do Filho do Homem".

Essa palavra é muito forte, importante e necessária. A atitude correta consiste em vigiar e orar. É preciso tomar cuidado para não cair no laço do pecado. Fuja das orgias, da embriaguez, das preocupações com as coisas deste mundo para que você possa estar em pé na presença do Filho do Homem.

Pensando em tudo isso, vamos falar sobre algumas atitudes importantes para aqueles que realmente esperam a volta de Jesus. O objetivo é preparar você para esse tempo.

FÉ

> *Todavia, o meu justo viverá pela fé; e: Se retroceder, nele não se compraz a minha alma. Nós, porém, não somos dos que retrocedem para a perdição; somos, entretanto, da fé, para a conservação da alma. (Hebreus 10.38,39)*

A Bíblia diz que sem fé é impossível agradar a Deus. A fé que agrada a Deus é inabalável, perseverante, não volta atrás diante das dificuldades e não se corrompe com o mundo.

> *Responderam-lhe: Crê no Senhor Jesus e serás salvo, tu e tua casa. (Atos 16.31)*

> *Se, com a tua boca, confessares Jesus como Senhor e, em teu coração, creres que Deus o ressuscitou dentre os mortos, serás salvo. Porque com o coração se crê para justiça e com a boca se confessa a respeito da salvação. (Romanos 10.9,10)*

Se Jesus é o nosso Senhor e o confessamos publicamente, não temos vergonha de declarar que somos seus discípulos diante do mundo, estaremos à sua direita naquele grande dia.

"Se, com a tua boca, confessares" fala de uma atitude prática. Não existe fé que se crê com o coração, mas não se converte em ações práticas que a comprovem. Precisamos crer de todo o coração e agir de acordo com o que cremos. A fé é, antes de tudo, uma prática, uma ação movida por uma certeza, uma convicção. Nossa vida reflete no que acreditamos.

PRONTIDÃO, FIDELIDADE E PRUDÊNCIA

> *Quem é, pois, o servo fiel e prudente, a quem o senhor confiou os seus conservos para dar-lhes o sustento a seu tempo? Bem-aventurado aquele servo a quem seu senhor, quando vier, achar fazendo assim. Em verdade vos digo que lhe confiará todos os seus bens. (Mateus 24.45-47)*

Como discípulos do Senhor Jesus, devemos ser sempre fiéis e prudentes, desenvolvendo o trabalho do Senhor com dedicação, até que ele volte. Devemos cuidar com excelência de tudo que o Senhor nos confiou, honrando ao Senhor, amando as pessoas, estando prontos a servir.

> *Cingido esteja o vosso corpo, e acesas, as vossas candeias. (Lucas 12.35)*

> *O Reino dos céus será, pois, semelhante a dez virgens que pegaram suas candeias e saíram para encontrar-se com o noivo. Cinco delas eram insensatas, e cinco eram prudentes. As insensatas pegaram suas candeias, mas não levaram óleo. As prudentes, porém, levaram óleo em vasilhas, junto com suas candeias. O noivo demorou a chegar, e todas ficaram com sono e adormeceram.*
>
> *À meia-noite, ouviu-se um grito: "O noivo se aproxima! Saiam para encontrá-lo!" Então todas as virgens acordaram e prepararam suas candeias. As insensatas disseram às prudentes: "Deem-nos um pouco do seu óleo, pois as nossas candeias estão se apagando".*

Elas responderam: "Não, pois pode ser que não haja o suficiente para nós e para vocês. Vão comprar óleo para vocês". E saindo elas para comprar o óleo, chegou o noivo. As virgens que estavam preparadas entraram com ele para o banquete nupcial. E a porta foi fechada. Mais tarde vieram também as outras e disseram: "Senhor! Senhor! Abra a porta para nós!" Mas ele respondeu: "A verdade é que não as conheço!"

Portanto, vigiem, porque vocês não sabem o dia nem a hora! (Mateus 25.1-13, NVI)

O povo de Israel conhecia bem a cerimônia do casamento judaico. Na época, se a família do noivo fosse rica, o casamento durava sete dias. Quando o rapaz pedia a moça em casamento, ficava em casa durante aquele ano, livre do serviço militar, para construir sua casa. No dia do casamento, o pai do noivo era o responsável pela recepção. Quando os preparativos estavam prontos, o pai do noivo dizia ao filho: "Chegou o momento. Pode ir buscar a sua noiva!". Então, o noivo chamava os amigos, e todos iam em procissão até a casa da noiva. Ao chegar, a jovem deveria estar pronta para segui-lo. Ela não sabia quando o noivo iria chegar, de modo que precisava estar pronta para ir com o noivo até o local da festa de casamento.

Jesus partiu de uma situação conhecida para explicar como seria sua volta. As pessoas conheciam bem um casamento judaico, mas não sabiam nada sobre a volta de Jesus. Ele usou essa parábola para dizer: "Vai ser assim!". A parábola descreve algo conhecido para explicar o desconhecido.

Jesus está à direita de Deus, o Pai. A qualquer momento, Deus dirá: "Filho, está na hora. Vá buscar a sua noiva!". A qualquer momento, o anjo tocará a última trombeta, e ele virá, com os anjos e com os salvos que já estão na glória, e estaremos para sempre com o Senhor.

Devemos estar sempre prontos, como noiva adornada para o seu noivo, andando em fidelidade ao Senhor e em prudência, mantendo a nossa lâmpada acesa em todo o tempo.

Portanto, vede prudentemente como andais, não como néscios, mas como sábios, remindo o tempo; porquanto os dias são maus. Por isso não sejais insensatos, mas entendei qual seja a vontade do Senhor. E não vos embriagueis com vinho, em que há contenda, mas enchei-vos do Espírito. (Efésios 5.15-18, ACF)

CONSTÂNCIA E PERSEVERANÇA

Não podemos viver uma fé de "fogo de palha" que queima, mas logo apaga. No domingo, estamos bem, mas na segunda esfriamos e voltamos à prática de um estilo de vida totalmente diferente daquilo que Jesus espera de nós.

Filhinhos, agora, pois, permanecei nele, para que, quando ele se manifestar, tenhamos confiança e dele não nos afastemos envergonhados na sua vinda. (1João 2.28)

Permaneçamos em Jesus. Sejamos constantes para que, quando ele voltar e se manifestar, tenhamos confiança e dele não nos afastemos, envergonhados, na sua vinda.

Portanto, meus amados irmãos, sede firmes, inabaláveis e sempre abundantes na obra do Senhor, sabendo que, no Senhor, o vosso trabalho não é vão. (1Coríntios 15.58)

Precisamos ser inabaláveis na fé, estar firmados em Jesus, a videira verdadeira, na qual estamos arraigados e pela qual podemos produzir muito fruto.

Se permanecerdes em mim, e as minhas palavras permanecerem em vós, pedireis o que quiserdes, e vos será feito. (João 15.7)

Mantenha a fé sempre viva, firme e inabalável no Senhor Jesus Cristo. Não existe nenhuma promessa para quem desiste ou se desvia do caminho, esfria do primeiro amor e volta atrás. Aquele que perseverar até o fim será salvo. *"Melhor é o fim das coisas do que o princípio [...]." (Eclesiastes 7.8.)* Não adianta começar certo e se perder no caminho; precisamos permanecer fiéis até o fim.

> *E todo aquele que luta de tudo se abstém; eles o fazem para alcançar uma coroa corruptível; nós, porém, uma incorruptível. Pois eu assim corro, não como a coisa incerta; assim combato, não como batendo no ar. Antes subjugo o meu corpo, e o reduzo à servidão, para que, pregando aos outros, eu mesmo não venha de alguma maneira a ficar reprovado. (1Coríntios 9.25-27, ACF)*

Se você quer ser igual às virgens prudentes naquele grande dia, mantenha a chama de um testemunho eficiente, eficaz, firme e poderoso no Espírito Santo. Seja testemunha de Cristo!

> *Mas recebereis poder, ao descer sobre vós o Espírito Santo, e sereis minhas testemunhas tanto em Jerusalém como em toda a Judeia e Samaria e até aos confins da terra. (Atos 1.8)*

Compartilhe sua fé com as pessoas à sua volta. Use suas mídias sociais e os recursos que você tem para compartilhar o seu testemunho; fale sobre a sua vida antes de Cristo, sobre o seu encontro com Jesus e como isso transformou a sua vida.

Mantenha a chama da fidelidade a Jesus Cristo em toda e qualquer situação. É preciso ser fiel a Jesus independentemente das circunstâncias, porque ser fiel na bonança é fácil, mas é necessário ser fiel nas provas; isso é a fé. Está doente? Seja fiel. Está com problema financeiro? Seja fiel. Está passando por dificuldades? Seja fiel. Prove a sua fidelidade nos momentos difíceis.

> *Aquele, porém, que perseverar até o fim, esse será salvo. (Mateus 24.13)*

Apenas aqueles que perseverarem até o fim serão salvos. O Senhor Jesus pregava seu sermão profético e falava de um tempo de multiplicação da iniquidade; um tempo quase insuportável, no qual a fé é sufocada. Estamos no meio desse tempo da multiplicação da iniquidade. Jesus disse: "Aquele, porém, que perseverar até o fim, esse será salvo".

Se você tiver de guardar apenas uma informação deste livro, guarde isto: persevere firme na fé em Jesus até o fim. Não desista. Não volte atrás. Não olhe para o passado! Na linguagem do Antigo Testamento, não se desvie nem para a direita nem para a esquerda. Olhe para a frente. Olhe para Jesus! Permaneça com os olhos fitos em Jesus até o fim. Corra com perseverança a carreira que lhe está proposta.

ORAÇÃO E VIGILÂNCIA

> *Portanto, vigiai, porque não sabeis em que dia vem o vosso Senhor. Mas considerai isto: se o pai de família soubesse a que hora viria o ladrão, vigiaria e não deixaria que fosse arrombada a sua casa. Por isso, ficai também vós apercebidos; porque, à hora em que não cuidais, o Filho do Homem virá. (Mateus 24.42-44)*

Uma coisa tão importante quanto orar é vigiar; vigiar nossos pensamentos, nossas intenções, nossas motivações e nosso coração. A palavra de Deus diz que devemos vigiar porque não sabemos o dia nem a hora que Jesus voltará. É nosso dever orar e vigiar sempre.

Jesus conta aos discípulos a história das dez virgens que se preparavam para o encontro com o noivo. Essa parábola revela a preocupação do Senhor Jesus com sua igreja e alerta sobre o dever de vigiar e orar constantemente, estimula um estilo de vida santo e recomenda prontidão e expectativa em relação à volta de Jesus. Para manter a chama da fé em Jesus sempre acesa, são necessários: lamparina, azeite e fogo.

Terminar bem a caminhada cristã também é essencial. As dez virgens sabiam que Jesus voltaria. Ainda assim, as cinco negligentes deixaram suas lâmpadas apagarem. Então, foram reprovadas. Enquanto esperamos a volta do Senhor, temos o compromisso e o dever de manter o primeiro amor por Jesus sempre aceso, com óleo suficiente para aguardar a chegada do noivo, sendo o óleo uma representação da unção do Espírito Santo.

VIDA NO ESPÍRITO

> *Digo, porém: andai no Espírito e jamais satisfareis a concupiscência da carne. Porque a carne milita contra o Espírito, e o Espírito, contra a carne, porque são opostos entre si; para que não façais o que, porventura, seja do vosso querer. Mas, se sois guiados pelo Espírito, não estais sob a lei. (Gálatas 5.16-18)*

> *E os que são de Cristo Jesus crucificaram a carne, com as suas paixões e concupiscências. Se vivemos no Espírito, andemos também no Espírito. (Gálatas 5.24,25)*

A chama da fé que levou você a abraçar a carreira cristã precisa estar cada vez mais firme. Mantenha acesa a chama do fogo do Espírito Santo que veio habitar no seu interior.

> *Acaso, não sabeis que o vosso corpo é santuário do Espírito Santo, que está em vós, o qual tendes da parte de Deus, e que não sois de vós mesmos? (1Coríntios 6.19)*

Nosso corpo é santuário e morada do Espírito Santo de Deus. Nosso objetivo é terminar como as virgens prudentes, que entraram para as bodas nupciais. Aquele mesmo poder do Espírito Santo que desceu no dia de Pentecostes está sobre a nossa vida.

> *Ao cumprir-se o dia de Pentecostes, estavam todos reunidos no mesmo lugar; de repente, veio do céu um som, como de um*

> *vento impetuoso, e encheu toda a casa onde estavam assentados. E apareceram, distribuídas entre eles, línguas, como de fogo, e pousou uma sobre cada um deles. Todos ficaram cheios do Espírito Santo e passaram a falar em outras línguas, segundo o Espírito lhes concedia que falassem. (Atos 2.1-4)*

A Bíblia fala que as lamparinas estavam se apagando. Elas não estavam mais cheias do Espírito Santo. A presença do Espírito tinha sido apagada e desfeita. É interessante olhar para isso porque a Bíblia diz assim: *"Não apagueis o Espírito" (1Tessalonicenses 5.19).* Elas não tiveram outra oportunidade de entrar no casamento. Podemos descrever como louco aquele que sabe que Jesus vai voltar e não se prepara para esse dia. A vida deve ser cheia do Espírito, com a chama de uma comunhão ininterrupta.

> *Disse-lhes, pois, Jesus outra vez: Paz seja convosco! Assim como o Pai me enviou, eu também vos envio. E, havendo dito isto, soprou sobre eles e disse-lhes: Recebei o Espírito Santo. (João 20.21,22)*

Por muitos anos, os pastores vêm ministrando a bênção apostólica, mas muitas pessoas não a entendem.

> *A graça do Senhor Jesus Cristo, e o amor de Deus, e a comunhão do Espírito Santo sejam com todos vós. (2Coríntios 13.13)*

A comunhão do Espírito Santo deve ser constante em nossa vida. Se queremos manter a chama acesa e o primeiro amor vivo, o caminho é: comunhão ininterrupta com o Espírito Santo.

EXPECTATIVA

> *Aguardando a bendita esperança e a manifestação da glória do nosso grande Deus e Salvador Cristo Jesus. (Tito 2.13)*

Assim também vós: quando virdes todas estas coisas, sabei que está próximo, às portas. Em verdade vos digo que não passará esta geração sem que tudo isto aconteça. Passará o céu e a terra, porém as minhas palavras não passarão. (Mateus 24.33-35)

Se você aguarda a volta do Senhor Jesus, é preciso que tenha uma ardente expectativa. Não estamos falando da volta de Jesus para gerar medo, mas expectativa pela volta do Senhor.

Para que tivéssemos conhecimento do que vai acontecer, Jesus narrou o fim desde o começo. Há dois mil anos, ele nos disse como seria nos tempos finais, descortinando os céus e revelando como seria essa geração, como seriam os homens dos últimos dias. É preciso olhar para o céu e dizer: "Quem sabe?! Pode ser hoje! Pode ser hoje que os céus vão se abrir e Jesus, o Filho de Deus, virá entre as nuvens com poder e grande glória!". Aquele que ama Jesus tem saudade do céu e diz: "Maranata, ora vem, Senhor Jesus!", com a expectativa de que, a qualquer momento, Jesus voltará.

OBEDIÊNCIA

Que guardes o mandato imaculado, irrepreensível, até à manifestação de nosso Senhor Jesus Cristo. (1Timóteo 6.14)

Obedeça aos mandamentos do Senhor até o dia da sua volta. Deus vai honrar os obedientes, aqueles que têm uma atitude correta, que andam com ele e obedecem aos seus mandamentos.

Aquele que tem os meus mandamentos e os guarda, esse é o que me ama; e aquele que me ama será amado por meu Pai, e eu também o amarei e me manifestarei a ele. (João 14.21)

Respondeu Jesus: Se alguém me ama, guardará a minha palavra; e meu Pai o amará, e viremos para ele e faremos nele morada. (João 14.23)

A PRÁTICA DO SEGUNDO MANDAMENTO

> *O segundo é: Amarás o teu próximo como a ti mesmo. (Marcos 12.31)*

Jesus deixou bem claro que aqueles que estiverem à sua direita ouvirão:

> *"Vinde, benditos de meu Pai! Entrai na posse do reino que vos está preparado desde a fundação do mundo. Porque tive fome, e me destes de comer; tive sede, e me destes de beber; era forasteiro, e me hospedastes; estava nu, e me vestistes; enfermo, e me visitastes; preso, e fostes ver-me" (Mateus 25.34-36).*

Um dos critérios para a salvação é a prática do segundo mandamento, que diz: "Amarás o teu próximo como a ti mesmo". O discípulo tem que demonstrar amor ao próximo, repartindo o que tem com quem não tem, transformando, assim, o discurso religioso em prática de amor e cuidado para com os que sofrem. A melhor maneira de servir a Jesus é ter compaixão pelas pessoas que estão ao nosso redor.

As nossas boas obras não cooperam para a nossa salvação. A justificação é somente pela fé em Cristo Jesus. Não somos salvos pelas obras, mas as praticamos por amor ao próximo.

> *Porque pela graça sois salvos, mediante a fé; e isto não vem de vós; é dom de Deus; não de obras, para que ninguém se glorie. Pois somos feitura dele, criados em Cristo Jesus para boas obras, as quais Deus de antemão preparou para que andássemos nelas. (Efésios 2.8-10)*

A fé sem obras é morta. Se dissermos que temos fé, mas não tivermos obras, evidenciamos claramente que não temos fé para a salvação.

> *Assim, também a fé, se não tiver obras, por si só está morta. (Tiago 2.17)*

Porque, assim como o corpo sem espírito é morto, assim também a fé sem obras é morta. (Tiago 2.26)

Precisamos fazer duas coisas: pregar o evangelho da salvação, libertação, cura, vida eterna em Cristo Jesus, e, ao mesmo tempo, praticar as boas obras abençoando as pessoas. Isso será levado em conta no último dia. Essa é chama do amor de Deus que foi derramado em nosso coração pelo Espírito Santo que nos foi dado.

Ora, a esperança não confunde, porque o amor de Deus é derramado em nosso coração pelo Espírito Santo, que nos foi outorgado. (Romanos 5.5)

Mantenha acesa a chama do amor à sua família. Muitas famílias tiveram problemas de relacionamentos familiares na quarentena da pandemia por covid-19, vivendo discórdias, discussões e separações, em um tempo que deveria ser de renovação do amor.

Ora, se alguém não tem cuidado dos seus e especialmente dos da própria casa tem negado a fé e é pior do que o descrente. (1Timóteo 5.8)

É preciso estar atento ao que acontece em nossa família. Se você quer terminar bem sua jornada, mantenha acesa a chama pelo amor à sua família. A única marca de Jesus para seus discípulos é o amor a Deus e o amor aos irmãos. Esse amor pelos irmãos precisa permanecer vivo, porque somos a família de Deus.

O meu mandamento é este: que vos ameis uns aos outros, assim como eu vos amei. (João 15.12)

Novo mandamento vos dou: que vos ameis uns aos outros; assim como eu vos amei, que também vos ameis uns aos outros. Nisto conhecerão todos que sois meus discípulos: se tiverdes amor uns aos outros. (João 13.34,35)

SANTIDADE

O mesmo Deus da paz vos santifique em tudo; e o vosso espírito, alma e corpo sejam conservados íntegros e irrepreensíveis na vinda de nosso Senhor Jesus Cristo. (1Tessalonicenses 5.23)

Segui a paz com todos e a santificação, sem a qual ninguém verá o Senhor. (Hebreus 12.14)

Sem santidade, ninguém verá o Senhor. É preciso viver um estilo de vida santo. Santidade é um pré-requisito para ser salvo. A santidade se trata da separação e da renúncia daquilo que é considerado impuro, mau ou profano, pela dedicação a uma vida de devoção e consagração total a Deus.

ESTUDO DA BÍBLIA

Outra maneira de aguardar a volta de Jesus é estudando profundamente, e de forma prática, a Bíblia Sagrada.

Não cesses de falar deste Livro da Lei; antes, medita nele dia e noite, para que tenhas cuidado de fazer segundo tudo quanto nele está escrito; então, farás prosperar o teu caminho e serás bem-sucedido. (Josué 1.8)

O salmista declara: "O coração deles é insensível; eu, porém, tenho prazer na tua lei" (Salmos 119.70, NVI).

O conhecimento da Palavra torna o nosso coração sensível à voz de Deus. Precisamos desenvolver o prazer de conhecer mais sobre Deus, e a Palavra é uma das maneiras de Deus se revelar a nós. Meditemos na Bíblia dia e noite. Sejamos estudantes profundos e práticos da Bíblia. Essa não é uma prática exclusiva para líderes e pastores, mas responsabilidade de todo cristão.

> *Toda a Escritura é inspirada por Deus e útil para o ensino, para a repreensão, para a correção, para a educação na justiça, a fim de que o homem de Deus seja perfeito e perfeitamente habilitado para toda boa obra. (2Timóteo 3.16,17)*

Se queremos ser perfeitos e estar habilitados para toda boa obra, temos de pôr em prática o conteúdo que temos em mãos, a maior Escritura, o Livro perfeito que atravessa gerações e milênios, sem deixar de ser atual, e que nos ensina sobre todas as coisas que devemos saber. A Bíblia é um tesouro, um guia e a maior arma para enfrentar tudo que vem contra a nossa vida.

Muitos não compreendem o real valor da Bíblia e sofrem mais. Deus disse que perecemos porque nos falta conhecimento, que está disponível para nós na Bíblia. Falta compreensão de que a Bíblia é a Palavra do Deus vivo, eterno, imortal, Senhor do tempo, que se revela em sua Palavra, oferecendo todas as respostas e verdades de que precisamos.

Buscamos ajuda e conselho de psicólogos, amigos, *coaches*, e esquecemos de consultar a Carta do nosso Pai, escrita para nos conduzir a toda a verdade. A Bíblia é a Palavra eterna de Deus. Ela não está condicionada ao tempo ou às frustrações, nem mesmo à nossa maneira limitada de ver e entender o mundo. Como filhos de Deus, a Bíblia é nossa bússola, o guia assertivo em direção ao alvo. Precisamos conhecê-la profundamente.

TRABALHO ÁRDUO

> *Chamou dez servos seus, confiou-lhes dez minas e disse-lhes: Negociai até que eu volte. (Lucas 19.13)*

Jesus estava falando sobre o Reino. Ele nos confiou a igreja, a missão que ele iniciou, dizendo: "Negociai até que eu volte".

O Reino de Deus requer esforço para ser difundido. Nosso trabalho não é vão no Senhor. Sigamos firmes na obra, com esforço, dedicação, empenho, crescimento contínuo, oração, estudos, sacrifícios e renúncias. Uma vida de trabalho árduo e constante.

PACIÊNCIA

> *De maneira que não vos falte nenhum dom, aguardando vós a revelação de nosso Senhor Jesus Cristo, o qual também vos confirmará até ao fim, para serdes irrepreensíveis no Dia de nosso Senhor Jesus Cristo. (1Coríntios 1.7,8)*

Deus se moverá de acordo com o seu propósito, e o propósito de Deus é eterno. Seja paciente e busque o fruto do Espírito, a marca dos cristãos salvos e da noiva que aguarda a vinda do Senhor.

PARE DE JULGAR AS PESSOAS

> *Portanto, nada julgueis antes do tempo, até que venha o Senhor, o qual não somente trará à plena luz as coisas ocultas das trevas, mas também manifestará os desígnios dos corações; e, então, cada um receberá o seu louvor da parte de Deus. (1Coríntios 4.5)*

Nossa mente e nossa língua estão prontas para julgar as pessoas pela aparência. Deus diz: "Não julguem!". No último dia, todos seremos julgados pelo Senhor. Por isso, não devemos julgar nada antes do tempo. O Senhor não somente trará à plena luz as coisas ocultas das trevas, mas também manifestará os desígnios dos corações. Cada um receberá de Deus a sua recompensa.

Pare de julgar! No dia do juízo, as coisas ocultas, as sujeiras escondidas debaixo do tapete, as negociatas e corrupções, os pecados contra a família, tudo isso virá à plena luz. Cada um será julgado segundo as suas obras.

> *Porque todos devemos comparecer ante o tribunal de Cristo, para que cada um receba segundo o que tiver feito por meio do corpo, ou bem, ou mal. (2Coríntios 5.10, ACF)*

Cada um receberá de acordo com o que tiver feito. Pode ter certeza de que naquele dia tudo virá à luz. Cuide de sua maneira de viver. Acerte sua vida e tenha uma vida plena, transparente e santa diante de Deus e das pessoas. Se quiser entrar na cidade celestial, acerte hoje a sua vida com Deus e seja fiel.

AME A IGREJA

Mantenha o primeiro amor pela igreja de Jesus. Quem ama a Jesus ama também a igreja, porque Jesus é o cabeça, e a igreja é o seu corpo.

Uma das estratégias de Satanás para o nosso tempo é provocar batalhas na mente das pessoas a fim de induzir ao erro e ao engano, gerando incredulidade e dúvidas, independência da igreja e frieza espiritual. É possível que ele já tenha introduzido algumas setas malignas na sua mente.

Algumas das setas do Inimigo contra você são: "Você não precisa ir à igreja; afinal, já ficou meses sem ir ao culto"; "Você não precisa congregar"; "Você não precisa ir à célula"; "Mantenha a sua comunhão em casa mesmo"; "Você não precisa de discipulador". Essas são setas do inferno que atingem a mente de muitas pessoas.

As partes do corpo não subsistem por muito tempo isoladamente. Um órgão ou um membro retirado do corpo humano logo morre. Assim também é na igreja. Satanás propõe que você se afaste e seja independente. O objetivo principal dele é que você morra na fé. Somos parte de um corpo interligado e interdependente. Precisamos uns dos outros. Assim, somos edificados e alicerçados. A independência é um caminho de morte.

Se você quer estar entre as virgens prudentes no último dia, é necessário manter a chama do primeiro amor. Mantenha o seu amor por Jesus acima de tudo.

> *Depois de terem comido, perguntou Jesus a Simão Pedro: Simão, filho de João, amas-me mais do que estes outros? Ele respondeu: Sim, Senhor, tu sabes que te amo. Ele lhe disse: Apascenta os meus cordeiros. Tornou a perguntar-lhe pela segunda vez: Simão, filho de João, tu me amas? Ele lhe respondeu: Sim, Senhor, tu sabes que te amo. Disse-lhe Jesus: Pastoreia as minhas ovelhas. Pela terceira vez Jesus lhe perguntou: Simão, filho de João, tu me amas? Pedro entristeceu-se por ele lhe ter dito, pela terceira vez: Tu me amas? E respondeu-lhe: Senhor, tu sabes todas as coisas, tu sabes que eu te amo. Jesus lhe disse: Apascenta as minhas ovelhas. (João 21.15-17)*

As virgens insensatas cometeram o erro da negligência, que as levou à frieza espiritual, e, consequentemente, perderam o primeiro amor por Jesus e a fé genuína. Jesus conta essa parábola por ela retratar o tempo do fim. Jesus disse em Mateus 24.12: "E, por se multiplicar a iniquidade, o amor se esfriará de quase todos".

O aumento da maldade e da iniquidade faz o amor de quase todos se esfriar. As cinco virgens representam cristãos, evangélicos e católicos, que sabem que Jesus voltará em breve, mas continuam vivendo do seu jeito, para este mundo. O cristão genuíno sabe que Jesus voltará, mas nem todos estão preparados, ou se preparando, para a volta de Jesus. Então, elas representam muitos cristãos que ficarão perdidos.

Os grandes e únicos responsáveis por essa frieza espiritual da igreja são os falsos pastores e pregadores, que pregam a teologia da prosperidade.

São os pregadores universalistas, os neoliberais, que só pregam o que massageia o ego, sem compromisso com a cruz. Na verdade, eles são inimigos da cruz de Cristo. Não pregam mais sobre pecado nem arrependimento ou mudança de vida. Falam apenas da salvação pela graça, sem santidade. Outros fazem barganha com Deus: você tem que dar tanto para ganhar tanto etc. Se você ouvir que todos serão salvos independentemente da vida que levam, é mensagem de falso profeta. Sempre que ouvir mensagens que só massageiam o seu ego, sem confrontar o seu pecado, são mensagens de falsos profetas. Jesus os chama de guias cegos, conduzindo milhões de outros cegos para o abismo. Eles irão para o inferno e levarão você também, caso lhes dê ouvidos.

Pregadores da teologia da prosperidade, universalistas, aqueles que só falam em bênção e deixam o arrependimento de lado, são os responsáveis pela frieza espiritual. Eles se esquecem da conversão à cruz de Cristo, não pregam sobre a volta de Jesus, pois não estão interessados! Eles estão interessados apenas no seu dinheiro; são os falsos profetas da nossa geração.

Mantenha vivo o primeiro amor por Jesus, que precisa ser sempre avivado, conservado como o valor de maior importância da nossa vida.

A igreja de Éfeso era linda. Paulo chegou na cidade e implantou uma igreja poderosa com milhares de membros (Atos 19). Alguns anos depois da morte do apóstolo Paulo, o Senhor Jesus deu a revelação do livro de Apocalipse. Na revelação do Apocalipse, a primeira carta foi endereçada para a igreja de Éfeso, porque o primeiro amor havia se esfriado.

> *Tenho, porém, contra ti que abandonaste o teu primeiro amor. Lembra-te, pois, de onde caíste, arrepende-te e volta à prática das primeiras obras; e, se não, venho a ti e moverei do seu lugar o teu candeeiro, caso não te arrependas. (Apocalipse 2.4,5)*

O QUE FAZ O PRIMEIRO AMOR POR JESUS ESFRIAR?

Pecado

[O] pecado que tenazmente nos assedia. (Hebreus 12.1)

O pecado é como as algas marinhas que grudam nos cascos dos grandes navios. Depois de alguns anos, esses transatlânticos têm que ancorar para uma limpeza; caso contrário, as algas podem afundar o navio.

O pecado vai acumulando algas espirituais; vai grudando em você até não ser possível mais aguentar, pois a consciência vai ficando pesada. A Bíblia diz que "O salário do pecado é a morte" (Romanos 6.23). Então, não dê lugar ao pecado; tenha uma vida de santidade.

Vícios

Outra coisa que pode fazer seu primeiro amor esfriar são os vícios. É como um abismo que chama outro abismo. Começa com pequenas coisas. De repente, você vai afundando, o primeiro amor se esfria, a tal ponto que, simplesmente, não ama mais.

Feridas

Outra coisa que pode esfriar o primeiro amor é ferida mal curada, questões internas mal resolvidas que viram rancor e mágoa. Quando você se deixa guiar por esses sentimentos sem liberar perdão, o amor de Jesus esfria dentro de você.

Procrastinação das práticas espirituais

Sabe o que é procrastinar? É deixar para amanhã o que deve ser feito hoje; é sempre deixar as coisas para depois: "Amanhã, eu começo a orar"; "Na semana que vem, eu começo aquele jejum"; "Depois, eu leio a Bíblia". Você vai sempre deixando para depois as coisas de Deus.

A procrastinação vai produzir frieza, pois você fica cada dia mais fraco espiritualmente. Como o corpo físico fica desnutrido sem alimento, assim também a nossa vida espiritual enfraquece sem as disciplinas espirituais. Ninguém sobrevive espiritualmente sem orar, ler a Bíblia, sem comunhão com o Espírito Santo.

Com toda oração e súplica, orando em todo tempo no Espírito e para isto vigiando com toda perseverança e súplica por todos os santos. (Efésios 6.18)

Ore todo tempo; ore e, com isso, o seu amor permanecerá vivo. Mantenha-se firme na leitura da Bíblia. Leia a Palavra para estar habilitado para toda boa obra que Deus tem para você.

Toda a Escritura é inspirada por Deus e útil para o ensino, para a repreensão, para a correção, para a educação na justiça, a fim de que o homem de Deus seja perfeito e perfeitamente habilitado para toda boa obra. (2Timóteo 3.16,17)

Falta de comunhão

Outra coisa que pode esfriar o seu amor é a ausência de comunhão com os irmãos.

Não deixemos de congregar-nos, como é costume de alguns; antes, façamos admoestações e tanto mais quanto vedes que o Dia se aproxima. (Hebreus 10.25)

Não vos enganeis: as más conversações corrompem os bons costumes. (1Coríntios 15.33)

Não deixemos de congregar, estar juntos e admoestar uns aos outros. Isso tem relação com o discipulado. Quanto mais perto está o Senhor, mais devemos estar unidos, aperfeiçoando uns aos outros no amor, exortando-nos mutuamente, corrigindo e aperfeiçoando. A falta de discipulado faz o amor esfriar. Sabendo disso, Satanás tem usado essa arma contra a sua vida e a igreja: "Você não precisa se expor a ninguém"; "Quem é fulano para me ensinar alguma coisa?"; "Não preciso estar na igreja para ser cristão".

O Diabo sabe que, sozinho, seu amor esfriará; sabe que precisamos uns dos outros para sermos aperfeiçoados. Esses pensamentos vêm como setas, e você pensa que são seus; na verdade, são sugestões malignas. Rejeite todos esses pensamentos e resista firme na comunhão com os santos.

Somos aperfeiçoados por Deus em nossa fraqueza. Somos todos pecadores, mas em Deus somos fortes para suportar, exortar e admoestar uns aos outros e crescer em amor.

Durante a quarentena por causa da covid-19, fizemos uma *live* com o Christopher Vergara, e ele disse uma frase que eu anotei: "Não acredite em um cristão que não é discípulo de alguém, que não anda debaixo da cobertura espiritual de um homem de Deus". Não acredite em alguém que não é discipulado, que não é discípulo.

Você quer terminar bem? Seja discípulo e discipulador de alguém. Ajude outros na jornada com Cristo. Preste contas da sua vida a alguém. Ser independente é um caminho de morte. Seja dependente, preste contas, dê satisfações! O caminho de santidade passa pela estrada da dependência.

Não quebre a comunhão com seus irmãos e com a sua igreja!

> *Conjuro-te, perante Deus e Cristo Jesus, que há de julgar vivos e mortos, pela sua manifestação e pelo seu reino: prega a palavra, insta, quer seja oportuno, quer não, corrige, repreende, exorta com toda a longanimidade e doutrina. (2Timóteo 4.1,2)*

Não cultive amizades com pessoas erradas. Continue firme na igreja, prossiga evangelizando, seja amigo de Deus, não do mundo! Tiago 4.4 diz:

"Aquele, pois, que quiser ser amigo do mundo constitui-se inimigo de Deus". Seja amigo de Deus e inimigo do mundo.

> *Infiéis, não compreendeis que a amizade do mundo é inimiga de Deus? Aquele, pois, que quiser ser amigo do mundo constitui-se inimigo de Deus. (Tiago 4.4)*

Amor ao dinheiro

Outra coisa que leva seu amor a esfriar é a idolatria ao dinheiro. O dinheiro é necessário, é importante para o sustento da nossa família, da nossa casa, para que possamos prosperar, mas o amor ao dinheiro é a raiz de todos os males. Então, se você amar o dinheiro, ele ocupará o lugar de Jesus Cristo em sua vida, e o seu primeiro amor esfriará.

> *Porque o amor do dinheiro é raiz de todos os males; e alguns, nessa cobiça, se desviaram da fé e a si mesmos se atormentaram com muitas dores. (1Timóteo 6.10)*

Problemas familiares

Outra coisa que leva o amor a esfriar são problemas conjugais não resolvidos ou problemas familiares não corrigidos com transparência à luz da Bíblia. A discórdia entre um casal é tão séria que as orações podem ser interrompidas. Vemos aqui que o relacionamento com Deus implica uma vida de comunhão com a família, com os irmãos e com o próximo. A fé implica uma atitude prática de amor e cuidado. Não existe fé em uma vida desprovida de atitudes práticas de amor.

Religiosidade

Cuidado com a religiosidade, pois ela também faz o amor esfriar. Os fariseus acreditavam viver uma vida correta em ações, mas seu interior estava longe de ser piedoso. Muito conhecimento sem piedade se torna em religiosidade. E a religiosidade afasta você de Deus.

Nossa salvação vem pela fé. A fé se manifesta nas obras. Mas somente por meio de Jesus Cristo podemos ser salvos. Não podemos ser santos por nós mesmos nem ser bons o suficiente para sermos salvos. Somos salvos pela graça de Deus, e isso não nos torna superiores a ninguém, porque pela graça somos salvos, e isso não vem de nós; é dom de Deus.

A vida de um religioso tradicional legalista e inflexível está distante de uma vida em Deus. Em contrapartida, sofremos pressão da sociedade atual. Temos que escolher fazer o que é politicamente correto pela pressão da sociedade atual ou fazer a boa, agradável e perfeita vontade de Deus.

> *Porque Deus não nos tem dado espírito de covardia, mas de poder, de amor e de moderação. (2Timóteo 1.7)*

> *Rogo-vos, pois, irmãos, pelas misericórdias de Deus, que apresenteis o vosso corpo por sacrifício vivo, santo e agradável a Deus, que é o vosso culto racional. E não vos conformeis com este mundo, mas transformai-vos pela renovação da vossa mente, para que experimenteis qual seja a boa, agradável e perfeita vontade de Deus. (Romanos 12.1,2)*

> *Se vivemos no Espírito, andemos também no Espírito. (Gálatas 5.25)*

> *E não vos embriagueis com vinho, no qual há dissolução, mas enchei-vos do Espírito. (Efésios 5.18)*

> *E não entristeçais o Espírito de Deus, no qual fostes selados para o dia da redenção. (Efésios 4.30)*

> *Não apagueis o Espírito. (1Tessalonicenses 5.19)*

Se você quer manter o primeiro amor por Jesus firme até o fim, viva para a eternidade.

As virgens imprudentes não estavam vivendo para a eternidade, estavam vivendo com os olhos fitos neste mundo. Os valores delas eram desta terra, por isso o azeite acabou, a chama se foi e, quando alguém gritou: *"Eis o noivo! Saí ao seu encontro!" (Mateus 25.6)*, elas não tinham mais azeite nem fogo.

Nossos pés estão na terra, mas nossos olhos devem estar na eternidade! Mantenha os pés na terra, mas os olhos e o coração no céu, na pátria celestial. Viva para a eternidade!

> *E, estando nós mortos em nossos delitos, nos deu vida juntamente com Cristo, — pela graça sois salvos, e, juntamente com ele, nos ressuscitou, e nos fez assentar nos lugares celestiais em Cristo Jesus. (Efésios 2.5,6)*

Viver para a eternidade significa vigiar e orar todo o tempo. Veja bem: as dez virgens estavam dormindo, mas as cinco prudentes tinham azeite e fogo! Ser prudente é viver aguardando o noivo, tendo reserva de azeite, vida no Espírito Santo.

As cinco virgens imprudentes até saíram para comprar mais azeite; no entanto, o noivo chegou, e somente as que estavam preparadas entraram. Mais tarde, as outras chegaram e bateram na porta: “Senhor, abre-nos a porta”, e a resposta do noivo foi: “Não vos conheço”, e a porta não foi aberta.

O azeite de ontem não é suficiente para amanhã. Eclesiastes 9.8 alerta: “Jamais falte o óleo sobre a tua cabeça”. É preciso buscar todos os dias a unção do Espírito Santo sobre nós; não apenas a dose diária, mas uma reserva. Há um óleo novo, uma unção nova, um azeite novo a ser derramado em nós todos os dias.

Muitos pregadores afirmam que, depois do arrebatamento da igreja, os que ficarem terão oportunidade de se converter, de se voltarem para Jesus e serem salvos. Mas o que Jesus está dizendo nessa parábola é que a oportunidade é agora; a porta da graça está aberta agora; quando essa porta se fechar, ela não mais se abrirá.

Não há nenhum versículo no Novo Testamento que afirme que haverá segunda chance. Jesus não deu segunda chance para as virgens. Não haverá segunda chance para você que está vivendo um cristianismo de fachada, brincando de ser cristão.

Se você não levar Deus a sério agora, não espere pela segunda chance. Quando a porta se fechar, todas as oportunidades terão cessado. Não haverá mais oportunidade de salvação. Quer ser salvo? Seja salvo agora, vivendo para Jesus.

Quando aquelas virgens voltaram, gritaram: "Senhor, abre-nos a porta!". E ele respondeu: "Não!". A volta de Jesus é iminente. Quem estiver salvo estará salvo para sempre; e quem estiver perdido estará perdido para sempre. Leve sua vida a sério. Meu conselho é: desperte e busque Deus agora, enquanto há tempo.

> *Pelo que diz: Desperta, ó tu que dormes, levanta-te de entre os mortos, e Cristo te iluminará. (Efésios 5.14)*

Esta é a palavra para você hoje: acorde! Alguém gritou para despertar as virgens, mas era tarde demais para as cinco que não estavam preparadas.

Se perguntarmos: "Quem gritou 'Preparem-se, o noivo está chegando'?", a resposta será: "Alguém que estava acordado!".

VOLTE AO PRIMEIRO AMOR POR JESUS

Em muitos casos, a pessoa já perdeu o primeiro amor. Contudo, é possível voltar a esse amor. E este é o tema que trataremos agora. Voltar ao primeiro amor por Jesus é a maior necessidade de cada cristão nascido de novo desta geração, que aguarda a segunda vinda do Senhor e quer estar preparado para ela.

No livro de Apocalipse, a primeira carta que Jesus enviou foi para a grande igreja da cidade de Éfeso. A cidade de Éfeso era muito rica e a mais importante da Ásia Menor. Essa cidade tinha cerca de 250 mil habitantes. Era a segunda cidade mais importante de todo o império romano. Somente Roma era mais importante que Éfeso. Era uma cidade portuária muito voltada para o comércio e também para a religiosidade.

> *Ao anjo da igreja em Éfeso escreve: Estas coisas diz aquele que conserva na mão direita as sete estrelas e que anda no meio dos sete candeeiros de ouro: Conheço as tuas obras, tanto o teu labor como a tua perseverança, e que não podes suportar homens maus, e que puseste à prova os que a si mesmos se declaram apóstolos e não são, e os achaste mentirosos; e tens perseverança, e suportaste provas por causa do meu nome, e não te deixaste esmorecer. Tenho, porém, contra ti que abandonaste o teu primeiro amor. Lembra-te, pois, de onde caíste, arrepende-te e volta à prática das primeiras obras; e, se não, venho a ti e moverei do seu lugar o teu candeeiro, caso não te arrependas. Tens, contudo, a teu favor que odeias as obras dos nicolaítas, as quais eu também odeio. Quem tem ouvidos, ouça o que o Espírito diz às igrejas: Ao vencedor, dar-lhe-ei que se alimente da árvore da vida que se encontra no paraíso de Deus. (Apocalipse 2.1-7)*

A cidade de Éfeso chegou a ser chamada por escritores e filósofos de "a feira das vaidades" do mundo antigo. Ali imperavam misticismo, idolatria, imoralidade e também perseguição aos cristãos. Éfeso era o centro do culto pagão à deusa Diana, cujo templo era uma das sete maravilhas do mundo antigo. Naquele templo, havia centenas de sacerdotisas que eram prostitutas sagradas. A moral do templo era deplorável. Havia orgias sexuais em determinados cultos. Éfeso era também um dos centros de culto ao imperador romano (Atos 19.23-35).

O apóstolo Paulo, em sua terceira viagem missionária, chegou nessa importante cidade e lá permaneceu três anos, porque era uma cidade estratégica para alcançar as demais. Éfeso ficava localizada onde é a Turquia nos dias de hoje. Enquanto Paulo esteve lá e também nos anos seguintes, a igreja cresceu muito. Muitos milhares de pessoas se converteram a Jesus Cristo. As pessoas convertidas a Jesus queimavam em praça pública seus livros de magia e idolatria. O evangelho espalhou-se dali para toda a Ásia Menor (Atos 19.8-20; 20.31).

Cerca de vinte e três anos depois da morte de Paulo, o Senhor Jesus enviou a carta para a igreja da cidade de Éfeso. Nessa carta, o Senhor Jesus mostrou que aquela igreja permanecia fiel na doutrina, mas que havia esfriado e abandonado o seu primeiro amor por Jesus e pelas pessoas.

JESUS FAZ O DIAGNÓSTICO DE SUA IGREJA

> *Ao anjo da igreja em Éfeso escreve: Estas coisas diz aquele que conserva na mão direita as sete estrelas e que anda no meio dos sete candeeiros de ouro: Conheço as tuas obras, tanto o teu labor como a tua perseverança, e que não podes suportar homens maus, e que puseste à prova os que a si mesmos se declaram apóstolos e não são, e os achaste mentirosos; e tens perseverança, e suportaste provas por causa do meu nome, e não te deixaste esmorecer. (Apocalipse 2.1-3)*

Jesus apresenta-se como aquele que está presente e agindo no meio de sua igreja. A presença manifesta do Cristo vivo no meio da igreja é a nossa maior necessidade. Nós temos uma ideia de Cristo no céu, assentado em um alto e sublime trono, reinando à direita do Pai. É verdade, mas temos dificuldade de conviver com a realidade da presença manifesta de Jesus no meio dos nossos ajuntamentos, no culto, na oração, na adoração, no louvor e na celebração ao Senhor.

E eis que estou convosco todos os dias até à consumação do século. (Mateus 28.20)

Porque, onde estiverem dois ou três reunidos em meu nome, ali estou no meio deles. (Mateus 18.20)

Jesus nos conhece muito bem. Ele sonda nosso coração, e o diagnóstico que Jesus faz é fiel e verdadeiro: "Conheço as tuas obras".

Os olhos do Senhor Jesus são como chamas de fogo. Jesus olha, e o seu olhar penetra o mais íntimo do nosso ser. Ele conhece intenções, pensamentos, motivações, tudo o que está dentro de nós. Antes que falemos qualquer palavra, ele já sabe.

A sua cabeça e cabelos eram brancos como alva lã, como neve; os olhos, como chama de fogo. (Apocalipse 1.14)

O diagnóstico de Jesus é verdadeiro, mas é cheio de amor, graça, bondade, misericórdia e compaixão. Ele não faz um diagnóstico da nossa vida com o objetivo de acusar, envergonhar, ferir ou destruir. O objetivo de Jesus é restaurar a nossa vida e nos levar de volta ao primeiro amor.

A IGREJA DE ÉFESO ERA FIEL NA DOUTRINA

Conheço as tuas obras, tanto o teu labor como a tua perseverança, e que não podes suportar homens maus, e que puseste à prova os que a si mesmos se declaram apóstolos e não são, e os achaste mentirosos; e tens perseverança, e suportaste provas por causa do meu nome, e não te deixaste esmorecer. (Apocalipse 2.2,3)

Tens, contudo, a teu favor que odeias as obras dos nicolaítas, as quais eu também odeio. (Apocalipse 2.6)

Mesmo enfrentando provações, tribulações e perseguição por não adorar o imperador e a Diana de Éfeso, e sendo atacada constantemente por heresias (como a dos nicolaítas), a igreja de Éfeso permaneceu firme e fiel à Palavra de Deus.

O Senhor Jesus Cristo nos alertou sobre o perigo dos falsos profetas e das falsas doutrinas. Jesus diz que eles são lobos vestidos de ovelhas. *"Acautelai-vos dos falsos profetas, que se vos apresentam disfarçados em ovelhas, mas por dentro são lobos roubadores." (Mateus 7.15)*

O apóstolo Paulo alertou a liderança da igreja de Éfeso no seu sermão de despedida da igreja, dizendo: *"Depois da minha partida virão falsos líderes, falsos profetas. Eles serão como lobos vorazes; entrarão no meio da igreja e causarão problemas" (cf. Atos 20.29).*

> *Eu sei que, depois da minha partida, entre vós penetrarão lobos vorazes, que não pouparão o rebanho. E que, dentre vós mesmos, se levantarão homens falando coisas pervertidas para arrastar os discípulos atrás deles. (Atos 20.29,30)*

O apóstolo João nos ensina sobre a necessidade de provar os espíritos, porque muitos falsos profetas têm saído pelo mundo.

> *Amados, não deis crédito a qualquer espírito; antes, provai os espíritos se procedem de Deus, porque muitos falsos profetas têm saído pelo mundo fora. (1João 4.1)*

Em outras palavras: "Não ouça qualquer pregador, não dê crédito a qualquer mensagem, mas primeiro tenha convicção de que a pessoa é de Deus, de que os frutos provam que ela é de Deus, porque pelo fruto a gente conhece a árvore". A igreja de Éfeso provava os falsos apóstolos e descobriu que eles eram mentirosos.

[...] e que puseste à prova os que a si mesmos se declaram apóstolos e não são, e os achaste mentirosos. (Apocalipse 2.2)

A igreja de Éfeso tinha discernimento espiritual; separou-se das falsas doutrinas e das falsas obras dos nicolaítas. Era intolerante com as heresias e com o pecado. Os nicolaítas pregavam uma nova versão do cristianismo, um evangelho liberal, sem exigências, sem compromisso, sem restrições, sem proibições. Eles ensinavam que o sexo antes do casamento e também fora do casamento não era pecado nenhum. A igreja de Éfeso não tolerou essa heresia e odiou as obras dos nicolaítas, as quais Jesus também detesta e reprova.

A igreja cristã evangélica precisa aprender nesse particular com a igreja de Éfeso, porque, em um grande segmento da igreja evangélica aqui no Brasil e no mundo, as pessoas estão buscando experiências, não a verdade. Elas não querem pensar; querem sentir. Não querem a sã doutrina; querem novidades. Não querem estudar a Bíblia com profundidade; querem apenas escutar testemunhos e revelações.

A maioria dos cristãos hoje não quer mais o evangelho da cruz; quer o evangelho das facilidades. Não quer compromisso com o discipulado que requer renúncia, mas uma fé sem compromisso. Não quer Deus, mas somente as bênçãos divinas. Muitos pregadores evangélicos também não pregam mais a Palavra de Deus; pregam aquilo que dá visibilidade, o que traz fama, popularidade nas mídias sociais.

A igreja de Éfeso era envolvida com a obra de Deus. *"Conheço as tuas obras, tanto o teu labor como a tua perseverança, e que não podes suportar homens maus, e que puseste à prova os que a si mesmos se declaram apóstolos e não são, e os achaste mentirosos." (Apocalipse 2.2.)* A igreja de Éfeso agia, tinha ação missionária, evangelística, porque pregava o evangelho para toda a Ásia Menor. Nessa igreja, havia labor, trabalho árduo, intenso. Essa igreja era como uma colmeia: os membros eram engajados no trabalho do

Senhor Jesus, como as abelhas operárias em busca do mel. Por meio deles, o evangelho se espalhou por toda a Ásia Menor.

Jesus pode dizer o mesmo de você hoje? Que você é um discípulo engajado, trabalhador? Que você trabalha arduamente? Que você está envolvido? Jesus pode dizer que você é um ganhador de almas? Que você é um intercessor na sua rua, no seu bairro, em favor dos seus vizinhos e também em prol dos seus colegas de trabalho? Você é um discipulador eficiente e eficaz? Você é um líder dinâmico da sua célula ou do seu grupo familiar?

A igreja de Éfeso era perseverante nas tribulações.

> *E tens perseverança, e suportaste provas por causa do meu nome, e não te deixaste esmorecer. (Apocalipse 2.3)*

Ser discípulo de Jesus na cidade de Éfeso não era fácil; era para quem queria mesmo uma vida íntegra em Deus. Lá ficava um dos maiores centros de culto ao imperador romano e, em razão disso, muitos cristãos eram perseguidos e mortos por não se dobrarem diante de César e por não adorarem a Diana dos efésios. A igreja de Éfeso enfrentou perseguição, provações, tribulações e a morte dos seus membros, sem esmorecer.

Você permanece fiel a Jesus quando as provações chegam? Você permanece fiel em meio às tribulações, nas dificuldades financeiras, na enfermidade? Como ficou a sua fé em meio a essa pandemia? Como está a sua fé? Você naufragou? Você deixou de confiar em Deus? Você deixou de confiar na Palavra de Deus? Você confia muito mais nas informações da mídia do que na Palavra de Deus, ou você está firme na promessa?

Precisamos nos cuidar e ser prudentes. Devemos continuar confiando na Palavra de Deus, porque Deus é fiel, e nenhuma das suas promessas cairá por terra. Se ele diz que cuida de você, ele cuidará até o fim. Se você tiver que atravessar o vale, ele estará com você no meio do vale.

Nesta geração, muitos cristãos querem a coroa de glória sem a cruz. Querem riqueza sem trabalhar muito; querem salvação sem conversão a

Cristo; querem as bênçãos do céu sem compromisso sincero com Deus. A igreja prefere ser reconhecida pelo mundo a ser conhecida no céu. Muitos cristãos procuram ser amigos do mundo, desprezando a comunhão e a amizade com o Espírito Santo. Boa parte dos cristãos busca os aplausos do mundo, não os aplausos do céu.

É melhor ser conhecido no céu e no inferno. Quem é conhecido no céu, quando ora, o Senhor ouve, atende e responde à oração. Quem é conhecido no inferno, quando dá uma ordem, os demônios saem, batem em retirada e vão embora para nunca mais voltar.

> *E disse-lhe o Senhor: Levanta-te, e vai à rua chamada Direita, e pergunta em casa de Judas por um homem de Tarso chamado Saulo; pois eis que ele está orando; e numa visão ele viu que entrava um homem chamado Ananias, e punha sobre ele a mão, para que tornasse a ver. E respondeu Ananias: Senhor, a muitos ouvi acerca deste homem, quantos males tem feito aos teus santos em Jerusalém; e aqui tem poder dos principais dos sacerdotes para prender a todos os que invocam o teu nome. Disse-lhe, porém, o Senhor: Vai, porque este é para mim um vaso escolhido, para levar o meu nome diante dos gentios, e dos reis e dos filhos de Israel. E eu lhe mostrarei quanto deve padecer pelo meu nome. E Ananias foi, e entrou na casa e, impondo-lhe as mãos, disse: Irmão Saulo, o Senhor Jesus, que te apareceu no caminho por onde vinhas, me enviou, para que tornes a ver e sejas cheio do Espírito Santo. (Atos 9.11-17, ACF)*

Mesmo com toda a perseverança e todo o zelo doutrinário, a igreja de Éfeso infelizmente não foi aprovada por Jesus; pelo contrário, foi reprovada. Uma igreja zelosa, que andava segundo a Palavra, que trabalhava, mas que foi reprovada, isso porque trabalho religioso, zelo doutrinário, conhecimento teológico e conhecimento bíblico sem amor não valem nada.

JESUS REPREENDE A SUA IGREJA POR CAUSA DO SEU ESFRIAMENTO ESPIRITUAL

> *Tenho, porém, contra ti que abandonaste o teu primeiro amor. (Apocalipse 2.4)*

O Senhor Jesus repreende a igreja com o objetivo de recuperá-la, restaurá-la, chamá-la e trazê-la de volta à prática do primeiro amor. Jesus nos repreende, disciplina, corrige e convida ao arrependimento e a voltar ao primeiro amor porque ele nos ama.

> *Porque o Senhor corrige a quem ama e açoita a todo filho a quem recebe. (Hebreus 12.6)*

> *Eu repreendo e disciplino a quantos amo. Sê, pois, zeloso e arrepende-te. (Apocalipse 3.19)*

A firmeza doutrinária da igreja de Éfeso era deficiente porque estava desconectada da prática da piedade e do amor a Jesus e às pessoas.

> *Ainda que eu fale as línguas dos homens e dos anjos, se não tiver amor, serei como o bronze que soa ou como o címbalo que retine. Ainda que eu tenha o dom de profetizar e conheça todos os mistérios e toda a ciência; ainda que eu tenha tamanha fé, a ponto de transportar montes, se não tiver amor, nada serei. E ainda que eu distribua todos os meus bens entre os pobres e ainda que entregue o meu próprio corpo para ser queimado, se não tiver amor, nada disso me aproveitará. (1Coríntios 13.1-3)*

O conhecimento bíblico, teológico, a pureza da fé cristã, a firmeza na doutrina não podem jamais ser substitutos do amor a Jesus. Todas essas coisas são boas, mas a marca dos discípulos é o amor a Jesus e o amor às pessoas.

Novo mandamento vos dou: que vos ameis uns aos outros; assim como eu vos amei, que também vos ameis uns aos outros. Nisto conhecerão todos que sois meus discípulos: se tiverdes amor uns aos outros. (João 13.34,35)

Nós abandonamos o primeiro amor quando substituímos o amor a Jesus pela tradição ortodoxa, religiosa e reformada.

A tradição é a fé viva dos que já morreram. O tradicionalismo é a fé morta daqueles que ainda estão vivos. (Nikolai Berdiaev)

Uma esposa pode ser fiel ao seu marido sem amá-lo. Ela pode cumprir com os seus deveres sem amá-lo. Ela pode fazer tudo isso sem estar motivada por amor. O marido pode fazer o mesmo: conviver com a esposa a vida toda e cumprir seus deveres sem amá-la. Assim era a igreja de Éfeso. Ela estava fazendo todo o trabalho, mas não amava a Jesus. As atividades viraram rotina, religião, religiosidade. Assim é a vida de muitos cristãos dentro da igreja nesta geração. Cumprem o calendário religioso semanal, são disciplinados em algumas práticas religiosas espirituais, porém não têm um profundo amor por Jesus.

A igreja verdadeira é a noiva de Cristo. Jesus se deleita nela, alegra-se com ela, a ama. Contudo, a noiva de Cristo abandonou o primeiro amor por Jesus: "Tenho, porém, contra ti que abandonaste o teu primeiro amor". Sem amor, o nosso conhecimento bíblico e teológico, nossos dons espirituais, nossos talentos naturais e nosso trabalho não têm valor nenhum para Jesus.

Odiar o pecado, reprovar a corrupção, o erro, a maldade, o roubo, a desonestidade, a mentira, os vícios, condenar todas essas coisas sem amar a Jesus de todo o coração, não tem nenhum valor. Precisamos odiar o pecado, a corrupção, o erro, a maldade, a violência, o roubo, a desonestidade, a mentira, os vícios, mas, ao mesmo tempo, amar a Jesus apaixonadamente.

> *Amarás, pois, ao Senhor teu Deus de todo o teu coração, e de toda a tua alma, e de todo o teu entendimento, e de todas as tuas forças; este é o primeiro mandamento. (Marcos 12.30, ACF)*

O abandono do primeiro amor ocorre quando o amor por Jesus é substituído pelo zelo religioso. Isso ocorre quando defendemos a nossa teologia, a nossa fé, as nossas convicções doutrinárias, mas não nos deleitamos mais na comunhão com o Pai.

Os fariseus eram zelosos das coisas de Deus: observavam com rigor todos os mandamentos e ritos da Lei. Até guardavam os sábados. Eles eram zelosos nos detalhes. O que Deus tinha ordenado fazer, eles faziam; mas o coração deles estava longe de Deus, frio e seco como um deserto.

> *Este povo honra-me com os lábios, mas o seu coração está longe de mim. E em vão me adoram, ensinando doutrinas que são preceitos de homens. (Mateus 15.8,9)*

O primeiro amor esfria quando o nosso conhecimento teológico não nos move a amar intensamente a Deus, o nosso Pai. Conhecemos muito a respeito de Deus, mas não desenvolvemos um relacionamento de comunhão e intimidade profunda com Deus como nosso Pai. Nós perdemos o prazer de buscar a face e a presença manifesta de Deus em oração. Gastamos muito mais tempo no celular do que em oração e busca intensa pela presença de Deus. Não há nada mais perigoso do que ortodoxia morta: o exterior é bonito, a capa é linda, mas o coração está frio, gelado, e a motivação está errada.

É preocupante termos uma geração que sabe muito a respeito de Deus, tem muita informação a respeito dele, mas não conhece Deus de com ele caminhar, não conhece Deus na experiência da intimidade. O primeiro amor esfria e morre quando o amor pela estrutura é maior do que o amor por Jesus Cristo, nosso Senhor.

Muitos pastores amam mais a estrutura do que amam Jesus. São líderes cristãos que conhecem bem a Bíblia, mas perderam o encanto, a paixão, por Jesus. Perderam o prazer e a alegria de estar na presença de Jesus. Já não choram mais, nem se emocionam mais no seu momento secreto de oração.

Abandonamos o primeiro amor quando julgamos o outro, mas não examinamos o nosso próprio coração. A igreja de Éfeso examinava os outros, era capaz de identificar os falsos apóstolos, os falsos profetas, os falsos ensinos das seitas, mas incapaz de examinar a si mesma. Praticava a sã doutrina, mas não tinha amor; identificava o mal doutrinário nos outros, mas não identificava a própria frieza espiritual do seu primeiro amor por Jesus; identificava a heresia nos outros, mas não a sua própria apatia espiritual. Essa igreja estava vazia da principal marca dos discípulos de Jesus Cristo, o amor.

> *Novo mandamento vos dou: que vos ameis uns aos outros; assim como eu vos amei, que também vos ameis uns aos outros. (João 13.34)*

O primeiro amor por Jesus esfria quando não nos deleitamos mais na leitura da Bíblia, a santa Palavra de Deus. Também perdemos o primeiro amor quando não temos mais prazer em orar, adorar, louvar, celebrar aos pés de Jesus individual e coletivamente; quando mordemos a isca do ressentimento contra aqueles que nos feriram; quando perdemos a visão, o foco e, com facilidade, desistimos da missão que Jesus confiou às nossas mãos. O primeiro amor por Jesus esfria quando deixamos de depender do amado Espírito Santo.

JESUS NOS CONVIDA PARA VOLTARMOS AO PRIMEIRO AMOR

> *Lembra-te, pois, de onde caíste, arrepende-te e volta à prática das primeiras obras; e, se não, venho a ti e moverei do seu lugar o teu candeeiro, caso não te arrependas. (Apocalipse 2.5)*

Jesus nos faz um convite ao arrependimento sincero e honesto, a voltarmos completamente para ele, à prática das primeiras obras. Ele chama você de volta porque quer restaurar a sua história, sua sorte, seu destino, sua família, quer restituir todas as coisas em sua vida.

Jesus chama você de volta porque conhece a tendência natural do cristão de, no decorrer dos anos, deixar que o primeiro amor esfrie. Ele chama você de volta porque não quer que você se torne um religioso, frio como os fariseus hipócritas. Jesus quer restaurar a sua espiritualidade santa, poderosa e verdadeira, porque ele quer preparar você para a segunda vinda dele.

O objetivo de ele falar sobre a volta ao primeiro amor é para que você possa estar preparado. *"Digo-vos que depressa lhes fará justiça. Quando porém vier o Filho do homem, porventura achará fé na terra?" (Lucas 18.8, ACF).*

Jesus encontrará fé na terra daqueles que buscarem manter o primeiro amor aceso, vivo, como uma fogueira. O Senhor Jesus está oferecendo a cada um de nós a oportunidade de recomeço.

> *Lembra-te, pois, de onde caíste, arrepende-te e volta à prática das primeiras obras [...]. (Apocalipse 2.5)*

Jesus vai direto ao ponto: "Lembra-te, pois, de onde caíste". Para onde devemos retornar? Devemos voltar ao lugar no qual nos desviamos; recomeçar de onde paramos. Devemos voltar ao prazer da oração fervorosa, da adoração espontânea, para o lugar do prazer de estar na presença de Deus.

O filho pródigo um dia lembrou da casa do pai e, então, trilhou o caminho de volta até a casa paterna. Quando chegou, havia uma festa preparada para ele.

> *Quando o espírito imundo tem saído do homem, anda por lugares secos, buscando repouso; e, não o achando, diz: Tornarei para minha casa, de onde saí. (Lucas 11.24, ACF)*

O convite de Jesus é ao arrependimento: "Arrepende-te". Arrependimento não é emoção; é decisão, atitude. O filho pródigo não só se lembrou da casa de seu pai; ele voltou para a casa do pai. Lembrança sem arrependimento vira remorso. Essa foi a grande diferença entre Judas e Pedro. Judas teve remorso e se suicidou, e Pedro se arrependeu, chorou amargamente e se tornou um grande apóstolo. Arrependimento é mudança de mente, é metanoia, termo grego que significa, mudança de direção; é voltar-se para Deus de todo o coração, abandonar o pecado, romper com tudo o que entristece o Senhor Jesus Cristo e o amado Espírito Santo.

Primeiro, devemos nos arrepender de todos os nossos pecados que levaram o primeiro amor a esfriar. Em seguida, devemos produzir frutos dignos de arrependimento, ou seja, boas obras.

O Senhor Jesus adverte a igreja, caso ela não se arrependa, dizendo: "E, se não, venho a ti e moverei do seu lugar o teu candeeiro".

Se vocês não voltarem, deixarão de ser igreja. A igreja de Éfeso deixou de existir no decorrer dos anos. A cidade de Éfeso foi destruída. Hoje aquela grande cidade é só ruína, porque não se arrependeu nem ouviu a voz do Espírito Santo.

OUÇA A VOZ DO ESPÍRITO SANTO

> *Quem tem ouvidos, ouça o que o Espírito diz às igrejas. (Apocalipse 2.7)*

O Espírito Santo está presente desde a criação do mundo. Ele falou com Adão no Éden e o ensinava acerca de todas as coisas. Também falou com Noé sobre o dilúvio; era ele quem dava direcionamento a Noé sobre o que precisava ser feito na arca e revelava a respeito do que ainda aconteceria. O Espírito Santo também falou com Abraão e o ensinou. Abraão se tornou amigo do Espírito Santo, porque era amigo de Deus. Foi o Espírito Santo quem revelou os sonhos a José, que revelou, por sua vez, o significado ao faraó. Quando Moisés recebeu a revelação da criação, escreveu Gênesis, Êxodo, Levítico, Números e Deuteronômio, debaixo da unção, direção, governo e mover do Espírito Santo que falava com ele.

Quando você lê Êxodo ou Levítico, depara com esta expressão: "Disse o Senhor a Moisés...", mas não seria impróprio dizer: "Disse o Espírito Santo a Moisés". Moisés era íntimo do Espírito Santo. Era a unção do Espírito Santo que estava sobre Moisés. Em Números 11, quando Deus ungiu 70 homens para levar o ministério junto com Moisés, ele tirou da unção do Espírito Santo que estava sobre a cabeça de Moisés e a repartiu com aqueles 70 homens; e, quando eles receberam a unção, profetizaram, puderam ajudar Moisés em seu ministério debaixo da mesma unção e visão, bem como do governo do Espírito Santo. Isso é poderoso!

Era o Espírito Santo que ensinava o povo no deserto. A Bíblia diz que Deus deu o Espírito Santo ao povo. Este não estava só debaixo de uma nuvem, mas também debaixo do mover do Espírito Santo. O Espírito Santo falou com Josué e lhe deu uma direção quando ele foi escolhido como substituto de Moisés. Também o Espírito Santo revestiu Gideão e fez dele um juiz poderoso, um guerreiro nas mãos do Senhor.

O Espírito Santo falava com Samuel e o usava. Samuel ungiu dois reis. Primeiro, quando ele ungiu Saul, o Espírito Santo se apoderou do rei. É verdade que depois Saul se desviou e se rebelou, de modo que o Espírito Santo se retirou dele. Depois, quando Samuel ungiu Davi, lá estava o Espírito Santo tomando posse do coração e da mente do jovem. Foi o Espírito Santo quem inspirou Davi a escrever 73 salmos e a ser um adorador por excelência. Os músicos, poetas, escritores do Antigo Testamento, de Salmos e da Palavra de Deus em geral se moviam no nível do Espírito. Todos foram guiados pelo Espírito de Deus. O Espírito Santo é quem estava com os profetas, sobre os profetas, habitando nos profetas. Cada vez que um profeta falava "Assim diz o Senhor", era o mesmo que dizer: "Assim diz o Espírito Santo", porque o Espírito Santo falava com o profeta, e o profeta era a voz do Espírito Santo para o povo, a voz de Deus.

Foi o Espírito Santo quem capacitou os apóstolos no dia de Pentecostes. Eles foram capacitados, ungidos e passaram a ser governados, dirigidos e movidos pelo Espírito Santo. O Espírito Santo continua a falar hoje com aqueles servos fiéis que mantêm comunhão e intimidade com Deus por meio da oração.

Por isso que, no final de cada uma das sete cartas que Jesus mandou para as igrejas da Ásia Menor, aparece a frase: "Quem tem ouvidos ouça o que o Espírito Santo diz às igrejas". Sete vezes a mesma frase aparece!

Deus quer que dependamos do Espírito Santo, andemos e conduzamos nossa vida no nível do Espírito, tendo intimidade com ele. Precisamos aprender a ouvir a voz do Espírito e ser guiados, dirigidos e movidos por ele. Essa advertência de Jesus aparece sete vezes nos capítulos 2 e 3 de Apocalipse, exortando as igrejas da Ásia Menor a ouvirem e obedecerem a voz do Espírito. Ao estudar a história dessas igrejas, você vai descobrir que, embora elas tivessem recebido essa carta do próprio Jesus, por meio do apóstolo João, não ouviram a voz do Espírito Santo, ou melhor, não obedeceram e, por isso, morreram.

Quando a igreja enfrenta dificuldades, ou está morrendo, é porque ela deixou de ouvir a voz do Espírito Santo. A geração atual da igreja gasta muito tempo com televisão e redes sociais, mas tem dificuldade de gastar tempo na leitura da Bíblia e na oração. A maioria dos cristãos destes dias não sabe parar e ficar a sós com Deus para ouvir a sua voz, para ouvir o que o Espírito Santo está falando. Por esse motivo, esta geração de cristãos tem se tornado espiritualmente pobre, vazia de conteúdo teológico e bíblico, sem firmeza doutrinária, sem poder e sem autoridade espiritual. Infelizmente, muitos pastores e líderes substituíram o Espírito Santo pelas mídias e redes sociais.

A mídia e as redes sociais são ferramentas úteis e necessárias, mas apenas ferramentas. O Espírito Santo é Deus, e é ele quem faz a obra se confiarmos nele. A Bíblia diz que ele faz infinitamente mais do que tudo o que pedimos ou imaginamos, segundo o poder dele que opera em nós.

Então, devemos confiar no Espírito Santo, buscar o Espírito Santo e andar no nível do Espírito.

O ESPÍRITO SANTO VEIO PARA NOS ENSINAR TODAS AS COISAS

> *Mas o Consolador, o Espírito Santo, a quem o Pai enviará em meu nome, esse vos ensinará todas as coisas e vos fará lembrar de tudo o que vos tenho dito. (João 14.26)*

O Espírito Santo ensina somente os discípulos de Jesus que estão dispostos a ouvir a sua voz e obedecer imediatamente. Em todas as épocas, o Senhor Deus exortou o seu povo a ouvir sempre a sua voz.

A vontade de Deus, nosso Pai celeste, é nos despertar todas as manhãs. Ao despertarmos, que o nosso ouvido esteja atento para ouvir a sua voz e que o nosso coração esteja pronto para obedecer, a fim de que possamos desfrutar de comunhão profunda com o Espírito Santo no decorrer do nosso dia.

> *O SENHOR Deus me deu língua de eruditos, para que eu saiba dizer boa palavra ao cansado. Ele me desperta todas as manhãs, desperta-me o ouvido para que eu ouça como os eruditos. O SENHOR Deus me abriu os ouvidos, e eu não fui rebelde, não me retraí. (Isaías 50.4,5)*

Ouvir a voz do Senhor, nosso Deus, e obedecer traz como bênção uma vida longa, próspera, abençoada para nós e para a nossa descendência. Quem não ouve a voz do Espírito Santo pode sofrer sérias consequências.

> *Ficareis poucos em número, vós que éreis como as estrelas dos céus em multidão, porque não destes ouvidos à voz do SENHOR, vosso Deus. (Deuteronômio 28.62)*

> *Os céus e a terra tomo, hoje, por testemunhas contra ti, que te propus a vida e a morte, a bênção e a maldição; escolhe, pois, a vida,*

para que vivas, tu e a tua descendência, amando o SENHOR, teu Deus, dando ouvidos à sua voz e apegando-te a ele; pois disto depende a tua vida e a tua longevidade; para que habites na terra que o SENHOR, sob juramento, prometeu dar a teus pais, Abraão, Isaque e Jacó. (Deuteronômio 30.19,20)

Como filhos de Deus, devemos ouvir a voz do Senhor, mas, para ouvir, nós temos que, na nossa oração pela manhã, dizer ao Espírito Santo: "Fala, Senhor, porque o teu servo ouve", assim como Samuel (1Samuel 3.9). O Senhor Jesus disse: *"Quem é de Deus ouve as palavras de Deus" (João 8.47)* e *"As minhas ovelhas ouvem a minha voz [...] e me seguem" (João 10.27).* Cada vez que Jesus ensinava, encerrava o estudo dizendo: *"Quem tem ouvidos [para ouvir], ouça" (Mateus 13.9,43).* O Senhor Jesus deixou bem claro que depende de nós ouvir a sua voz, abrir a porta da nossa casa e ter a experiência de receber Jesus à mesa conosco.

Estou à porta e bato; se alguém ouvir a minha voz e abrir a porta, entrarei em sua casa e cearei com ele, e ele, comigo. (Apocalipse 3.20)

Se você ouvir a voz de Jesus, pelo Espírito Santo, e abrir a porta da sua casa, ele vai entrar, abençoar a sua vida, mudar a sua história, mudar o destino da sua família e da sua descendência. Ele vai abençoar você.

Então, disse o Espírito a Filipe: Aproxima-te desse carro e acompanha-o. Correndo Filipe, ouviu-o ler o profeta Isaías e perguntou: Compreendes o que vens lendo? (Atos 8.29,30)

O Espírito Santo quer falar conosco assim como Filipe, que, quando ouve, não questiona, não pergunta por que, mas corre e obedece. O apóstolo Pedro aprendeu a se relacionar com o Espírito Santo, tornou-se amigo e servo dele. Aprendeu a ouvir e a obedecer prontamente.

Enquanto meditava Pedro acerca da visão, disse-lhe o Espírito: Estão aí dois homens que te procuram; levanta-te, pois, desce e vai com eles, nada duvidando; porque eu os enviei. (Atos 10.19,20)

A igreja de Antioquia era guiada pelo Espírito Santo. Ela aprendeu a ouvir o Espírito Santo, depender dele e ser guiada por ele.

Servindo eles ao Senhor e jejuando, disse o Espírito Santo: Separai-me, agora, Barnabé e Saulo para a obra a que os tenho chamado. Então, jejuando, e orando, e impondo sobre eles as mãos, os despediram. (Atos 13.2,3)

O apóstolo Paulo, em suas viagens missionárias, só ia onde o Espírito Santo ordenava. Ele obedecia, era amigo de Deus e se movia na dimensão do Espírito Santo.

E, percorrendo a região frígio-gálata, tendo sido impedidos pelo Espírito Santo de pregar a palavra na Ásia, defrontando Mísia, tentavam ir para Bitínia, mas o Espírito de Jesus não o permitiu. (Atos 16.6,7)

Ser dirigido, guiado, governado, ensinado e movido pelo Espírito Santo é para nós a maior honra, o maior privilégio que podemos ter como discípulos de Jesus na terra, porque o Espírito Santo nos guia sempre para o centro da boa, agradável e perfeita vontade de Deus.

O QUE O ESPÍRITO SANTO DISSE ÀS SETE IGREJAS DO APOCALIPSE

No livro de Apocalipse, capítulos 2 e 3, as sete igrejas do Apocalipse representam todas as igrejas, de todas as épocas. Para cada igreja, Jesus se apresentou de uma forma particular, e cada mensagem continha a carta personalizada com uma apreciação, advertência, direção, promessa e conclusão, e a conclusão era: "Ouça o Espírito Santo".

Apresentação

Para cada igreja, Jesus se apresentou com um título dele mesmo ou uma função que representava o que estava acontecendo em cada igreja local.

Apreciação

Apenas duas igrejas receberam elogios: Esmirna e Filadélfia. Igrejas fiéis só foram elogiadas. Quatro delas receberam elogios e repreensões: Éfeso, Pérgamo, Tiatira e Sardes. A última igreja que representa a igreja desta geração é Laodiceia, que só recebeu repreensões.

Advertência

A igreja nem sempre é aquilo que aparenta ser. É assim também com a maioria dos cristãos. Nem sempre eles são o que aparentam ser; nem sempre você é o que as pessoas pensam. Você não é aquilo que as pessoas pensam a seu respeito, tampouco você é aquilo que pensa que é; antes, você é exatamente aquilo que Jesus diz sobre você.

O Senhor Jesus conhece a sua igreja e nos conhece individualmente de forma profunda. Ele conhece as nossas obras. Sabe onde estamos vivendo agora e exatamente como estamos. Ele não está alheio à nossa dor, ao nosso sofrimento, à nossa tristeza ou à nossa alegria. Não! Ele sabe exatamente o que está acontecendo e sabe precisamente o caminho que devemos trilhar.

> *Conheço as tuas obras, tanto o teu labor como a tua perseverança [...]. (Apocalipse 2.2)*

> *Conheço a tua tribulação, a tua pobreza, (mas tu és rico) [...]. (Apocalipse 2.9)*

> *Conheço o lugar em que habitas, onde está o trono de Satanás, e que conservas o meu nome e não negaste a minha fé [...]. (Apocalipse 2.13)*

Conheço as tuas obras, o teu amor, a tua fé, o teu serviço, a tua perseverança e as tuas últimas obras, mais numerosas do que as primeiras. (Apocalipse 2.19)

Conheço as tuas obras, que tens nome de que vives e estás morto. (Apocalipse 3.1)

Conheço as tuas obras [...]. (Apocalipse 3.8)

Conheço as tuas obras, que nem és frio nem quente [...]. (Apocalipse 3.15)

Éfeso era uma igreja ortodoxa, trabalhadora, firme na doutrina, fiel nas provações, mas havia perdido o primeiro amor por Jesus. Então, a mensagem era: "Vocês precisam arrepender-se e voltar imediatamente à prática do primeiro amor". Esmirna era pobre aos olhos dos homens, mas Jesus disse que, aos olhos de Deus, ela era rica. Os membros dessa igreja foram exortados a permanecerem firmes e fiéis ao Senhor até a morte.

Pérgamo tinha membros que enfrentavam perseguição e morriam por amor a Jesus, mas alguns cristãos andavam na sedução do pecado, misturados com o mundo, divididos entre a verdade e a mentira. Eles foram exortados por Jesus a arrepender-se com urgência.

E, quando o dragão viu que fora lançado na terra, perseguiu a mulher que dera à luz o filho homem. E foram dadas à mulher duas asas de grande águia, para que voasse para o deserto, ao seu lugar, onde é sustentada por um tempo, e tempos, e metade de um tempo, fora da vista da serpente. E a serpente lançou da sua boca, atrás da mulher, água como um rio, para que pela corrente a fizesse arrebatar. E a terra ajudou a mulher; e a terra abriu a sua boca, e tragou o rio que o dragão lançara da sua boca. (Apocalipse 12.13-16, ACF)

Tiatira era uma igreja que trabalhava muito, porém sem vigilância, ação sem zelo, sem oração fervorosa, sem dependência do Espírito Santo. Aqueles cristãos suportavam uma falsa profetisa; por isso, sobreviria juízo a eles caso não mudassem, mas os fiéis foram exortados por Jesus a perseverarem firmes na fé até que ele voltasse.

> *Mas algumas poucas coisas tenho contra ti que deixas Jezabel, mulher que se diz profetisa, ensinar e enganar os meus servos, para que forniquem e comam dos sacrifícios da idolatria. E dei-lhe tempo para que se arrependesse da sua fornicação; e não se arrependeu. Eis que a porei numa cama, e sobre os que adulteram com ela virá grande tribulação, se não se arrependerem das suas obras. E ferirei de morte a seus filhos, e todas as igrejas saberão que eu sou aquele que sonda os rins e os corações. E darei a cada um de vós segundo as vossas obras. (Apocalipse 2.20-23, ACF)*

Sardes tinha a reputação de uma igreja viva, mas estava espiritualmente morta, e tinha muita gente numa espécie de terapia intensiva espiritual. Então, o Senhor Jesus os chamou ao arrependimento, para que eles não caíssem em juízo.

> *E ao anjo da igreja que está em Sardes escreve: Isto diz o que tem os sete espíritos de Deus, e as sete estrelas: Conheço as tuas obras, que tens nome de que vives, e estás morto. Sê vigilante, e confirma os restantes, que estavam para morrer; porque não achei as tuas obras perfeitas diante de Deus. Lembra-te, pois, do que tens recebido e ouvido, e guarda-o, e arrepende-te. E, se não vigiares, virei sobre ti como um ladrão, e não saberás a que hora sobre ti virei. (Apocalipse 3.1-3, ACF)*

Filadélfia era uma igreja fraca aos olhos humanos, porém fiel e poderosa aos olhos de Cristo Jesus. Foi exortada a conservar o que tinha para que ninguém tomasse a sua coroa.

> *Conheço as tuas obras; eis que diante de ti pus uma porta aberta, e ninguém a pode fechar; tendo pouca força, guardaste a minha palavra, e não negaste o meu nome. Eis que eu farei aos da sinagoga de Satanás, aos que se dizem judeus, e não são, mas mentem: eis que eu farei que venham, e adorem prostrados a teus pés, e saibam que eu te amo. Como guardaste a palavra da minha paciência, também eu te guardarei da hora da tentação que há de vir sobre todo o mundo, para tentar os que habitam na terra. Eis que venho sem demora; guarda o que tens, para que ninguém tome a tua coroa. (Apocalipse 3.8-11, ACF)*

Laodiceia se autoconsiderava rica e abastada, mas Jesus Cristo olhou para eles e disse que eram infelizes, miseráveis, pobres, cegos e espiritualmente nus. Então, o Senhor Jesus os exortou a olhar a vida na perspectiva do céu, não da perspectiva humana. Portanto, eles precisavam se arrepender imediatamente; do contrário, a disciplina de Deus viria sobre eles como um ato de correção e amor.

> *Assim, porque és morno e nem és quente nem frio, estou a ponto de vomitar-te da minha boca; pois dizes: Estou rico e abastado e não preciso de coisa alguma, e nem sabes que tu és infeliz, sim, miserável, pobre, cego e nu. Aconselho-te que de mim compres ouro refinado pelo fogo para te enriqueceres, vestiduras brancas para te vestires, a fim de que não seja manifesta a vergonha da tua nudez, e colírio para ungires os olhos, a fim de que vejas. Eu repreendo e disciplino a quantos amo. Sê, pois, zeloso e arrepende-te. (Apocalipse 3.16-19)*

Quando a igreja não ouve a voz do Espírito Santo e não obedece a direção que ele dá, ela se torna apenas um prédio, e depois torna-se em ruínas. A igreja de Cristo não é um prédio; é o movimento dos discípulos de Jesus de casa em casa por meio das células, fazendo discípulos e cuidando bem de cada pessoa, no poder do Espírito Santo.

As sete igrejas do Apocalipse não ouviram a voz do Espírito Santo, não obedeceram a voz de Jesus, não seguiram a orientação das cartas e, infelizmente, morreram e desapareceram da história.

Promessa

Jesus fez promessa específica a cada igreja. Vejamos:

Éfeso: O vencedor se alimentará da árvore da vida que está no paraíso de Deus. Isso significa ter a garantia da vida eterna em Cristo Jesus.

> *Quem tem ouvidos, ouça o que o Espírito diz às igrejas: Ao que vencer, dar-lhe-ei a comer da árvore da vida, que está no meio do paraíso de Deus. (Apocalipse 2.7, ACF)*

Esmirna: O vencedor de modo nenhum sofrerá o dano da segunda morte. Isso significa que, em Jesus, você tem a segurança da vida eterna.

> *Quem tem ouvidos, ouça o que o Espírito diz às igrejas: O que vencer não receberá o dano da segunda morte. (Apocalipse 2.11, ACF)*

Pérgamo: Na glória, o vencedor receberá o maná escondido e também uma pedrinha branca com um novo nome escrito. Isso significa, alimentar-se de Jesus e receber um nome eterno que jamais se apagará.

> *Quem tem ouvidos, ouça o que o Espírito diz às igrejas: Ao que vencer darei eu a comer do maná escondido, e dar-lhe-ei uma pedra branca, e na pedra um novo nome escrito, o qual ninguém conhece senão aquele que o recebe. (Apocalipse 2.17, ACF)*

Tiatira: O vencedor receberá autoridade sobre as nações, ou seja, reinará com Cristo Jesus por toda a eternidade.

E ao que vencer, e guardar até ao fim as minhas obras, eu lhe darei poder sobre as nações e com vara de ferro as regerá; e serão quebradas como vasos de oleiro; como também recebi de meu Pai. E dar-lhe-ei a estrela da manhã. (Apocalipse 2.26-28, ACF)

Sardes: O vencedor tem o nome escrito no Livro da Vida, e o nome será confessado por Jesus diante do Pai e dos seus santos anjos no dia do juízo final. Isso significa que será aplaudido no céu quando o Senhor chamar o nome dele.

O que vencer será vestido de vestes brancas, e de maneira nenhuma riscarei o seu nome do livro da vida; e confessarei o seu nome diante de meu Pai e diante dos seus anjos. (Apocalipse 3.5, ACF)

Filadélfia: O vencedor será coluna no santuário de Deus, habitará e permanecerá para sempre na presença de Deus e de Jesus Cristo no lar eterno.

A quem vencer, eu o farei coluna no templo do meu Deus, e dele nunca sairá; e escreverei sobre ele o nome do meu Deus, e o nome da cidade do meu Deus, a nova Jerusalém, que desce do céu, do meu Deus, e também o meu novo nome. (Apocalipse 3.12, ACF)

Laodiceia: A promessa é que os vencedores terão o privilégio de sentar-se com Jesus no seu trono de glória.

Ao que vencer lhe concederei que se assente comigo no meu trono; assim como eu venci, e me assentei com meu Pai no seu trono. (Apocalipse 3.21, ACF)

Todas essas promessas maravilhosas são para todos os discípulos de Jesus de todas as nações, de todos os povos, de todas as etnias e de todas as gerações. A condição para receber e desfrutar de todas essas lindas e grandiosas promessas do Senhor Jesus é vencer o pecado, o mundo, a carne e o Diabo com as suas tentações.

O QUE O ESPÍRITO SANTO ESTÁ FALANDO À IGREJA HOJE

Apresentação

Jesus Cristo: o Maravilhoso Conselheiro, Deus Forte, Pai da Eternidade, Príncipe da Paz; o Emanuel; o Alfa e o Ômega, o princípio e o fim; aquele que é, que era e que há de vir; o Deus todo-poderoso; o Rei dos reis e Senhor dos senhores; o nome sobre todo nome no céu, na terra e debaixo da terra; aquele diante de quem todo joelho se dobrará e toda língua confessará como Senhor, para a glória de Deus Pai.

Apreciação

Se Jesus fizesse agora o que ele fez com a igreja de Éfeso, diria: "Muito trabalho, muitas atividades, boa organização, cultos dinâmicos e atraentes, boa programação, boa música, boa mídia, boas transmissões nas redes sociais, discipulado bom, bom ensino bíblico, células, bom trabalho com as famílias, boa administração".

Advertência

As advertências do Espírito hoje são motivadas por: frieza espiritual, mundanismo, indiferença, heresias, sincretismo religioso, politicagem, imoralidade sexual, orgulho, presunção, secularismo, liberalismo, amor ao dinheiro, idolatria, incredulidade, pecados ocultos, banalização do sagrado, cultos dinâmicos, sem a presença manifesta de Deus, criancice espiritual, pessoas que a todo instante ferem alguém ou se deixam ferir, rixas, queixas, dissensões, facções, divisões.

Direção

Orar sem cessar, ser perseverante na oração, ser fervoroso.

> *Orai sem cessar. (1Tessalonicenses 5.17)*

> *Orando em todo o tempo com toda a oração e súplica no Espírito, e vigiando nisto com toda a perseverança e súplica por todos os santos. (Efésios 6.18, ACF)*

Praticar a Palavra de Deus, andar na Palavra, viver a Palavra, crer na Bíblia da forma que ela se nos apresenta, crer na Bíblia para ser sábio, viver a Bíblia para ser salvo.

> *Quem crer em mim, como diz a Escritura, do seu interior fluirão rios de água viva. (João 7.38)*

> *Viver em santidade ao Senhor. Em todo tempo sejam alvas as tuas vestes, e jamais falte o óleo sobre a tua cabeça. (Eclesiastes 9.8)*

No que se refere a você, busque ao Senhor de todo o coração, busque um avivamento pessoal, familiar, que leve você a uma linda vida em Jesus. Consagre a sua casa a Jesus. Coloque a sua casa em ordem, cuide, apascente, pastoreie as ovelhas de Jesus que estão ao seu redor.

> *Depois de terem comido, perguntou Jesus a Simão Pedro: Simão, filho de João, amas-me mais do que estes outros? Ele respondeu: Sim, Senhor, tu sabes que te amo. Ele lhe disse: Apascenta os meus cordeiros. Tornou a perguntar-lhe pela segunda vez: Simão, filho de João, tu me amas? Ele lhe respondeu: Sim, Senhor, tu sabes que te amo. Disse-lhe Jesus: Pastoreia as minhas ovelhas. Pela terceira vez Jesus lhe perguntou: Simão, filho de João, tu me amas? Pedro entristeceu-se por ele lhe ter dito, pela terceira vez: Tu me amas?*

E respondeu-lhe: Senhor, tu sabes todas as coisas, tu sabes que eu te amo. Jesus lhe disse: Apascenta as minhas ovelhas. (João 21.15-17)

Persevere, permaneça firme, não desista, seja inabalável.

Aquele, porém, que perseverar até o fim, esse será salvo. (Mateus 24.13)

Prepare-se diariamente, como noiva, para a volta iminente do Senhor Jesus Cristo.

Clame diariamente pela segunda vinda de Cristo Jesus. Todos os dias, diga: "Maranata, ora vem, Senhor Jesus!".

O Espírito e a noiva dizem: Vem! Aquele que ouve, diga: Vem! Aquele que tem sede venha, e quem quiser receba de graça a água da vida. (Apocalipse 22.17)

Guarde o que você recebeu, ou seja, permaneça na fé, para que ninguém tome a sua coroa.

Venho sem demora. Conserva o que tens, para que ninguém tome a tua coroa. (Apocalipse 3.11)

Quem tem ouvidos, ouça o que o Espírito Santo diz às igrejas. (Apocalipse 2.7)

PROMESSAS PARA A IGREJA DESTA GERAÇÃO

Um grande e poderoso avivamento é gerado no céu e operado na terra pelo Espírito Santo, sendo nós os agentes de avivamento nesta geração. Teremos um crescimento exponencial.

Crescimento exponencial é a maior colheita de almas. Jesus fará nestes dias um derramar do Espírito Santo sem precedentes. Iremos alcançar nossa cidade para Jesus, influenciar o Brasil e as nações com o poder do evangelho de Cristo. Viveremos dias, meses e anos de céu aberto com a manifestação da glória de Deus. Imporemos as mãos nas pessoas, expulsaremos demônios, curaremos enfermos, viveremos milagres extraordinários e sobrenaturais. Andaremos em vitória e em triunfo sobre o mundo, a carne, o pecado e o Diabo.

Prepare-se! A volta de Jesus está perto, e estaremos com ele para todo o sempre.

Para viver as promessas de Jesus Cristo, precisamos receber o poderoso batismo com o Espírito Santo e com fogo.

> *Eu vos batizo com água, para arrependimento; mas aquele que vem depois de mim é mais poderoso do que eu, cujas sandálias não sou digno de levar. Ele vos batizará com o Espírito Santo e com fogo. (Mateus 3.11)*

> *Ao cumprir-se o dia de Pentecostes, estavam todos reunidos no mesmo lugar; de repente, veio do céu um som, como de um vento impetuoso, e encheu toda a casa onde estavam assentados. E apareceram, distribuídas entre eles, línguas, como de fogo, e pousou uma sobre cada um deles. Todos ficaram cheios do Espírito Santo e passaram a falar em outras línguas, segundo o Espírito lhes concedia que falassem. (Atos 2.1-4)*

> *O vencedor herdará estas coisas, e eu lhe serei Deus, e ele me será filho. (Apocalipse 21.7)*

O objetivo de Deus ao enviar o Espírito Santo é que nós sejamos guiados pelo Espírito e crucifiquemos a nossa carne.

> *E os que são de Cristo Jesus crucificaram a carne, com as suas paixões e concupiscências. Se vivemos no Espírito, andemos também no Espírito. (Gálatas 5.24,25)*

Entregue o governo da sua vida ao amado Espírito Santo. Que sejamos revestidos, envolvidos, possuídos, ungidos, guiados, governados e movidos diariamente pelo Espírito Santo.

O pastor titular de nossa igreja deve ser o amado e querido Espírito Santo. Devemos fazer todas as coisas na igreja em sociedade com o Espírito Santo de Deus, declarando o seu governo total sobre nossa vida, família e igreja. Devemos estar comprometidos em ouvir diariamente a voz do Espírito Santo e obedecer-lhe imediatamente e declarar o senhorio absoluto de Jesus Cristo sobre a nossa vida, família, igreja, cidade e nação.

> *Quem tem ouvidos, ouça o que o Espírito diz às igrejas. (Apocalipse 2.7)*

CAPÍTULO 8

A ÚLTIMA GERAÇÃO DA IGREJA DE JESUS

Então Pedro levantou-se com os Onze e, em alta voz, dirigiu-se à multidão: "Homens da Judeia e todos os que vivem em Jerusalém, deixem-me explicar isto! Ouçam com atenção: estes homens não estão bêbados, como vocês supõem. Ainda são nove horas da manhã! Ao contrário, isto é o que foi predito pelo profeta Joel: 'Nos últimos dias, diz Deus, derramarei do meu Espírito sobre todos os povos. Os seus filhos e as suas filhas profetizarão, os jovens terão visões, os velhos terão sonhos. Sobre os meus servos e as minhas servas derramarei do meu Espírito naqueles dias, e eles profetizarão. Mostrarei maravilhas em cima, no céu, e sinais embaixo, na terra: sangue, fogo e nuvens de fumaça. O sol se tornará em trevas e a lua em sangue, antes que venha o grande e glorioso dia do Senhor. E todo aquele que invocar o nome do Senhor será salvo!'." (Atos 2.14-21, NVI)

O texto narra o que aconteceu no dia de Pentecostes, quando Deus enviou o Espírito Santo sobre os 120 discípulos que estavam reunidos no cenáculo. E uma multidão se ajuntou no cenáculo sem convite e sem *marketing*.

Pedro se levantou e começou a compartilhar a palavra de Deus. No texto citado, Pedro está dizendo que o que está acontecendo aqui não é o que os seus ouvintes estavam imaginando, mas que começara a se cumprir a profecia de Joel. A profecia dizia: *"Nos últimos dias diz o Senhor, que derramarei do meu Espírito sobre toda carne" (Atos 2.17).*

Essa profecia começou a se cumprir no dia de Pentecostes, mas a segunda parte dessa profecia de Joel se cumprirá nestes últimos dias que antecedem a segunda vinda do Senhor Jesus Cristo.

De acordo a Organização das Nações Unidas, a população mundial hoje é de cerca de 7,874 bilhões de pessoas, dos quais 31,2%, cerca de 2,3 bilhões, são cristãos.

Somos 7 milhões de igrejas evangélicas pelo mundo. Dos 7 milhões de igrejas, 4 milhões estão estagnadas, 2 milhões estão em declínio e apenas 1 milhão estão crescendo.

O Deus todo-poderoso fez uma promessa infalível, prometendo derramar o Espírito Santo sobre todos os povos, e nós entendemos que essa promessa se cumprirá completamente nestes dias que antecedem a volta de Jesus. Nós somos a geração da igreja de Jesus Cristo que crê e invoca o cumprimento dessa profecia em nossos dias.

O Espírito Santo está preparando a igreja para a volta de Jesus, santificando-a, adornando-a como uma noiva adornada para o seu noivo, para apresentá-la sem ruga, sem mancha, santa, sem defeito, irrepreensível e gloriosa (Efésios 5.27).

Nestes dias finais, o Senhor está levantando uma geração apostólica, pastoral e profética. A igreja agirá com a autoridade do nome de Jesus e na unção poderosa do Espírito Santo como nenhuma outra geração.

O Senhor, nosso Deus, prometeu realizar em nossos dias coisas tão grandiosas que muitos não crerão quando forem contadas.

> *"Olhem as nações e contemplem-nas, fiquem atônitos e pasmem; pois nos seus dias farei algo em que não creriam se a vocês fosse contado." (Habacuque 1.5, NVI)*

Nós cremos de todo o coração nessa maravilhosa promessa do derramamento do Espírito Santo em toda a sua plenitude sobre esta geração da igreja. E nós esperamos o cumprimento dessa gloriosa promessa em nossos dias.

A ÚLTIMA GERAÇÃO DA IGREJA DE JESUS NA TERRA

Apenas uma geração verá a escalada do melhor tempo para viver no melhor nível de avanço científico e tecnológico de todas as épocas. Mas também no pior tempo da história da humanidade, porque é um tempo de intolerância. Esta geração vai viver um tempo de multiplicação da iniquidade, que já está acontecendo, de multiplicação da maldade, corrupção moral, ética, política e social.

Apenas uma geração verá a chegada do grande dia da volta do Senhor Jesus. As grandes questões são: Será que a geração que verá essas coisas está viva agora? Será que esta é a geração da igreja que será arrebatada? A geração que verá a segunda vinda de Cristo está entre nós?

Em minha opinião, sim, porém só Deus sabe se essa geração está agora na terra. Mas nós devemos viver como se cada dia fosse o último e fôssemos a última geração da igreja de Jesus na terra.

O Senhor Deus ama essa geração profundamente, por isso ele a capacitará com o poder do Espírito Santo para que se levante e se posicione para cumprir a parte final da grande tarefa da evangelização dos povos e para que ande em vitória sobre o Diabo e seus demônios, sobre este mundo corrompido e perverso, sobre o pecado e as paixões carnais.

Nenhuma geração é mais mencionada, referenciada e comentada na Bíblia do que a última geração que verá o tempo do fim. Os profetas falaram dela e descreveram vários detalhes relacionados ao fim dos tempos.

> *Por isso o direito se tornou atrás, e a justiça se pôs de longe; porque a verdade anda tropeçando pelas ruas, e a equidade não pode entrar. Sim, a verdade desfalece, e quem se desvia do mal arrisca-se a ser despojado; e o Senhor viu, e pareceu mal aos seus olhos que não houvesse justiça. (Isaías 59.14,15, ACF)*

> *E no segundo ano do reinado de Nabucodonosor, Nabucodonosor teve sonhos; e o seu espírito se perturbou, e passou-se-lhe o sono. Então o rei mandou chamar os magos, os astrólogos, os encantadores e os caldeus, para que declarassem ao rei os seus sonhos; e eles vieram e se apresentaram diante do rei. E o rei lhes disse: Tive um sonho; e para saber o sonho está perturbado o meu espírito. E os caldeus disseram ao rei em aramaico: Ó rei, vive eternamente! Dize o sonho a teus servos, e daremos a interpretação. Respondeu o rei, e disse aos caldeus: O assunto me tem escapado; se não me fizerdes saber o sonho e a sua interpretação, sereis despedaçados, e as vossas casas serão feitas um monturo; mas se vós me declarardes o sonho e a sua interpretação, recebereis de mim dádivas, recompensas e grande honra; portanto declarai-me o sonho e a sua interpretação. Responderam segunda vez, e disseram: Diga o rei o sonho a seus servos, e daremos a sua interpretação. Respondeu o rei, e disse: Percebo muito bem que vós quereis ganhar tempo; porque vedes que o assunto me tem escapado. De modo que, se não me fizerdes saber o sonho, uma só sentença será a vossa; pois vós preparastes palavras mentirosas e perversas para as proferirdes na minha presença, até que se mude o tempo; portanto dizei-me o sonho, para que eu entenda que me podeis dar a sua interpretação. (Daniel 2.1-9, ACF)*

Jesus falou sobre a geração dos últimos dias e descreveu vários sinais que se cumpririam em tal geração (Mateus 24.3-31; Lucas 21.7-36).

Os apóstolos falaram sobre essa geração e mencionaram o que aconteceria nesse período da história (2Pedro 3.1-14; 2Timóteo 3.1-5).

A última geração da igreja será a mais gloriosa e mais perigosa da história da humanidade.

Gloriosa porque no poder do Espírito Santo fará a maior colheita de vidas para Jesus de toda a história da igreja. Essa geração verá a igreja andar nos maiores níveis de poder sobrenatural, santidade, generosidade, amor, pureza, unidade e autoridade espiritual.

Perigosa porque enfrentará a grande fúria do inferno, a conspiração do Diabo e seus demônios. A última geração verá as maiores ações do Diabo e do poder das trevas em toda a história. Viverá intolerância religiosa, violência, destruição, depressão, desespero, perseguição e morte como nunca antes na história. Tal geração também verá um grande número de cristãos esfriando e afastando-se da fé em Cristo Jesus (Mateus 24.9-13; 2Tessalonicenses 2.3; 1Timóteo 4.1,2; 2Timóteo 3.1-7; 4.3-5).

Jesus profeticamente falou sobre a última geração, declarando o que está por vir. Ele advertiu sobre os grandes problemas e o tempo difícil que esta geração enfrentará e nos incentivou a permanecer sempre firmes na fé (Lucas 21.7-36).

Posicione-se firme ao lado de Jesus Cristo e permaneça firme nele; assim, você andará em vitória nos dias mais sombrios da história da humanidade. No entanto, a última geração da igreja também viverá os dias mais gloriosos, porque a história não se encerrará com o triunfo do Diabo, mas com o triunfo de Jesus Cristo e da sua amada igreja.

> *Não vos prendais a um jugo desigual com os infiéis; porque, que sociedade tem a justiça com a injustiça? E que comunhão tem a luz com as trevas? (2Coríntios 6.14, ACF)*

> *Nada temas das coisas que hás de padecer. Eis que o diabo lançará alguns de vós na prisão, para que sejais tentados; e tereis uma tribulação de dez dias. Sê fiel até à morte, e dar-te-ei a coroa da vida. (Apocalipse 2.10, ACF)*

Nós esperamos ansiosamente o derramamento do Espírito Santo sobre a geração deste tempo do fim, porque, assim, faremos a maior colheita de vidas para Jesus de todos os tempos.

No deserto, o povo de Israel chorou pedindo carne para comer. Quantas codornas o povo de Israel teria apanhado se tivesse ido caçar no deserto? Possivelmente, poucas ou quase nenhuma. Como eles apanharam as codornas? O Senhor Deus enviou o vento que trouxe as codornas até o povo. Essa é a diferença entre ganhar vidas para Jesus por meio do esforço humano, sem a estratégia do Espírito Santo, e ganhar pessoas para Cristo por meio de um trabalho de cooperação com o Espírito Santo.

> *O Senhor mandou um vento que trouxe codornas do lado do mar e as fez voar baixo por todo o acampamento. Numa área de vários quilômetros em todas as direções, voavam a uma altura de quase um metro do chão. O povo saiu e pegou codornas durante todo aquele dia, toda aquela noite e todo o dia seguinte. Ninguém recolheu menos de dez cestos grandes. Em seguida, espalharam as codornas por todo o acampamento para secá-las. (Números 11.31,32, NVT)*

No dia de Pentecostes, quem ou o que levou milhares de pessoas, sem marketing, até o local onde os discípulos estavam reunidos? O vento do Espírito Santo.

> *E, cumprindo-se o dia de Pentecostes, estavam todos concordemente no mesmo lugar; e de repente veio do céu um som, como de um vento veemente e impetuoso, e encheu toda a casa em que estavam assentados. E foram vistas por eles línguas repartidas, como que de fogo, as quais pousaram sobre cada um deles. E todos foram cheios do Espírito Santo, e começaram a falar noutras línguas, conforme o Espírito Santo lhes concedia que falassem. E em Jerusalém estavam habitando judeus, homens religiosos, de todas as nações que estão debaixo do céu.*

> *E, quando aquele som ocorreu, ajuntou-se uma multidão, e estava confusa, porque cada um os ouvia falar na sua própria língua. (Atos 2.1-6, ACF)*

No dia de Pentecostes, quem convenceu 3 mil pessoas a se converterem a Jesus Cristo? O Espírito Santo.

> *E, ouvindo eles isto, compungiram-se em seu coração, e perguntaram a Pedro e aos demais apóstolos: Que faremos, homens irmãos? E disse--lhes Pedro: Arrependei-vos, e cada um de vós seja batizado em nome de Jesus Cristo, para perdão dos pecados; e recebereis o dom do Espírito Santo; porque a promessa vos diz respeito a vós, a vossos filhos, e a todos os que estão longe, a tantos quantos Deus nosso Senhor chamar. E com muitas outras palavras isto testificava, e os exortava, dizendo: Salvai-vos desta geração perversa. De sorte que foram batizados os que de bom grado receberam a sua palavra; e naquele dia agregaram-se quase três mil almas. (Atos 2.37-41, ACF)*

Com a unção e o poder do Espírito Santo, os resultados são maravilhosos, e o crescimento exponencial é garantido.

Declare: "Eu preciso conhecer o Espírito Santo e trabalhar em sociedade com ele".

O Senhor Jesus só enviou o Espírito Santo no dia de Pentecostes com poder e grande glória porque aqueles primeiros discípulos estavam comprometidos com a tarefa da evangelização dos povos, fazer novos discípulos em todas as nações. Em nossa geração, não é diferente: o Senhor só enviará o poder e a plenitude do Espírito Santo sobre os discípulos que estão comprometidos em ganhar muitas vidas para Jesus, amar e cuidar bem de cada pessoa.

Mas recebereis a virtude do Espírito Santo, que há de vir sobre vós; e ser-me-eis testemunhas, tanto em Jerusalém como em toda a Judeia e Samaria, e até aos confins da terra. (Atos 1.8, ACF)

E, cumprindo-se o dia de Pentecostes, estavam todos concordemente no mesmo lugar; e de repente veio do céu um som, como de um vento veemente e impetuoso, e encheu toda a casa em que estavam assentados. E foram vistas por eles línguas repartidas, como que de fogo, as quais pousaram sobre cada um deles. E todos foram cheios do Espírito Santo, e começaram a falar noutras línguas, conforme o Espírito Santo lhes concedia que falassem. (Atos 2.1-4, ACF)

E, ouvindo eles isto, compungiram-se em seu coração, e perguntaram a Pedro e aos demais apóstolos: Que faremos, homens irmãos? E disse-lhes Pedro: Arrependei-vos, e cada um de vós seja batizado em nome de Jesus Cristo, para perdão dos pecados; e recebereis o dom do Espírito Santo; Porque a promessa vos diz respeito a vós, a vossos filhos, e a todos os que estão longe, a tantos quantos Deus nosso Senhor chamar. E com muitas outras palavras isto testificava, e os exortava, dizendo: Salvai-vos desta geração perversa. (Atos 2.37-40, ACF)

A última geração da igreja será gloriosa porque no poder do Senhor, nosso Deus, na autoridade do nome de Jesus e na unção do Espírito Santo até as montanhas tornam-se planícies.

Então ele me disse: "Assim diz o Senhor a Zorobabel: Não por força, nem por poder, mas pelo meu Espírito, diz o Senhor dos Exércitos. Nada será obstáculo para Zorobabel, nem mesmo uma grande montanha; diante dele ela se tornará uma planície! E, quando Zorobabel colocar em lugar a última pedra do templo, o povo gritará: 'É pela graça! É pela graça!'." (Zacarias 4.6,7, NVT)

Mesmo que o Inimigo coloque montanhas intransponíveis aos olhos humanos, elas vão se mover e gerar uma planície. Os montes representam obstáculos, adversidades, problemas, situações que parecem impossíveis aos olhos humanos, mas, pela fé no nome de Jesus, eles serão removidos.

> *E Pedro, lembrando-se, disse-lhe: Mestre, eis que a figueira, que tu amaldiçoaste, se secou. E Jesus, respondendo, disse-lhes: Tende fé em Deus; porque em verdade vos digo que qualquer que disser a este monte: Ergue-te e lança-te no mar, e não duvidar em seu coração, mas crer que se fará aquilo que diz, tudo o que disser lhe será feito. Por isso vos digo que todas as coisas que pedirdes, orando, crede receber, e tê-las-eis. (Marcos 11.21-24, ACF)*

Grandes sinais e maravilhas serão realizados no céu e na terra pela última geração da igreja de Jesus. Uma das coisas que Joel falou é que o Sol escurecerá e que a Lua não dará a sua luz antes do glorioso dia do Senhor.

Com esse poderoso derramamento do Espírito Santo sobre a última geração da igreja de Jesus, o mundo verá a manifestação dos filhos de Deus, e a terra se encherá do conhecimento da glória de Deus.

> *Porque a ardente expectação da criatura espera a manifestação dos filhos de Deus. (Romanos 8.19, ACF)*

> *Porque a terra se encherá do conhecimento da glória do Senhor, como as águas cobrem o mar. (Habacuque 2.14, ACF)*

Essa será a geração mais privilegiada da história porque não passará pela morte. O corpo do crente, num abrir e fechar de olhos, será transformado. O mortal será revestido da imortalidade, o corruptível será revestido do incorruptível, o temporal será revestido do eterno, e receberemos um corpo glorioso igual ao corpo ressurreto de Jesus Cristo.

Agradeça ao Senhor Deus porque você faz parte da geração mais privilegiada da história.

Um homem chamado Simeão viveu no período crítico chamado interbíblico, um período entre Malaquias e Mateus conhecido como "Tempo do silêncio de Deus". Ele creu que não morreria antes de ver Jesus; então, movido pelo Espírito Santo, foi ao templo, tomou Jesus em seus braços e adorou a Deus.

> *Havia em Jerusalém um homem cujo nome era Simeão; e este homem era justo e temente a Deus, esperando a consolação de Israel; e o Espírito Santo estava sobre ele. E fora-lhe revelado, pelo Espírito Santo, que ele não morreria antes de ter visto o Cristo do Senhor. E pelo Espírito foi ao templo e, quando os pais trouxeram o menino Jesus, para com ele procederem segundo o uso da lei, ele, então, o tomou em seus braços, e louvou a Deus, e disse: Agora, Senhor, despedes em paz o teu servo, segundo a tua palavra; pois já os meus olhos viram a tua salvação, a qual tu preparaste perante a face de todos os povos; luz para iluminar as nações, e para glória de teu povo Israel. (Lucas 2.25-32, ACF)*

Você crê que fará parte da igreja que será arrebatada? O Senhor Jesus disse que nós podemos fazer as mesmas coisas que ele fez e outras ainda maiores.

> *Em verdade, em verdade vos digo que aquele que crê em mim fará também as obras que eu faço e outras maiores fará, porque eu vou para junto do Pai. (João 14.12)*

Como igreja de Jesus desta geração, chegou o tempo de vivermos o infinitamente mais de Deus, a manifestação natural do céu na terra.

> *Ora, àquele que é poderoso para fazer infinitamente mais do que tudo quanto pedimos ou pensamos, conforme o seu poder que opera em nós. (Efésios 3.20)*

Nos dias finais deste último avivamento, Jesus Cristo voltará para buscar a sua amada igreja. Isso significa que nós podemos ser a geração do arrebatamento, a única geração da história da humanidade que não terá um funeral.

Prepare-se para exercer a autoridade espiritual em nome de Jesus e ser usado pelo Espírito Santo de uma maneira extraordinária.

Que o amado Espírito Santo desperte você como um poderoso avivalista para esta geração. Aleluia! Amém!

CAPÍTULO 9

A AUTORIDADE DOS DISCÍPULOS DA ÚLTIMA GERAÇÃO

A AUTORIDADE DOS DISCÍPULOS DE JESUS DA ÚLTIMA GERAÇÃO DA IGREJA NA TERRA

Então Pedro levantou-se com os Onze e, em alta voz, dirigiu-se à multidão: "Homens da Judeia e todos os que vivem em Jerusalém, deixem-me explicar isto! Ouçam com atenção: estes homens não estão bêbados, como vocês supõem. Ainda são nove horas da manhã! Ao contrário, isto é o que foi predito pelo profeta Joel:

'Nos últimos dias, diz Deus, derramarei do meu Espírito sobre todos os povos. Os seus filhos e as suas filhas profetizarão, os jovens terão visões, os velhos terão sonhos. Sobre os meus servos e as minhas servas derramarei do meu Espírito naqueles dias, e eles profetizarão. Mostrarei maravilhas em cima, no céu, e sinais em baixo, na terra: sangue, fogo e nuvens de fumaça. O sol se tornará em trevas e a lua em sangue, antes que venha o grande e glorioso dia do Senhor. E todo aquele que invocar o nome do Senhor será salvo!' " (Atos 2.14-21)

Entendemos que estamos vivendo o tempo do fim. Porém um dia para o Senhor é como mil anos, e mil anos é como um dia. Não sabemos quanto tempo irá durar esse período chamado o tempo do fim, mas sabemos que o mundo caminha para um tempo difícil. No entanto, nós, os que cremos, caminhamos para um tempo da manifestação de Deus no meio de sua Igreja como nunca antes.

Esse texto foi uma profecia de Joel, feita há 800 a.C., e que começou a se cumprir no dia do Pentecostes. Naquele dia, o derramamento do Espírito Santo foi apenas sobre 120 judeus, somando com os apóstolos. Mas a profecia fala do derramamento do Espírito sobre todos os povos. A segunda parte dessa profecia é para a Igreja do tempo do fim.

Há uma promessa infalível do Senhor nosso Deus sobre o derramamento do Espírito Santo sobre a Igreja em todas as nações, tribos, povos, línguas e etnias. Então, o Espírito Santo revestirá os discípulos de Jesus com grande poder e autoridade espiritual, como ele fez com os antigos profetas e com os discípulos do Novo Testamento A igreja voltará ao padrão bíblico e esta é a dimensão que precisamos viver como povo de Deus.

> *Mas receberão poder quando o Espírito Santo descer sobre vocês, e serão minhas testemunhas em Jerusalém, em toda a Judeia e Samaria, e até os confins da terra. (Atos 1.8)*

A igreja de Jesus viverá outra vez o mesmo padrão sobrenatural de milagres, sinais e maravilhas realizados por Jesus, relatado nos evangelhos, e o mesmo padrão de autoridade espiritual registrado no livro de Atos dos Apóstolos.

Hoje, quando olhamos a igreja na terra, principalmente no mundo ocidental, percebemos que ela está como um gigante adormecido. Porém, esse não é o projeto de Jesus. Jesus edificou a Igreja para que ela seja seu corpo na terra; suas mãos e seus pés, anunciando por toda parte o evangelho. No entanto, depois de dois mil anos de história, parece que o cristianismo naufragou às margens de um sistema de materialismo, consumismo e complacência. Muitos caíram no comodismo, no liberalismo; outros estão com medo ou se tornaram frios; e o mais terrível são os que abandonaram o seu primeiro amor por Jesus. Infelizmente, a igreja em quase todos os lugares está paralisada, ineficaz e quase morrendo. Precisamos olhar para as páginas da Bíblia e restaurar o padrão bíblico da igreja do Senhor.

A boa notícia é que, nestes últimos dias, o Deus todo-poderoso derramará seu Espírito sobre toda a Igreja em toda a face da terra e o gigante adormecido se levantará no poder e na autoridade do nome de Jesus para trazer e manifestar a glória do Senhor na terra. Esta geração da igreja será a geração mais gloriosa de todos os tempos, porque, no poder do Espírito santo, viveremos um avivamento e faremos a maior colheita de vidas para Jesus. Veremos a Igreja andar nos maiores níveis de poder sobrenatural e autoridade espiritual.

Nós cremos, de todo o nosso coração, no derramamento do Espírito Santo em nossos dias, e esperamos o cumprimento total dessa promessa sobre a igreja. No entanto, precisamos nos ater para a dimensão de fé e prática que Deus estabeleceu na sua Palavra para os seus filhos, para que a sua igreja amada exerça nesse tempo do fim, nesses dias que antecedem a volta de Jesus.

Tudo que falamos não são suposições, mas afirmações bíblicas.

Os discípulos de Jesus do tempo do fim terão a mesma autoridade espiritual dos grandes homens e mulheres da Bíblia. Tudo que você leu na Bíblia que Deus fez através de alguém, o Espírito Santo, que está em você, que habita em você, capacitará você a viver algo semelhante ou ainda maior.

Este último derramamento do Espírito Santo capacitará a igreja de Jesus para realizar grandes sinais e maravilhas no céu e na terra e ganhar muitas vidas para o Senhor. Na igreja de Jesus Cristo, todos poderão viver na plenitude do Espírito Santo e, na plenitude do Espírito Santo, todos podem pregar o evangelho com poder, todos podem ensinar, todos podem profetizar, todos podem orar por cura e todos podem ministrar libertação sobre as pessoas.

Deus já nos deu a autoridade do nome de Jesus e o poder do Espírito Santo para que nos levantemos como parte da igreja e realizemos os sinais e maravilhas nos céus e na terra que foram revelados pelo Senhor ao profeta Joel.

O Diabo não quer que você saiba do poder que você carrega. Mas o Senhor quer liberar uma chave sobre sua vida e dar a você uma nova mentalidade e entendimento no poder do Espírito Santo que habita em você. Toda mentira de Satanás sobre sua vida que diz que você não pode está anulada no nome de Jesus. A sua posição nesta terra é de autoridade. O Deus onipotente habita em você.

> *Respondeu Jesus respondeu: "Se alguém me ama, obedecerá à minha palavra. Meu Pai o amará, nós viremos a ele e faremos morada nele. (João 14.23)*

Se você ama a Jesus, então você é morada de Deus. O Deus trino, o pai, o filho e o Espírito Santo, habita em você. Você é filho de Deus, a autoridade de Jesus está sobre você. Se o Deus todo-poderoso, onipotente está em você, então você tem autoridade sobre os demônios e sobre as enfermidades e tem autoridade pra viver no padrão e dimensão da revelação das escrituras sagradas. Suas mãos são uma extensão das mãos de Jesus.

SINAIS NOS CÉUS E NA TERRA

Nos dias mais difíceis do cativeiro do povo de Israel no Egito, Deus levantou Moisés com poder e grande autoridade espiritual para mostrar os sinais e as maravilhas do céu na terra, interferindo, muitas vezes, até na lei da natureza.

Deus falava com Moisés e ele anunciava a faraó. Faraó endurecia o coração, então Moisés levantava as mãos e declarava a palavra do Senhor e, assim, ele manifestava os sinais e as pragas sobre o Egito. Este princípio é o mesmo hoje.

Foram dez pragas do Egito.

Para que as águas se tornassem em sangue, Moisés fez um ato profético.

> *Disse o* SENHOR *a Moisés: "Diga a Arão que tome a sua vara e estenda a mão sobre as águas do Egito, dos rios, dos canais, dos açudes e de todos os reservatórios, e elas se transformarão em sangue. Haverá sangue por toda a terra do Egito, até nas vasilhas de madeira e nas vasilhas de pedra". Moisés e Arão fizeram como o* SENHOR *tinha ordenado. Arão levantou a vara e feriu as águas do Nilo na presença do faraó e dos seus conselheiros; e toda a água do rio transformou-se em sangue. (Êxodo 7.19-20)*

Este foi o primeiro grande sinal do Egito. Moisés pediu a faraó que deixasse o povo ir, e ele disse não. Então, Moisés foi até à praia onde faraó estava tomando banho com alguns dos seus ministros e autoridades, e lhe disse: "Você vai ver um sinal muito forte". Ele tinha recebido de Deus a orientação, mas ele tinha que fazer o ato profético. Então ele estendeu a mão e bateu com aquele cajado nas águas do rio Nilo. O rio Nilo é um rio grande e todas as águas se transformaram em sangue, não por um minuto, ou uma hora, mas por sete dias.

Durante sete dias, todas as águas, até mesmo as águas das vasilhas, das caixas d'água, dos reservatórios, se transformaram em sangue. Todos os peixes morreram e o mau cheiro tomou todo o país. As pessoas tentaram cavar um buraco, um poço, mas todas as águas estavam transformadas em sangue.

O segundo sinal é a praga das trevas.

O SENHOR disse a Moisés: "Estenda a mão para o céu, e trevas cobrirão o Egito, trevas tais que poderão ser apalpadas". Moisés estendeu a mão para o céu, e por três dias houve densas trevas em todo o Egito. Ninguém pôde ver ninguém, nem sair do seu lugar durante três dias. Todavia, todos os israelitas tinham luz nos locais em que habitavam. (Êxodo10.21-23)

Mais uma vez, Moisés estendeu a sua mão para o céu e declarou a palavra do Senhor. Então vieram três dias de densas trevas sobre o Egito. Como não existia energia elétrica na época, ninguém podia sair do seu lugar.

É possível aos discípulos de Jesus dessa geração da igreja fazer novamente o que aconteceu no Egito. A unção do Espírito do Senhor que estava sobre Moisés está sobre a sua vida. A unção que estava sobre Jesus está sobre a sua vida.

Das dez pragas que o Senhor enviou ao Egito, sete delas são mencionadas no livro do Apocalipse e virão sobre essa geração no tempo do fim. As únicas que não virão e que foram eliminadas do Apocalipse são a praga dos piolhos, da peste dos animais e da morte dos filhos primogênitos. Cada uma daquelas pragas eram o juízo de Deus contra os falsos deuses do Egito, para mostrar que aqueles ídolos não eram deuses. Por isso, Deus fará outra vez.

Nesse tempo do fim, os discípulos de Jesus fluirão numa dimensão de fé e de pregação do evangelho através da manifestação de sinais e maravilhas.

Digo a verdade: Aquele que crê em mim fará também as obras que tenho realizado. Fará coisas ainda maiores do que estas, porque eu estou indo para o Pai. (João 14.12)

Essa é a dimensão que o Senhor está nos chamando para ser. No tempo do fim, a última geração da igreja de Jesus, na plenitude do Espírito Santo, terá a mesma autoridade de Moisés quando ele enviou aquelas pragas sobre o antigo Egito.

Você pode estar pensando que esta realidade é muito distante de nós, porém, cremos no Deus que, no poder do Espírito Santo, pode nos fazer realizar as mesmas coisas que os homens e mulheres da Bíblia fizeram no passado. Não importa sua classe social, nem sua origem, o que importa é a sua fé.

A geração da igreja dos últimos dias, pelo poder de Deus, na autoridade do nome de Jesus e na unção do Espírito Santo terá autoridade espiritual para realizar sinais e maravilhas nos céus e na terra quantas vezes quiserem. Você não é qualquer um. Você é filho do Altíssimo Deus, o criador, sustentador do universo. Ele é o seu Pai e capacita você para uma nova dimensão de vida.

Nos dias que antecedem a volta de Jesus, o Sol escurecerá e a Lua não mostrará a sua claridade quando os homens e as mulheres de Deus, no meio da igreja, derem essa ordem. Deus fazia os sinais quando Moisés falava.

Deus falava com Moisés, e depois Moisés declarava. Em seguida, os sinais aconteciam.

Deus pode fazer qualquer coisa a qualquer momento, pois ele é soberano. No entanto, ele escolheu fazer mediante a minha palavra e a sua. Esses sinais acontecerão quando os discípulos de Jesus tiverem fé e ousadia para declarar a palavra de Deus.

Em Apocalipse 11, o texto fala de duas testemunhas. Há muitas interpretações acerca das duas testemunhas mas, na minha simples observação, eu creio que as duas testemunhas são duas gerações dentro da mesma igreja: os idosos e os jovens, promovendo sinais e maravilhas na plenitude do Espírito Santo.

> *Estes homens têm poder para fechar o céu, de modo que não chova durante o tempo em que estiverem profetizando, e têm poder*

para transformar a água em sangue e ferir a terra com toda sorte de pragas, quantas vezes desejarem. (Apocalipse 11.6)

No tempo do fim, os discípulos do Senhor Jesus fluirão numa dimensão do evangelho como nunca antes, e pregarão demonstrando não apenas a palavra, mas sinais e maravilhas. Foi assim no livro de Atos e será assim novamente.

O Senhor nosso Deus prometeu fazer nesses dias, através da igreja, o que ele fez no dia da saída do povo de Israel do Egito.

Como nos dias em que você saiu do Egito, ali mostrarei as minhas maravilhas. (Miqueias 7.15)

Moisés vivia numa dispensação inferior a nossa, debaixo de promessas inferiores e aliança inferior. Nós estamos debaixo da promessa que é superior a todas as outras. A nova e superior aliança selada no sangue de Jesus e debaixo do ministério de Jesus, o ministério mais excelente de todos os tempos. Precisamos de fé e coragem para realizar grandes sinais.

No dia em que o SENHOR entregou os amorreus aos israelitas, Josué exclamou ao SENHOR, na presença de Israel: "Sol, pare sobre Gibeom! E você, ó lua, sobre o vale de Aijalom! O sol parou, e a lua se deteve, até a nação vingar-se de seus inimigos, como está escrito no Livro de Jasar. O sol parou no meio do céu e por quase um dia inteiro não se pôs. Nunca antes nem depois houve um dia como aquele, quando o SENHOR atendeu a um homem. Sem dúvida o SENHOR lutava por Israel! (Josué 10.12-14)

Josué, no meio de uma batalha contra os amorreus, na frente dos seus oficiais, deu uma ordem para o Sol, e o Senhor atendeu à voz de um homem.

A iniciativa de falar com o Sol foi de Josué. Em nenhum momento, Deus mandou Josué fazer isso. Josué percebeu que o dia seria pequeno e que não seria possível terminar aquela batalha se o inimigo voltasse a se reagrupar no outro dia; então, Josué falou uma coisa que parecia loucura aos olhos humanos. Ele disse: "sol, fique parado no meio do céu; e, lua, pare!"

O Sol ficou parado, meio-dia até o outro dia, foram mais 12 horas. A Bíblia diz que nunca houve um dia igual àquele em toda a história, e não haverá outro. O mais importante é que o texto diz: "ouvindo Deus a voz de um homem!". Um homem ousou fazer o que ninguém tinha feito antes.

O que falta para esta geração da igreja é ousadia. Estamos acostumados com o cristianismo fraco, que não funciona, que não flui em sinais e maravilhas. Vivemos o cristianismo apenas teórico e Deus nos chama para sair da teoria para um cristianismo que opera no nível de sinais e maravilhas. Deus chama nossos líderes para orar com autoridade e poder sobre os enfermos, sobre os possessos, e manifestar sinais nos céus, se assim for necessário.

Os discípulos de Jesus desta geração da igreja, através do glorioso derramamento e na plenitude do Espírito Santo, na autoridade do nome de Jesus, poderão fazer o que Josué fez. Não seja incrédulo, creia na palavra de Deus. O mundo não aguenta mais ver o cristianismo teórico. Essa é a vez de você se levantar como profeta e declarar a palavra de Deus como nunca antes.

Os incrédulos vão apontar e ver os sinais, e os crentes fiéis, discípulos verdadeiros, vão viver os sinais. Em qual grupo você estará? Josué era homem como eu e você, a diferença é que ele ousou. Comece falando sobre as realidades da sua casa que precisam ser mudadas. Comece declarando vida onde há morte. Comece a declarar cura onde há enfermidade e disseram que não há cura. Comece a declarar benção onde há maldição. Deus vai usar você como nunca antes.

A primeira vez que você proferir a palavra e ver o sobrenatural acontecer, você vai dizer: "Funciona mesmo!".

Samuel foi juiz, profeta e sacerdote. Ele foi o último grande juiz de Israel. Mas chegou o dia em que o povo não queria mais ser governado por um juiz, eles queriam um rei. Depois de alguns dias, Samuel fez uma prestação de contas públicas e mostrou a sua integridade diante de todos. Samuel disse: "Vocês sabem que não chove nessa época do ano, mas quando eu provar que vocês cometeram um grave pecado diante de Deus ao escolherem um rei, eu vou orar e vai chover no mesmo instante".

> *"Agora, preparem-se para ver este grande feito que o SENHOR vai realizar diante de vocês! Não estamos na época da colheita do trigo? Pedirei ao SENHOR que envie trovões e chuva para que vocês reconheçam que fizeram o que o SENHOR reprova totalmente, quando pediram um rei". Então Samuel clamou ao SENHOR, e naquele mesmo dia o SENHOR enviou trovões e chuva. E assim todo o povo temeu grandemente ao SENHOR e a Samuel. (1Samuel 12. 16-18)*

Israel é um país, em boa parte, semiárido. Tem poucas chuvas, mesmo no período de chuva e, no verão, não chove de jeito nenhum. Quando Samuel clamou ao Senhor, houve trovões e chuva forte naquele mesmo dia, e todo o povo ficou com muito medo do Senhor e de Samuel. Vejam que autoridade. Nós podemos fluir nesse mesmo nível. Podemos fazer as mesmas coisas que os homens e mulheres do Antigo Testamento e do Novo Testamento fizeram, por que Jesus disse que poderíamos fazer o que ele fez, e obras ainda maiores.

A AUTORIDADE PROFÉTICA DA ÚLTIMA GERAÇÃO DA IGREJA DE JESUS

A igreja desses dias terá a mesma autoridade espiritual do profeta Eliseu, quando liberou uma palavra profética e sarou as águas de Jericó.

Alguns homens da cidade foram dizer a Eliseu: "Como podes ver, esta cidade está bem localizada, mas a água não é boa e a terra é improdutiva." E disse ele: "Ponham sal numa tigela nova e tragam-na para mim." Quando a levaram, ele foi à nascente, jogou o sal ali e disse: "Assim diz o SENHOR: 'Purifiquei esta água. Não causará mais mortes nem deixará a terra improdutiva' ". E até hoje a água permanece pura, conforme a palavra de Eliseu. (2Reis 2.19-22)

Nós teremos, neste tempo do fim, a mesma autoridade espiritual do profeta Isaías, quando orou e fez a sombra do relógio de sol retroceder.

Isaías respondeu: "O sinal de que o SENHOR vai cumprir o que prometeu é este: você prefere que a sombra avance ou recue dez degraus na escadaria?" Disse Ezequias: "Como é fácil a sombra avançar dez degraus, prefiro que ela recue dez degraus". Então o profeta Isaías clamou ao SENHOR, e este fez a sombra recuar os dez degraus que havia descido na escadaria de Acaz. (2Reis 20.9-11)

A igreja de Jesus desta geração tem a mesma autoridade espiritual do apóstolo Pedro, curando os enfermos, ressuscitando os mortos, decretando o juízo de Deus sobre os infiéis.

Disse Pedro: "Não tenho prata nem ouro, mas o que tenho, isto lhe dou. Em nome de Jesus Cristo, o Nazareno, ande". Segurando-o pela mão direita, ajudou-o a levantar-se, e imediatamente os pés e os tornozelos do homem ficaram firmes. E de um salto pôs-se em pé e começou a andar. Depois entrou com eles no pátio do templo, andando, saltando e louvando a Deus. (Atos 3.6-8)

Em Jope havia uma discípula chamada Tabita, que em grego é Dorcas, que se dedicava a praticar boas obras e dar esmolas. Naqueles dias ela ficou doente e morreu, e seu corpo foi lavado e colocado em um quarto no andar superior. Lida ficava perto de Jope, e, quando os discípulos ouviram falar que Pedro estava em Lida, mandaram-lhe dois homens dizer-lhe: "Não se demore em vir até nós". Pedro foi com eles e, quando chegou, foi levado para o quarto do andar superior. Todas as viúvas o rodearam, chorando e mostrando-lhe os vestidos e outras roupas que Dorcas tinha feito quando ainda estava com elas. Pedro mandou que todos saíssem do quarto; depois ajoelhou-se e orou. Voltando-se para a mulher morta, disse: "Tabita, levante-se". Ela abriu os olhos, e, vendo Pedro, sentou-se. Tomando-a pela mão, ajudou-a a pôr-se em pé. Então, chamando os santos e as viúvas, apresentou-a viva. Este fato se tornou conhecido em toda a cidade de Jope, e muitos creram no Senhor. (Atos 9.36-42)

Um homem chamado Ananias, com Safira, sua mulher, também vendeu uma propriedade. Ele reteve parte do dinheiro para si, sabendo disso também sua mulher; e o restante levou e colocou aos pés dos apóstolos. Então perguntou Pedro: "Ananias, como você permitiu que Satanás enchesse o seu coração, a ponto de você mentir ao Espírito Santo e guardar para você uma parte do dinheiro que recebeu pela propriedade? Ela não pertencia a você? E, depois de vendida, o dinheiro não estava em seu poder? O que o levou a pensar em fazer tal coisa? Você não mentiu aos homens, mas sim a Deus". Ouvindo isso, Ananias caiu morto. Grande temor apoderou-se de todos os que ouviram o que tinha acontecido. Então os moços vieram, envolveram seu corpo, levaram-no para fora e o sepultaram. Cerca de três horas mais tarde, entrou sua mulher, sem saber o que havia acontecido. Pedro lhe perguntou: "Diga-me, foi esse o preço que vocês conseguiram pela propriedade?" Respondeu ela: "Sim, foi esse mesmo". Pedro lhe disse: "Por que vocês entraram em acordo para tentar o Espírito do Senhor? Veja! Estão à porta os pés dos que sepultaram o seu marido, e eles a levarão também". Naquele mesmo instante, ela caiu morta aos seus pés dele. Então os moços entraram e, encontrando-a morta, levaram-na e a sepultaram ao lado de seu marido. E grande temor apoderou-se de toda a igreja e de todos os que ouviram falar desses acontecimentos. (Atos 5.1-11)

A igreja de Jesus desses últimos dias tem a mesma autoridade espiritual do apóstolo Paulo para pregar o evangelho da graça, curar os enfermos e libertar os cativos. Paulo tinha tamanha autoridade, que um dia ele declarou que um homem que estava atrapalhando a pregação do evangelho ficasse cego, e ele ficou cego imediatamente.

Viajaram por toda a ilha, até que chegaram a Pafos. Ali encontraram um judeu, chamado Barjesus, que praticava magia e era falso profeta. Ele era assessor do procônsul Sérgio Paulo. O procônsul, sendo homem culto, mandou chamar Barnabé e Saulo, porque queria ouvir a palavra de Deus. Mas Elimas, o mágico (esse é o significado do seu nome), opôs-se a eles e tentava desviar da fé o procônsul. Então Saulo, também chamado Paulo, cheio do Espírito Santo, olhou firmemente para Elimas e disse: "Filho do Diabo e inimigo de tudo o que é justo! Você está cheio de toda espécie de engano e maldade. Quando é que vai parar de perverter os retos caminhos do Senhor? Saiba agora que a mão do Senhor está contra você, e você ficará cego e incapaz de ver a luz do sol durante algum tempo." Imediatamente vieram sobre ele névoa e escuridão, e ele, tateando, procurava quem o guiasse pela mão. O procônsul, vendo o que havia acontecido, creu, profundamente impressionado com o ensino do Senhor. (Atos 13.6-12)

O Senhor Deus, por meio de Paulo, realizava milagres extraordinários.

Deus fazia milagres extraordinários por meio de Paulo, de modo que até os lenços e aventais que Paulo usava eram levados e colocados sobre os enfermos. Estes eram curados de suas doenças, e os espíritos malignos saíam deles. (Atos 19.11,12)

O Senhor nosso Deus tem preparado coisas grandiosas para todos seus filhos amados.

Todavia, como está escrito: "Olho nenhum viu, ouvido nenhum ouviu, mente nenhuma imaginou o que Deus preparou para aqueles que o amam". (1Coríntios 2.9)

Como igreja de Jesus desta geração, chegou o tempo de vivermos o infinitamente mais de Deus, a manifestação natural do céu na terra.

Àquele que é capaz de fazer infinitamente mais do que tudo o que pedimos ou pensamos, de acordo com o seu poder que atua em nós. (Efésios 3.20)

O Senhor Deus é o nosso parceiro nas batalhas espirituais que enfrentamos. O rei Davi estava enfrentando uma guerra contra os filisteus, então, ele orou ao Senhor Deus e ele enviou o seu exército de anjos para batalhar em favor de Israel.

Os filisteus voltaram a atacar o vale; de novo Davi consultou Deus, que lhe respondeu: "Não ataque pela frente, mas dê a volta por trás deles e ataque-os em frente das amoreiras. Assim que você ouvir um som de passos por cima das amoreiras, saia para o combate, pois este é o sinal de que Deus saiu à sua frente para ferir o exército filisteu". E Davi fez como Deus lhe tinha ordenado, e eles derrotaram o exército filisteu por todo o caminho, desde Gibeão até Gezer. Assim a fama de Davi espalhou-se por todas as terras, e o Senhor fez com que todas as nações o temessem. (1Crônicas 14.13-17)

Esse é um tempo em que devemos ouvir o som do céu, porque o céu tem sempre uma resposta, uma direção, e o céu está sempre pronto para trabalhar em nosso favor.

Os discípulos de Jesus desses últimos dias poderão ter a mesma comunhão e parceria com o Espírito Santo que Davi tinha, e poderão ver o Senhor Deus vindo trabalhar em favor do seu povo e nos dar a vitória nas batalhas espirituais que enfrentaremos.

Que diremos, pois, diante dessas coisas? Se Deus é por nós, quem será contra nós? (Romanos 8.31)

Davi foi vitorioso nas batalhas que enfrentou porque ele ouvia sempre a voz de Deus. Nesses últimos dias, os discípulos de Jesus Cristo terão experiências sobrenaturais, verão a manifestação do céu na terra e realizarão milagres extraordinários.

Aquele que tem ouvidos ouça o que o Espírito diz às igrejas. (Apocalipse 2.7,11,17,29; 3.6,13,22)

Exerça autoridade espiritual sobre os céus da cidade e da nação.

Em um período que a nação de Israel estava mergulhada na mais terrível escuridão espiritual, adorando a Baal, deus da chuva e da fertilidade, o jovem profeta Elias saiu do anonimato, de uma pequena vila chamada Tisbe, foi até o rei Acabe e anunciou que estava suspendendo a chuva sobre a nação de Israel e que só voltaria a chover novamente quando ele falasse outra vez.

> *Ora, Elias, de Tisbe, em Gileade, disse a Acabe: "Juro pelo nome do Senhor, o Deus de Israel, a quem sirvo, que não cairá orvalho nem chuva nos anos seguintes, exceto mediante a minha palavra". (1Reis 17.1)*

O profeta Elias, através da oração e exercendo autoridade espiritual, suspendeu a chuva sobre a nação de Israel durante três anos e meio e demonstrou outro sinal do céu quando orou com fé e o fogo do Senhor caiu e consumiu o holocausto, a lenha, as pedras e evaporou a água. Ele se movia pela voz do Espírito Santo de Deus.

> *À hora do sacrifício, o profeta Elias colocou-se à frente do altar e orou: "Ó SENHOR, Deus de Abraão, de Isaque e de Israel, que hoje fique conhecido que tu és Deus em Israel e que sou o teu servo e que fiz todas estas coisas por ordem tua. Responde-me, ó SENHOR, responde-me, para que este povo saiba que tu, ó SENHOR, és Deus e que fazes o coração deles voltar para ti". Então o fogo do SENHOR caiu e queimou o novilho completamente o holocausto, a lenha, as pedras e o chão, e também secou totalmente a água na valeta. Quando o povo viu isso, todos caíram prostados e gritaram: "O SENHOR é Deus! O SENHOR é Deus!" (1Reis 18.36-39)*

Quem tem vida de oração profunda no lugar secreto pode fazer uma oração de alguns segundos e ver o fogo cair do céu. Naquele dia, mediante àquele sinal do céu, o povo de Israel rompeu com o baalismo, reconciliou-se com o Senhor e voltou a servir a Deus. Os sinais tem como objetivo manifestar o céu na terra, para levar o povo de volta para o Senhor Deus.

Depois de três anos e meio sem chover sobre a terra, o povo de Israel, no monte Carmelo, voltou-se para o Senhor Deus. Então, o profeta Elias, orou novamente fervorosamente para que voltasse a chover sobre a terra de Israel.

> *E Elias disse a Acabe: "Vá comer e beber, pois já ouço o barulho de chuva pesada". Então Acabe foi comer e beber, mas Elias subiu até o alto do Carmelo, dobrou-se até o chão e pôs o rosto entre os joelhos. "Vá e olhe na direção do mar", disse ao seu servo. E ele foi e olhou. "Não há nada lá", disse ele. Sete vezes Elias mandou: "Volte para ver". Na sétima vez o servo disse: "Uma nuvem tão pequena quanto a mão de um homem está se levantando do mar". Então Elias disse: "Vá dizer a Acabe: Prepare o seu carro e desça, antes que a chuva o impeça". Enquanto isso, nuvens escuras apareceram no céu, começou a ventar e a chover forte, e Acabe partiu de carro para Jezreel. (1Reis 18.41-45)*

Naquele dia, aconteceu como o profeta Elias havia dito há três anos e meio, que só voltaria a chover quando ele falasse novamente. Ele orou com fervor e trouxe a chuva de volta sobre a nação de Israel.

Como filhos de Deus, na autoridade do nome Jesus Cristo, nós podemos e devemos exercer autoridade espiritual sobre os céus de nossa cidade, neutralizando as obras do Diabo e seus demônios.

> *Eu dei a vocês autoridade para pisarem cobras e escorpiões, e sobre todo o poder do inimigo; e nada lhes fará dano. (Lucas 10.19)*

> *Então, Jesus aproximou-se deles e disse: "Foi-me dada toda a autoridade nos céus e na terra". (Mateus 28.18)*

O profeta Elias era um homem igual a nós, porém, orou com fervor, perseverança e insistência, então, suspendeu a chuva sobre a nação de Israel durante três anos e meio.

> *Elias era humano como nós. Ele orou fervorosamente para que não chovesse, e não choveu sobre a terra durante três anos e meio. Orou outra vez, e os céus enviaram chuva, e a terra produziu os seus frutos. (Tiago 5.17,18)*

Os discípulos de Jesus Cristo desta geração da igreja terão a mesma autoridade espiritual do profeta Elias que, quando orou, suspendeu a chuva sobre a nação de Israel e poderão realizar grandes milagres, sinais e maravilhas nos céus e na terra.

Que na soberania do Senhor nosso Deus, na autoridade do nome de Jesus Cristo e no poder e unção do Espírito Santo, se levantem agora mesmo os homens e mulheres com a mesma unção, disposição e coragem de Elias para marcar esta geração com a manifestação dos sinais do céu na terra e realizar a maior colheita de vidas para Jesus de todos os tempos. Nós podemos fazer as mesmas coisas porque *"Jesus Cristo é o mesmo, ontem, hoje e para sempre" (Hebreus 13.8).*

CAPÍTULO 10

A SEGUNDA VINDA DE CRISTO E O ARREBATAMENTO DA IGREJA

Não queremos, porém, irmãos, que sejais ignorantes com respeito aos que dormem, para não vos entristecerdes como os demais, que não têm esperança. Pois, se cremos que Jesus morreu e ressuscitou, assim também Deus, mediante Jesus, trará, em sua companhia, os que dormem. Ora, ainda vos declaramos, por palavra do Senhor, isto: nós, os vivos, os que ficarmos até à vinda do Senhor, de modo algum precederemos os que dormem. Porquanto o Senhor mesmo, dada a sua palavra de ordem, ouvida a voz do arcanjo, e ressoada a trombeta de Deus, descerá dos céus, e os mortos em Cristo ressuscitarão primeiro; depois, nós, os vivos, os que ficarmos, seremos arrebatados juntamente com eles, entre nuvens, para o encontro do Senhor nos ares, e, assim, estaremos para sempre com o Senhor. (1Tessalonicenses 4.13-17)

O objetivo deste livro é despertar você para esse tempo do fim, para o período que virá, e o preparar para a grande tribulação. O objetivo maior, porém, é encher o seu coração de fé, de firmeza, pois estamos falando sobre a nossa maior esperança, que é a volta do Senhor Jesus Cristo. A sua segunda vinda está muito próxima e acontecerá muito em breve. A pergunta é: Você está preparado? Você está pronto?

A igreja do Senhor Jesus Cristo não é um parêntese no programa eterno de Deus; pelo contrário, a igreja é o mistério que estava oculto através dos séculos e que foi revelado a partir do Senhor Jesus Cristo.

O Senhor Jesus não tem dois povos; ele tem um só povo, a raça eleita, o sacerdócio real, a nação santa. A família de Deus é formada de todos os salvos, de todos os lugares da terra, pessoas de todas as tribos, etnias, línguas e nações que reconhecem Jesus como Senhor. Esse povo forma a família de Deus. Jesus tem um só corpo, e ele é o cabeça desse corpo, ao qual ele chama igreja.

A Bíblia Sagrada nos mostra que a melhor parte da história dos filhos de Deus ainda está para acontecer. Você ainda não viveu a melhor parte dela. Por enquanto, você só a conhece pela leitura, porque *"nem olhos viram, nem ouvidos ouviram, nem jamais penetrou em coração humano o que Deus tem preparado para aqueles que o amam" (1Coríntios 2.9).*

O futuro da igreja de Jesus não está nebuloso, não está envolto em trevas; pelo contrário, o futuro da igreja nos revela algo maravilhoso. Revela-nos não a morte como a última palavra, mas que caminhamos para a vida eterna.

Não caminhamos para uma noite escura, mas para um amanhecer glorioso, para a volta do Senhor Jesus Cristo. Não estamos nos dirigindo rumo ao abismo, mas seguindo em direção à glória da eternidade, a glória do céu, a morada de Deus com o seu povo.

Não avançamos para um destino desconhecido. Nós avançamos para o lar eterno, para a habitação de Deus com os seus filhos, a casa que Jesus foi preparar para cada um de nós. Não estamos caminhando simplesmente na terra; nós caminhamos em direção à pátria celestial, em direção à cidade de Deus, à nova Jerusalém.

A segunda vinda de Cristo e o arrebatamento serão em um só ato, junto com o juízo. Não em duas ou três etapas, como ensinam algumas correntes dispensacionalistas. O arrebatamento da igreja acontecerá no dia da segunda vinda de Jesus.

> *Logo em seguida à tribulação daqueles dias, o sol escurecerá, a lua não dará a sua claridade, as estrelas cairão do firmamento, e os poderes dos céus serão abalados. Então, aparecerá no céu o sinal do Filho do Homem; todos os povos da terra se lamentarão e verão o Filho do Homem vindo sobre as nuvens do céu, com poder e muita glória. E ele enviará os seus anjos, com grande clangor de trombeta, os quais reunirão os seus escolhidos, dos quatro ventos, de uma a outra extremidade dos céus. (Mateus 24.29-31)*

O arrebatamento da igreja será o momento em que o Senhor Jesus Cristo tomará os cristãos vivos, e eles já não passarão pela morte, mas serão transformados num abrir e fechar de olhos e receberão um corpo glorificado e subirão ao encontro do Senhor nos ares.

A segunda vinda de Cristo será visível. Todas as pessoas de todos os lugares, das grandes metrópoles até a tribo mais simples da selva, todos irão erguer os olhos para o céu e verão o Filho de Deus descendo com as nuvens com poder e grande glória. Todas as nações, etnias, tribos, pessoas de todas as línguas verão a volta do Senhor Jesus Cristo.

> *Eis que vem com as nuvens, e todo olho o verá, até quantos o traspassaram. E todas as tribos da terra se lamentarão sobre ele. Certamente. Amém! (Apocalipse 1.7)*

> *Porque, assim como o relâmpago sai do oriente e se mostra até no ocidente, assim há de ser a vinda do Filho do Homem. (Mateus 24.27)*

A segunda vinda do Senhor Jesus Cristo será um dia de grande alegria para os salvos, mas um dia de angústia e lamento para os perdidos.

Então, aparecerá no céu o sinal do Filho do Homem; todos os povos da terra se lamentarão e verão o Filho do Homem vindo sobre as nuvens do céu, com poder e muita glória. (Mateus 24.30)

Então, verão o Filho do Homem vir nas nuvens, com grande poder e glória. (Marcos 13.26)

Então, se verá o Filho do Homem vindo numa nuvem, com poder e grande glória. (Lucas 21.27)

Todo homem e toda mulher que forem salvos, marcados, selados pelo Espírito Santo ouvirão o som da trombeta de Deus e seu nome sendo chamado, e então subirão ao encontro do Senhor nos ares.

E ele enviará os anjos e reunirá os seus escolhidos dos quatro ventos, da extremidade da terra até à extremidade do céu. (Marcos 13.27)

Porquanto o Senhor mesmo, dada a sua palavra de ordem, ouvida a voz do arcanjo, e ressoada a trombeta de Deus, descerá dos céus, e os mortos em Cristo ressuscitarão primeiro; depois, nós, os vivos, os que ficarmos, seremos arrebatados juntamente com eles, entre nuvens, para o encontro do Senhor nos ares, e, assim, estaremos para sempre com o Senhor. (1Tessalonicenses 4.16,17)

O arrebatamento será visível a todos os olhos, assim como no dia do arrebatamento do profeta Elias, 51 testemunhas viram a olho nu tudo acontecer.

A subida do Senhor Jesus ao céu também ocorreu de forma visível. Quando ele ressuscitou dentre os mortos, ficou quarenta dias com os discípulos, aparecendo, desaparecendo e ministrando, mas no dia em que Jesus subiu aos céus, ele estava em Betânia diante do olhar atento de 120 discípulos.

Ditas estas palavras, foi Jesus elevado às alturas, à vista deles, e uma nuvem o encobriu dos seus olhos. E, estando eles com os olhos fitos no céu, enquanto Jesus subia, eis que dois varões vestidos de branco se puseram ao lado deles e lhes disseram: Varões galileus, por que estais olhando para as alturas? Esse Jesus que dentre vós foi assunto ao céu virá do modo como o vistes subir. (Atos 1.9-11)

A segunda vinda do Senhor Jesus e o arrebatamento da igreja serão os maiores espetáculos dos céus e da terra. O mundo nunca viu algo parecido. Naquele dia, a igreja subirá para sempre, e as nações, logo em seguida, serão reunidas na presença do Senhor Jesus.

Os mortos em Cristo ressuscitarão para o arrebatamento.

Porquanto o Senhor mesmo, dada a sua palavra de ordem, ouvida a voz do arcanjo, e ressoada a trombeta de Deus, descerá dos céus, e os mortos em Cristo ressuscitarão primeiro. (1Tessalonicenses 4.16)

Muitos dos que dormem no pó da terra ressuscitarão, uns para a vida eterna, e outros para vergonha e horror eterno. (Daniel 12.2)

Não vos maravilheis disto, porque vem a hora em que todos os que se acham nos túmulos ouvirão a sua voz e sairão: os que tiverem feito o bem, para a ressurreição da vida; e os que tiverem praticado o mal, para a ressurreição do juízo. (João 5.28,29)

Veremos os que morreram em Cristo. Iremos nos encontrar com um corpo glorificado no dia do arrebatamento da igreja do Senhor Jesus. Viveremos eternamente como família de Deus com um corpo incorruptível, imortal, glorioso e eterno.

Num momento, num abrir e fechar de olhos, ao ressoar da última trombeta. A trombeta soará, os mortos ressuscitarão incorruptíveis, e nós seremos transformados. Porque é necessário que este corpo corruptível se revista da incorruptibilidade, e que o corpo mortal se revista da imortalidade. E, quando este corpo corruptível se revestir de incorruptibilidade, e o que é mortal se revestir de imortalidade, então, se cumprirá a palavra que está escrita: Tragada foi a morte pela vitória. (1Coríntios 15.52-54)

Quando Jesus veio a este mundo, ele se fez carne; Deus se fez homem, o eterno se vestiu do temporário, o imortal se vestiu de um corpo mortal; mas, na nossa ressurreição, o nosso corpo corruptível se revestirá da incorruptibilidade, o nosso corpo mortal se revestirá da imortalidade, o nosso corpo temporal se tornará eterno (cf. 1Coríntios 15.42-44).

Esse corpo mortal, corruptível, não entrará no reino eterno do Senhor nosso Deus.

Isto afirmo, irmãos, que a carne e o sangue não podem herdar o reino de Deus, nem a corrupção herdar a incorrupção. Eis que vos digo um mistério: nem todos dormiremos, mas transformados seremos todos, num momento, num abrir e fechar de olhos, ao ressoar da última trombeta. A trombeta soará, os mortos ressuscitarão incorruptíveis, e nós seremos transformados. Porque é necessário que este corpo corruptível se revista da incorruptibilidade, e que o corpo mortal se revista da imortalidade. E, quando este corpo corruptível se revestir de incorruptibilidade, e o que é mortal se revestir de imortalidade, então, se cumprirá a palavra que está escrita: Tragada foi a morte pela vitória. (1Coríntios 15.50-54)

Depois, nós, os vivos, os que ficarmos, seremos arrebatados juntamente com eles, entre nuvens, para o encontro do Senhor nos ares, e, assim, estaremos para sempre com o Senhor. (1Tessalonicenses 4.17)

A geração do arrebatamento será a mais privilegiada de toda a história da humanidade, porque não passará pela morte, não terá um funeral. O corpo transformado no arrebatamento será incorruptível, imortal, glorioso, jovem, eterno, semelhante ao corpo ressurreto do Senhor Jesus.

> *Eis que vos digo um mistério: nem todos dormiremos, mas transformados seremos todos, num momento, num abrir e fechar de olhos, ao ressoar da última trombeta. A trombeta soará, os mortos ressuscitarão incorruptíveis, e nós seremos transformados. Porque é necessário que este corpo corruptível se revista da incorruptibilidade, e que o corpo mortal se revista da imortalidade. (1Coríntios 15.51-53)*

Subirão no arrebatamento todos os salvos que morreram em Cristo e todos os salvos que estiverem vivos no dia da segunda vinda de Cristo e do arrebatamento da igreja; todos os que foram selados com o Espírito Santo para o dia da salvação; todo aquele que perseverar firme na fé até o fim; e todos os que têm o seu nome escrito no Livro da Vida.

> *Porquanto o Senhor mesmo, dada a sua palavra de ordem, ouvida a voz do arcanjo, e ressoada a trombeta de Deus, descerá dos céus, e os mortos em Cristo ressuscitarão primeiro; depois, nós, os vivos, os que ficarmos, seremos arrebatados juntamente com eles, entre nuvens, para o encontro do Senhor nos ares, e, assim, estaremos para sempre com o Senhor. (1Tessalonicenses 4.16,17)*

> *Em quem também vós estais, depois que ouvistes a palavra da verdade, o evangelho da vossa salvação; e, tendo nele também crido, fostes selados com o Espírito Santo da promessa; o qual é o penhor da nossa herança, para redenção da possessão adquirida, para louvor da sua glória. (Efésios 1.13,14, ACF)*

> *E não entristeçais o Espírito Santo de Deus, no qual estais selados para o dia da redenção. (Efésios 4.30, ACF)*

E, se alguém não foi achado inscrito no Livro da Vida, esse foi lançado para dentro do lago de fogo. (Apocalipse 20.15)

Depois do arrebatamento, não haverá a possibilidade de alguém converter-se a Jesus Cristo.

Então, o reino dos céus será semelhante a dez virgens que, tomando as suas lâmpadas, saíram a encontrar-se com o noivo. Cinco dentre elas eram néscias, e cinco, prudentes. As néscias, ao tomarem as suas lâmpadas, não levaram azeite consigo; no entanto, as prudentes, além das lâmpadas, levaram azeite nas vasilhas.

E, tardando o noivo, foram todas tomadas de sono e adormeceram. Mas, à meia-noite, ouviu-se um grito: Eis o noivo! Saí ao seu encontro! Então, se levantaram todas aquelas virgens e prepararam as suas lâmpadas.

E as néscias disseram às prudentes: Dai-nos do vosso azeite, porque as nossas lâmpadas estão-se apagando. Mas as prudentes responderam: Não, para que não nos falte a nós e a vós outras! Ide, antes, aos que o vendem e comprai-o. E, saindo elas para comprar, chegou o noivo, e as que estavam apercebidas entraram com ele para as bodas; e fechou-se a porta.

Mais tarde, chegaram as virgens néscias, clamando: Senhor, senhor, abre-nos a porta! Mas ele respondeu: Em verdade vos digo que não vos conheço. Vigiai, pois, porque não sabeis o dia nem a hora. (Mateus 25.1-13)

Na hora do arrebatamento da igreja, a porta da salvação pela graça será fechada. Não existe nenhum versículo no Novo Testamento que afirma que, se alguém perder o arrebatamento da igreja, terá uma segunda chance ou alguma oportunidade de conversão a Cristo.

O ensino de que os que perderem o arrebatamento da igreja terão uma segunda chance é falso; esse ensino tornou-se popular por meio da série de livros e filmes *Deixados para trás*,[1] porém essa posição não tem base bíblica.

> *E alguém lhe perguntou: Senhor, são poucos os que são salvos? Respondeu-lhes: Esforçai-vos por entrar pela porta estreita, pois eu vos digo que muitos procurarão entrar e não poderão. Quando o dono da casa se tiver levantado e fechado a porta, e vós, do lado de fora, começardes a bater, dizendo: Senhor, abre-nos a porta, ele vos responderá: Não sei donde sois. (Lucas 13.23-25)*

Ninguém sabe quando acontecerá a segunda vinda de Cristo e o arrebatamento da igreja, ninguém sabe o dia nem a hora, ninguém pode marcar a data da volta de Jesus. Por isso, temos que estar sempre preparados, ser sóbrios, mantermo-nos alerta, orar e vigiar sempre.

> *Mas a respeito daquele dia e hora ninguém sabe, nem os anjos dos céus, nem o Filho, senão o Pai. (Mateus 24.36)*

> *Portanto, vigiai, porque não sabeis em que dia vem o vosso Senhor. (Mateus 24.42)*

> *Por isso, ficai também vós apercebidos; porque, à hora em que não cuidais, o Filho do Homem virá. (Mateus 24.44)*

> *Vigiai, pois, porque não sabeis o dia nem a hora. (Mateus 25.13)*

Para os filhos de Deus, o arrebatamento será o dia mais glorioso da história da humanidade; para os perdidos, será um dia terrível de juízo e condenação eterna.

---

1 Donlea, Charlie. **Deixados para trás**. São Paulo: Faro Editorial, 2017.

Estamos aqui, em nome do Noivo, dizendo: Prepara-te. Acorda. Desperta. Levanta! O Noivo está vindo. Ele está à porta! É tempo de você se preparar. Agora você pode se preparar. Agora é a hora. Este é o tempo. Agora é a hora de você se voltar para Deus. Estar firme em Jesus e permanecer na igreja. Permanecer num lugar onde a Palavra é pregada com seriedade, a palavra da cruz é anunciada, o arrependimento é pregado, o pecador é amado, mas o pecado condenado, e onde a vida santa é um compromisso dos fiéis e dos pregadores.

Queremos encorajar você a viver o verdadeiro evangelho, o evangelho da cruz, o discipulado que tem compromisso com a cruz, a ter um estilo de vida santo e jamais voltar atrás. Convidamos você a jamais andar sozinho e a perseverar firme em Jesus até o último dia.

Naquele dia, quando o Noivo voltar, subiremos e reinaremos com ele por toda a eternidade.

Desperte! Você precisa se apaixonar por Jesus e viver para ele como nunca viveu. Permaneça na fé. Permaneça na unção do Espírito Santo. Mantenha a lâmpada acesa e o fogo do Espírito. Não apague nem entristeça o Espírito. Permaneça. Seja fiel até a morte. A coroa da vida aguarda por você.

> *Portanto, também nós, visto que temos a rodear-nos tão grande nuvem de testemunhas, desembaraçando-nos de todo peso e do pecado que tenazmente nos assedia, corramos, com perseverança, a carreira que nos está proposta, olhando firmemente para o Autor e Consumador da fé, Jesus, o qual, em troca da alegria que lhe estava proposta, suportou a cruz, não fazendo caso da ignomínia, e está assentado à destra do trono de Deus. (Hebreus 12.1,2)*

Permaneça na Videira verdadeira. Persevere.

> *Se alguém não permanecer em mim, será lançado fora, à semelhança do ramo, e secará; e o apanham, lançam no fogo e o queimam. (João 15.6)*

> *Aquele, porém, que perseverar até o fim, esse será salvo. (Mateus 24.13)*

As cinco virgens prudentes entraram para as bodas porque mantiveram-se firmes na fé em Jesus, oração, santidade, unção e sob a direção e o governo do Espírito Santo. Elas representam a igreja que está sendo preparada como uma noiva adornada, sem ruga, sem mancha ou defeito, mas santa e irrepreensível.

> *Para a apresentar a si mesmo igreja gloriosa, sem mácula, nem ruga, nem coisa semelhante, porém santa e sem defeito. (Efésios 5.27)*

Mantenha a chama do primeiro amor acesa até a volta de Jesus. Ande sempre em santidade. Não deixe o óleo acabar!

> *Em todo tempo sejam alvas as tuas vestes, e jamais falte o óleo sobre a tua cabeça. (Eclesiastes 9.8)*

CAPÍTULO 11

O JUÍZO FINAL

Quando vier o Filho do Homem na sua majestade e todos os anjos com ele, então, se assentará no trono da sua glória; e todas as nações serão reunidas em sua presença, e ele separará uns dos outros, como o pastor separa dos cabritos as ovelhas; e porá as ovelhas à sua direita, mas os cabritos, à esquerda; então, dirá o Rei aos que estiverem à sua direita: Vinde, benditos de meu Pai! Entrai na posse do reino que vos está preparado desde a fundação do mundo. Porque tive fome, e me destes de comer; tive sede, e me destes de beber; era forasteiro, e me hospedastes; estava nu, e me vestistes; enfermo, e me visitastes; preso, e fostes ver-me. Então, perguntarão os justos: Senhor, quando foi que te vimos com fome e te demos de comer? Ou com sede e te demos de beber? E quando te vimos forasteiro e te hospedamos? Ou nu e te vestimos? E quando te vimos enfermo ou preso e te fomos visitar? O Rei, respondendo, lhes dirá: Em verdade vos afirmo que, sempre que o fizestes a um destes meus pequeninos irmãos, a mim o fizestes.

Então, o Rei dirá também aos que estiverem à sua esquerda: Apartai-vos de mim, malditos, para o fogo eterno, preparado para o diabo e seus anjos. Porque tive fome, e não me destes de comer; tive sede, e não me destes de beber; sendo forasteiro, não me hospedastes; estando nu, não me vestistes; achando-me enfermo e preso, não fostes ver-me. E eles lhe perguntarão: Senhor, quando foi que te vimos com fome, com sede, forasteiro, nu, enfermo ou preso e não te assistimos? Então, lhes responderá: Em verdade vos digo que, sempre que o deixastes de fazer a um destes mais pequeninos, a mim o deixastes de fazer. E irão estes para o castigo eterno, porém os justos, para a vida eterna. (Mateus 25.31-46)

Nessa parte do sermão profético, o Senhor Jesus Cristo narra como será o dia de sua volta gloriosa ou o grande dia do juízo final. Nós temos a descrição do próprio Jesus sobre o dia da sua volta. Ele se apresenta como filho do homem e como Rei, pois se assentará no trono da sua glória e ao mesmo tempo se apresentará como Juiz de todos os povos e nações. Todos estarão reunidos diante do seu trono de glória para o julgamento eterno, e haverá uma separação entre os justos e os injustos, entre os bodes e as ovelhas, entre os salvos e os perdidos.

Neste mundo em que vivemos, os tribunais de justiça podem ser corrompidos, juízes podem ser subornados, inocentes podem ser condenados e culpados inocentados, mas, no dia final, todos nós compareceremos perante o tribunal de Cristo, o supremo juiz, para um julgamento justo.

Naquele último dia, o grande dia do Senhor, todas as nações que já existiram e todos que agora existem estarão reunidos diante do trono de Jesus, ou seja, diante do seu tribunal. Quando ele voltar em sua glória, poder e majestade, todas as pessoas que já viveram na terra, desde Adão e Eva, comparecerão perante Jesus para o juízo final.

E todas as nações serão reunidas em sua presença. (Mateus 25.32)

Vi um grande trono branco e aquele que nele se assenta, de cuja presença fugiram a terra e o céu, e não se achou lugar para eles. Vi também os mortos, os grandes e os pequenos, postos em pé diante do trono. Então, se abriram livros. Ainda outro livro, o Livro da Vida, foi aberto. E os mortos foram julgados, segundo as suas obras, conforme o que se achava escrito nos livros. (Apocalipse 20.11,12)

O Senhor Jesus voltará como Rei. Este título está escrito no seu manto, na sua própria coxa e na sua própria pele: "Rei dos reis e Senhor dos senhores". Mateus apresentou Jesus como Rei, mas os judeus se recusaram a recebê-lo. No entanto, naquele grande dia ninguém poderá contestar a grandeza e majestade de Jesus.

Quando vier o Filho do Homem na sua majestade e todos os anjos com ele, então, se assentará no trono da sua glória. (Mateus 25.31)

Levantai, ó portas, as vossas cabeças; levantai-vos, ó portais eternos, para que entre o Rei da Glória. Quem é o Rei da Glória? O SENHOR, forte e poderoso, o SENHOR, poderoso nas batalhas. Levantai, ó portas, as vossas cabeças; levantai-vos, ó portais eternos, para que entre o Rei da Glória. Quem é esse Rei da Glória? O SENHOR dos Exércitos, ele é o Rei da Glória. (Salmos 24.7-10)

Tem no seu manto e na sua coxa um nome inscrito: REI DOS REIS E SENHOR DOS SENHORES. (Apocalipse 19.16)

Jesus Cristo é o Rei da glória. Seu nome está sobre todo nome no céu, na terra e debaixo da terra. Ele é o Rei dos reis e Senhor dos senhores.

O juízo será universal. Todos nós teremos que comparecer a ele. Todas as nações estarão reunidas diante do trono de glória do Senhor Jesus Cristo. O Rei Jesus é quem fará a separação entre bodes e ovelhas, por isso não haverá erro.

Seja grande ou pequeno, seja rico ou pobre, seja negro ou branco, asiático ou europeu, norte-americano ou brasileiro, ninguém escapará desse dia. Todos teremos que comparecer perante o trono do julgamento do Senhor Jesus Cristo. Nesse dia, os livros serão abertos, e cada um será julgado de acordo com o que está escrito neles. Ninguém poderá fugir do tribunal de Cristo.

> *Porque importa que todos nós compareçamos perante o tribunal de Cristo, para que cada um receba segundo o bem ou o mal que tiver feito por meio do corpo. (2Coríntios 5.10)*

Nós iremos comparecer, e receberemos de acordo com o que fizermos, bem ou mal. A prestação de contas naquele dia será individual.

> *Assim, pois, cada um de nós dará contas de si mesmo a Deus. (Romanos 14.12)*

As pessoas podem ocultar seus crimes, pecados, mentiras, engano, falsidade, corrupção, mas naquele dia tudo o que está escondido virá à plena luz.

> *E não há criatura que não seja manifesta na sua presença; pelo contrário, todas as coisas estão descobertas e patentes aos olhos daquele a quem temos de prestar contas. (Hebreus 4.13)*

> *Portanto, não os temais; pois nada há encoberto, que não venha a ser revelado; nem oculto, que não venha a ser conhecido. (Mateus 10.26)*

Só temos uma vida para viver. Nós só morremos uma vez e depois teremos que prestar contas ao Senhor.

> *Aos homens está ordenado morrerem uma só vez, vindo, depois disto, o juízo. (Hebreus 9.27)*

Os salvos serão colocados à direita do Senhor Jesus. Os perdidos estarão do lado esquerdo do trono. Todos os homens, sem exceção, serão enquadrados em apenas dois grupos: ovelhas ou bodes, salvos ou perdidos, bem-aventurados ou condenados. As ovelhas são identificadas como justas e serão colocadas à direita do trono de Jesus. Os bodes serão colocados à esquerda e são chamados por Jesus de malditos. No dia do juízo, de que lado você estará?

> *E todas as nações serão reunidas em sua presença, e ele separará uns dos outros, como o pastor separa dos cabritos as ovelhas; e porá as ovelhas à sua direita, mas os cabritos à esquerda. (Mateus 25.32,33)*

Todos seremos julgados. Não haverá distinção entre reis e súditos, nobres e plebeus, patrões e empregados, grandes e pequenos, clérigos e leigos. Não se fará menção alguma de denominações, filosofias ou ideologias, pois todas essas distinções já terão sido eliminadas naquele mesmo dia.

A grande distinção no dia do juízo não será entre ricos e pobres, doutores e analfabetos, religiosos e ateus, brancos e negros, mas entre os que servem a Jesus Cristo e os que não servem a ele. Naquele dia, você estará em um dos grupos: o dos benditos, à direita, ou entre os malditos, à esquerda, e esses da esquerda serão banidos e lançados no fogo eterno.

No dia do juízo divino, todos os homens serão julgados com justiça e separados eternamente para destinos diferentes, opostos, eternos. Hoje, justos e ímpios, santos e profanos, generosos e avarentos, salvos e perdidos, todos vivem juntos, mas naquele dia os salvos entrarão para a vida eterna, e os perdidos sofrerão penalidade, destruição e morte eterna.

O julgamento final resultará em bem-aventurança para bilhões de salvos e ao mesmo tempo resultará em punição eterna para bilhões de perdidos. O dia do juízo final será de luz para uns e de trevas para outros. Será um dia de alegria eterna para os filhos de Deus e de tormento eterno para os perdidos.

> *Mandará o Filho do Homem os seus anjos, que ajuntarão do seu reino todos os escândalos e os que praticam a iniquidade e os lançarão*

> *na fornalha acesa; ali haverá choro e ranger de dentes. Então, os justos resplandecerão como o sol, no reino de seu Pai. Quem tem ouvidos [para ouvir], ouça. (Mateus 13.41-43)*

As recompensas dos justos serão a vida eterna, a salvação eterna, a glória do céu e, enfim, a nossa entrada definitiva no reino de Jesus, o reino eterno do nosso Pai, nossa pátria celestial.

> *Pois a nossa pátria está nos céus, de onde também aguardamos o Salvador, o Senhor Jesus Cristo. (Filipenses 3.20)*

Os ímpios também serão recompensados de acordo com as suas obras. Então, o Rei dirá aos que estiverem à sua esquerda: *"Apartai-vos de mim, malditos, para o fogo eterno, preparado para o diabo e seus anjos". (Mateus 25.41)* Os ímpios serão banidos da presença do Senhor Jesus Cristo para todo o sempre.

Quais serão os critérios para alguém ir para o inferno? O que será levado em conta? Vamos falar um pouco sobre isso.

A FALTA DE COMPROMISSO COM JESUS

A primeira coisa que será levada em conta é a falta de compromisso com Jesus, o não reconhecimento de que ele é o Filho de Deus que morreu na cruz em nosso lugar e que ressuscitou para a nossa justificação e salvação.

> *Por isso, quem crê no Filho tem a vida eterna; o que, todavia, se mantém rebelde contra o Filho não verá a vida, mas sobre ele permanece a ira de Deus. (João 3.36)*

Se você quiser habitar com Jesus, assuma o compromisso de consagrar a sua vida a ele; entregar a sua casa à direção dele; levar a sua família a servi-lo; consagrar os seus bens a Jesus e deixá-los à disposição dele para a expansão do Reino de Deus na terra. O compromisso é total e custará toda a sua vida.

O PECADO

> *Porque o salário do pecado é a morte, mas o dom gratuito de Deus é a vida eterna em Cristo Jesus, nosso Senhor. (Romanos 6.23)*

Serão levados em conta os pecados de omissão para com os pobres, os necessitados, pois a falta do cuidado com os que sofrem é uma quebra do segundo mandamento: *"Amarás o teu próximo como a ti mesmo". (Marcos 12.31).* Não cuidar das pessoas que precisam é como deixar de amparar o próprio Jesus. Então, o pecado de omissão será motivo de condenação.

No dia do juízo final, toda pessoa que não tiver o seu nome escrito no Livro da Vida será lançada no lago de fogo.

> *Então, o Rei dirá também aos que estiverem à sua esquerda: Apartai-vos de mim, malditos, para o fogo eterno, preparado para o diabo e seus anjos. (Mateus 25.41)*

> *O diabo, o sedutor deles, foi lançado para dentro do lago de fogo e enxofre, onde já se encontram não só a besta como também o falso profeta; e serão atormentados de dia e de noite, pelos séculos dos séculos. (Apocalipse 20.10)*

> *Vi um grande trono branco e aquele que nele se assenta, de cuja presença fugiram a terra e o céu, e não se achou lugar para eles. Vi também os mortos, os grandes e os pequenos, postos em pé diante do trono. Então, se abriram livros. Ainda outro livro, o Livro da Vida, foi aberto. E os mortos foram julgados, segundo as suas obras, conforme o que se achava escrito nos livros. Deu o mar os mortos que nele estavam. A morte e o além entregaram os mortos que*

neles havia. E foram julgados, um por um, segundo as suas obras. Então, a morte e o inferno foram lançados para dentro do lago de fogo. Esta é a segunda morte, o lago de fogo. E, se alguém não foi achado inscrito no Livro da Vida, esse foi lançado para dentro do lago de fogo. (Apocalipse 20.11-15)

Se o juízo final fosse hoje, você entraria no céu ou seria lançado no lago de fogo?

A separação entre os que servem a Jesus Cristo e os que não servem a ele será eterna e imutável.

E irão estes para o castigo eterno, porém os justos, para a vida eterna. (Mateus 25.46)

John Charles Ryle fez uma precisa declaração: "Tão certo quanto Deus é eterno, também o céu é um dia interminável sem noite, e o inferno é uma noite interminável sem dia".

Você está preparado para a volta de Jesus? Você está pronto para o grande dia do juízo final? Se esse dia fosse hoje, de que lado você estaria? Onde você passará a eternidade?

O Senhor Deus conhece os que lhe pertencem. Ele conhece os seus servos pelo nome.

Entretanto, o firme fundamento de Deus permanece, tendo este selo: O Senhor conhece os que lhe pertencem. E mais: Aparte-se da injustiça todo aquele que professa o nome do Senhor. (2Timóteo 2.19)

As minhas ovelhas ouvem a minha voz; eu as conheço, e elas me seguem. Eu lhes dou a vida eterna; jamais perecerão, e ninguém as arrebatará da minha mão. (João 10.27,28)

O Rei Jesus chama os seus discípulos amados de uma forma carinhosa, linda e maravilhosa, "benditos de meu Pai". Ele dá uma notícia importante: informa-lhes que os filhos de Deus pertencem ao reino eterno, a glória da eternidade, o céu de luz e de glória que foi preparado antes da fundação do mundo.

> *Então, dirá o Rei aos que estiverem à sua direita: Vinde, benditos de meu Pai! Entrai na posse do reino que vos está preparado desde a fundação do mundo. (Mateus 25.34)*

O JUÍZO DE DEUS SOBRE A TERRA

As Escrituras Sagradas mostram que há plena harmonia entre o que os profetas anunciaram, o que Jesus pregou sobre a sua volta e aquilo que os apóstolos ensinaram sobre o grande dia do Senhor que foi anunciado desde o Antigo Testamento.

Os profetas ergueram a voz para falar do julgamento deste mundo (Isaías 2.10-22; 13.6-16; Jeremias 30.7; Daniel 12.1; Amós 5.18-20; Zacarias 12.1-14.1).

A doutrina da segunda vinda de Cristo e do julgamento final foi abordada pelos profetas, pelo próprio Jesus e por todos os seus apóstolos. Jesus, no seu sermão profético, falou de forma categórica sobre o dia de sua segunda vinda e do seu julgamento de todos os povos, raças, nações e línguas em Mateus 24 e 25. Todos os apóstolos falaram com clareza sobre a segunda vinda de Cristo e o juízo deste mundo.

Embora não saibamos qual será o dia nem a hora da volta de Jesus, temos placas de sinalização e orientação ao longo da jornada da nossa vida em direção à eternidade. As placas são os sinais que Jesus estabeleceu.

Em 2Pedro, o apóstolo Pedro estava combatendo os críticos, incrédulos, que tinham abandonado a fé. Pedro usou fatos históricos para mostrar que, da mesma forma que Deus agiu no passado, o fará novamente no último dia.

> *Ora, se Deus não poupou anjos quando pecaram, antes, precipitando-os no inferno, os entregou a abismos de trevas, reservando-os para juízo; e não poupou o mundo antigo, mas preservou a Noé, pregador da justiça, e mais sete pessoas, quando fez vir o dilúvio sobre o mundo de ímpios; e, reduzindo a cinzas as cidades de Sodoma e Gomorra, ordenou-as à ruína completa, tendo-as posto como exemplo a quantos venham a viver impiamente; e livrou o justo Ló, afligido pelo procedimento libertino daqueles insubordinados (porque este justo, pelo que via e ouvia quando habitava entre eles, atormentava a sua alma justa, cada dia, por causa das obras iníquas daqueles), é porque o Senhor sabe livrar da provação os piedosos e reservar, sob castigo, os injustos para o Dia de Juízo, especialmente aqueles que, seguindo a carne, andam em imundas paixões e menosprezam qualquer governo. Atrevidos, arrogantes, não temem difamar autoridades superiores, ao passo que anjos, embora maiores em força e poder, não proferem contra elas juízo infamante na presença do Senhor. Esses, todavia, como brutos irracionais, naturalmente feitos para presa e destruição, falando mal daquilo em que são ignorantes, na sua destruição também hão de ser destruídos, recebendo injustiça por salário da injustiça que praticam. Considerando como prazer a sua luxúria carnal em pleno dia, quais nódoas e deformidades, eles se regalam nas suas próprias mistificações, enquanto banqueteiam junto convosco; tendo os olhos cheios de adultério e insaciáveis no pecado, engodando almas inconstantes, tendo coração exercitado na avareza, filhos malditos; abandonando o reto caminho, se extraviaram, seguindo pelo caminho de Balaão, filho de Beor, que amou o prêmio da injustiça (recebeu, porém, castigo da sua transgressão, a saber, um mudo animal de carga, falando com voz humana, refreou a insensatez do profeta). Esses tais são como*

fonte sem água, como névoas impelidas por temporal. Para eles está reservada a negridão das trevas; porquanto, proferindo palavras jactanciosas de vaidade, engodam com paixões carnais, por suas libertinagens, aqueles que estavam prestes a fugir dos que andam no erro, prometendo-lhes liberdade, quando eles mesmos são escravos da corrupção, pois aquele que é vencido fica escravo do vencedor. Portanto, se, depois de terem escapado das contaminações do mundo mediante o conhecimento do Senhor e Salvador Jesus Cristo, se deixam enredar de novo e são vencidos, tornou-se o seu último estado pior que o primeiro. Pois melhor lhes fora nunca tivessem conhecido o caminho da justiça do que, após conhecê-lo, volverem para trás, apartando-se do santo mandamento que lhes fora dado. Com eles aconteceu o que diz certo adágio verdadeiro: O cão voltou ao seu próprio vômito; e: A porca lavada voltou a revolver-se no lamaçal. (2Pedro 2.4-22)

Existe uma base histórica do juízo de Deus sobre o pecado. Deus é amor, porém a base do seu trono é a sua justiça. O Senhor Deus não poupou Lúcifer quando este se rebelou contra ele.

Como caíste do céu, ó estrela da manhã, filho da alva! Como foste lançado por terra, tu que debilitavas as nações! Tu dizias no teu coração: Eu subirei ao céu; acima das estrelas de Deus exaltarei o meu trono e no monte da congregação me assentarei, nas extremidades do Norte; subirei acima das mais altas nuvens e serei semelhante ao Altíssimo. Contudo, serás precipitado para o reino dos mortos, no mais profundo do abismo. (Isaías 14.12-15)

Veio a mim a palavra do Senhor, dizendo: Filho do homem, levanta uma lamentação contra o rei de Tiro e dize-lhe: Assim diz o Senhor Deus: Tu és o sinete da perfeição, cheio de sabedoria e formosura. Estavas no Éden, jardim de Deus; de todas as pedras preciosas te

> *cobrias: o sárdio, o topázio, o diamante, o berilo, o ônix, o jaspe, a safira, o carbúnculo e a esmeralda; de ouro se te fizeram os engastes e os ornamentos; no dia em que foste criado, foram eles preparados. Tu eras querubim da guarda ungido, e te estabeleci; permanecias no monte santo de Deus, no brilho das pedras andavas. Perfeito eras nos teus caminhos, desde o dia em que foste criado até que se achou iniquidade em ti. Na multiplicação do teu comércio, se encheu o teu interior de violência, e pecaste; pelo que te lançarei, profanado, fora do monte de Deus e te farei perecer, ó querubim da guarda, em meio ao brilho das pedras. Elevou-se o teu coração por causa da tua formosura, corrompeste a tua sabedoria por causa do teu resplendor; lancei-te por terra, diante dos reis te pus, para que te contemplem. Pela multidão das tuas iniquidades, pela injustiça do teu comércio, profanaste os teus santuários; eu, pois, fiz sair do meio de ti um fogo, que te consumiu, e te reduzi a cinzas sobre a terra, aos olhos de todos os que te contemplam. (Ezequiel 28.11-18)*

Lúcifer foi lançado no inferno, no mais profundo abismo e, pelo julgamento de Deus, ele tornou-se o Diabo, Satanás, o maligno, o tentador, o sedutor de todo o mundo, a antiga serpente, o pai de todo pecado, mentira e engano. Desde que o Diabo foi expulso do céu, ele nunca mais entrou lá e jamais entrará. O Senhor Deus não poupou os anjos quando pecaram.

> *Deus não poupou anjos quando pecaram, antes, precipitando-os no inferno, os entregou a abismos de trevas, reservando-os para juízo. (2Pedro 2.4)*

Um terço dos anjos que Deus criou foi influenciado por Lúcifer a rebelar-se contra Deus. Esses anjos queriam servir a Lúcifer, pois ele tinha uma proposta de fazer o seu próprio céu, sentar em seu próprio trono e ser deus. Esses anjos tornaram-se demônios e foram lançados no inferno.

Muitos deles estão enjaulados em prisões, mas outros têm a permissão de agir na terra.

> *Viu-se, também, outro sinal no céu, e eis um dragão, grande, vermelho, com sete cabeças, dez chifres e, nas cabeças, sete diademas. A sua cauda arrastava a terça parte das estrelas do céu, as quais lançou para a terra. (Apocalipse 12.3,4)*

> *Houve peleja no céu. Miguel e os seus anjos pelejaram contra o dragão. Também pelejaram o dragão e seus anjos; todavia, não prevaleceram; nem mais se achou no céu o lugar deles. E foi expulso o grande dragão, a antiga serpente, que se chama diabo e Satanás, o sedutor de todo o mundo, sim, foi atirado para a terra, e, com ele, os seus anjos. Então, ouvi grande voz do céu, proclamando: Agora, veio a salvação, o poder, o reino do nosso Deus e a autoridade do seu Cristo, pois foi expulso o acusador de nossos irmãos, o mesmo que os acusa de dia e de noite, diante do nosso Deus. Eles, pois, o venceram por causa do sangue do Cordeiro e por causa da palavra do testemunho que deram e, mesmo em face da morte, não amaram a própria vida. Por isso, festejai, ó céus, e vós, os que neles habitais. Ai da terra e do mar, pois o diabo desceu até vós, cheio de grande cólera, sabendo que pouco tempo lhe resta. (Apocalipse 12.7-12)*

O Senhor Deus não poupou a geração de Noé. Por causa da multiplicação da maldade e da corrupção generalizada da raça humana, o Senhor Deus enviou o juízo sobre o mundo antigo por meio do dilúvio, e todos morreram, exceto os que eram justos diante de Deus. Como foi nos dias de Noé, assim serão os dias que antecedem a volta de Jesus.

> *E não poupou o mundo antigo, mas preservou a Noé, pregador da justiça, e mais sete pessoas, quando fez vir o dilúvio sobre o mundo de ímpios. (2Pedro 2.5)*

Viu o SENHOR que a maldade do homem se havia multiplicado na terra e que era continuamente mau todo desígnio do seu coração; então, se arrependeu o SENHOR de ter feito o homem na terra, e isso lhe pesou no coração. Disse o SENHOR: Farei desaparecer da face da terra o homem que criei, o homem e o animal, os répteis e as aves dos céus; porque me arrependo de os haver feito. (Gênesis 6.5-7)

A terra estava corrompida à vista de Deus e cheia de violência. Viu Deus a terra, e eis que estava corrompida; porque todo ser vivente havia corrompido o seu caminho na terra. Então, disse Deus a Noé: Resolvi dar cabo de toda carne, porque a terra está cheia da violência dos homens; eis que os farei perecer juntamente com a terra. (Gênesis 6.11-13)

Durou o dilúvio quarenta dias sobre a terra; cresceram as águas e levantaram a arca de sobre a terra. Predominaram as águas e cresceram sobremodo na terra; a arca, porém, vogava sobre as águas. Prevaleceram as águas excessivamente sobre a terra e cobriram todos os altos montes que havia debaixo do céu. Quinze côvados acima deles prevaleceram as águas; e os montes foram cobertos. Pereceu toda carne que se movia sobre a terra, tanto de ave como de animais domésticos e animais selváticos, e de todos os enxames de criaturas que povoam a terra, e todo homem. Tudo o que tinha fôlego de vida em suas narinas, tudo o que havia em terra seca, morreu. Assim, foram exterminados todos os seres que havia sobre a face da terra; o homem e o animal, os répteis e as aves dos céus foram extintos da terra; ficou somente Noé e os que com ele estavam na arca.(Gênesis 7.17-23)

Pois assim como foi nos dias de Noé, também será a vinda do Filho do Homem. Porquanto, assim como nos dias anteriores ao dilúvio comiam e bebiam, casavam e davam-se em casamento, até ao dia em que Noé entrou na arca, e não o perceberam, senão quando veio o dilúvio e os levou a todos, assim será também a vinda do Filho do Homem. (Mateus 24.37-39)

O Senhor Deus não poupou as cidades de Sodoma e Gomorra.

E, reduzindo a cinzas as cidades de Sodoma e Gomorra, ordenou-as à ruína completa, tendo-as posto como exemplo a quantos venham a viver impiamente. (2Pedro 2.6)

Então, fez o SENHOR chover enxofre e fogo, da parte do SENHOR, sobre Sodoma e Gomorra. E subverteu aquelas cidades, e toda a campina, e todos os moradores das cidades, e o que nascia na terra. (Gênesis 19.24,25)

Como foi nos dias de Ló, assim será a volta do Senhor Jesus.

O mesmo aconteceu nos dias de Ló: comiam, bebiam, compravam, vendiam, plantavam e edificavam; mas, no dia em que Ló saiu de Sodoma, choveu do céu fogo e enxofre e destruiu a todos. Assim será no dia em que o Filho do Homem se manifestar. (Lucas 17.28-30)

Cuidado para não amar o dinheiro e as coisas deste mundo e ser pego de surpresa e despreparado no dia da volta de Jesus.

E a mulher de Ló olhou para trás e converteu-se numa estátua de sal. (Gênesis 19.26)

Lembrai-vos da mulher de Ló. (Lucas 17.32)

Os cristãos que abandonarem a fé em Jesus não serão poupados.

Portanto, se, depois de terem escapado das contaminações do mundo mediante o conhecimento do Senhor e Salvador Jesus Cristo, se deixam enredar de novo e são vencidos, tornou-se o seu último estado pior que o primeiro. Pois melhor lhes fora nunca tivessem conhecido o caminho da justiça do que, após conhecê-lo, volverem para trás, apartando-se do santo mandamento que lhes fora dado. (2Pedro 2.20,21)

Pois em breve, muito em breve, "Aquele que vem virá e não demorará. Mas o meu justo viverá pela fé. E, se retroceder, não me agradarei dele". Nós, porém, não somos dos que retrocedem e são destruídos, mas dos que creem e são salvos. (Hebreus 10.37-39, NVI)

O Senhor Deus não poupará esta geração adúltera, depravada, corrupta, iníqua, violenta, maligna e perversa. Em breve, o juízo de Deus virá sobre todos os habitantes da terra e todas essas pessoas estarão face a face com Cristo no dia do juízo.

Ora, não levou Deus em conta os tempos da ignorância; agora, porém, notifica aos homens que todos, em toda parte, se arrependam; porquanto estabeleceu um dia em que há de julgar o mundo com justiça, por meio de um varão que destinou e acreditou diante de todos, ressuscitando-o dentre os mortos. (Atos 17.30,31)

No dia do juízo, todos os homens, mulheres, grandes e pequenos, ricos e pobres, negros e brancos, terão de se apresentar perante a face do Senhor, diante do trono do Senhor e prestar contas no tribunal de Cristo.

Vi um grande trono branco e aquele que nele se assenta, de cuja presença fugiram a terra e o céu, e não se achou lugar para eles. Vi também os mortos, os grandes e os pequenos, postos em pé diante do trono. Então, se abriram livros. Ainda outro livro, o Livro da Vida, foi aberto. E os mortos foram julgados, segundo as suas obras, conforme o que se achava escrito nos livros. Deu o mar os mortos que nele estavam. A morte e o além entregaram os mortos que neles havia. E foram julgados, um por um, segundo as suas obras. Então, a morte e o inferno foram lançados para dentro do lago de fogo. Esta é a segunda morte, o lago de fogo. E, se alguém não foi achado inscrito no Livro da Vida, esse foi lançado para dentro do lago de fogo. (Apocalipse 20.11-15)

O JUÍZO DE DEUS VIRÁ SOBRE O MUNDO TODO

Ora, os céus que agora existem e a terra, pela mesma palavra, têm sido entesourados para fogo, estando reservados para o Dia do Juízo e destruição dos homens ímpios.

Há, todavia, uma coisa, amados, que não deveis esquecer: que, para o Senhor, um dia é como mil anos, e mil anos, como um dia. Não retarda o Senhor a sua promessa, como alguns a julgam demorada; pelo contrário, ele é longânimo para convosco, não querendo que nenhum pereça, senão que todos cheguem ao arrependimento. Virá, entretanto, como ladrão, o Dia do Senhor, no qual os céus passarão com estrepitoso estrondo, e os elementos se desfarão abrasados; também a terra e as obras que nela existem serão atingidas. Visto que todas essas coisas hão de ser assim desfeitas, deveis ser tais como os que vivem em santo procedimento e piedade, esperando e apressando a vinda do Dia de Deus, por causa do qual os céus, incendiados, serão desfeitos, e os elementos abrasados se derreterão. (2Pedro 3.7-12)

O mundo foi criado por Deus pela palavra do seu poder. Deus é o criador e sustentador de tudo o que existe nos céus e na terra e ele levará este mundo ao julgamento final. O que o apóstolo Pedro está nos dizendo é que, assim como Deus não poupou os que pecaram na antiguidade, assim como Deus destruiu o mundo antigo pelas águas do dilúvio, ele destruirá o mundo e a sociedade atual pelo fogo no dia do juízo.

Também, movidos por avareza, farão comércio de vós, com palavras fictícias; para eles o juízo lavrado há longo tempo não tarda, e a sua destruição não dorme. (2Pedro 2.3)

A ira do Deus Todo-poderoso limpará esse mundo de todo vestígio do pecado e violência dos homens; a terra e as obras que nela existem serão destruídas pelo fogo, tudo o que o homem tiver construído ruirá, os tesouros que os homens ajuntaram derreterão, tudo o que o homem tiver levantado não ficará de pé, as grandes obras serão consumidas pelo fogo; todas as coisas das quais os homens se orgulham, como grandes cidades, megaconstruções, invenções, realizações, tecnologias, serão destruídas pelo fogo divino em um instante, no dia do juízo final (2Pedro 3.7-12).

Para os perdidos, o dia do juízo será um dia de trevas, tristeza, dor, punição e condenação eterna, porém para os filhos de Deus será o dia mais lindo e maravilhoso de toda a história da humanidade.

E quando o Filho do homem vier em sua glória, e todos os santos anjos com ele, então se assentará no trono da sua glória; e todas as nações serão reunidas diante dele, e apartará uns dos outros, como o pastor aparta dos bodes as ovelhas; e porá as ovelhas à sua direita, mas os bodes à esquerda. Então dirá o Rei aos que estiverem à sua direita: Vinde, benditos de meu Pai, possuí por herança o reino que vos está preparado desde a fundação do mundo. (Mateus 25.31-34, ACF)

Então, o Rei dirá também aos que estiverem à sua esquerda: Apartai-vos de mim, malditos, para o fogo eterno, preparado para o Diabo e seus anjos. (Mateus 25.41)

E irão estes para o tormento eterno, mas os justos para a vida eterna. (Mateus 25.46, ACF)

Os justos serão poupados no dia do juízo divino. Como discípulos de Jesus, nós temos a promessa, a confiança e a convicção de que o Senhor, nosso Deus, livrará os seus servos fiéis e piedosos assim como livrou Ló.

> *E livrou o justo Ló, afligido pelo procedimento libertino daqueles insubordinados (porque este justo, pelo que via e ouvia quando habitava entre eles, atormentava a sua alma justa, cada dia, por causa das obras iníquas daqueles). (2Pedro 2.7,8)*

> *O Senhor sabe livrar da provação os piedosos e reservar, sob castigo, os injustos para o Dia de Juízo. (2Pedro 2.9)*

> *Ora, àquele que é poderoso para vos guardar de tropeços e para vos apresentar com exultação, imaculados diante da sua glória. (Judas 1.24)*

Os justos, os filhos de Deus, não entrarão em juízo, porque já passaram da morte para a vida.

> *Em verdade, em verdade vos digo: quem ouve a minha palavra e crê naquele que me enviou tem a vida eterna, não entra em juízo, mas passou da morte para a vida. (João 5.24)*

A promessa para os justos é de um novo céu e uma nova terra onde habita a justiça. *"Nós, porém, segundo a sua promessa, esperamos novos céus e nova terra, nos quais habita justiça." (2Pedro 3.13)*

Ao descrever a cena do juízo final, o apóstolo Pedro faz uma séria advertência. Tendo em vista que Jesus voltará e que o juízo divino é inevitável, como devemos nos portar? Qual deve ser o estilo de vida que devemos viver? *"Por isso, amados, aguardando estas coisas, procurai que dele sejais achados imaculados e irrepreensíveis em paz." (2Pedro 3.14, ACF)*

Como cristãos, nascidos de Deus, nós temos que orar, vigiar e aguardar a volta do Senhor Jesus, mas temos que desejar ardentemente e amar a segunda vinda do Senhor Jesus Cristo. *"Já agora a coroa da justiça me está guardada, a qual o Senhor, reto juiz, me dará naquele Dia; e não somente a mim, mas também a todos quantos amam a sua vinda." (2Timóteo 4.8)*

O mundo não está sem direção. A história está sob o controle de Jesus Cristo e caminha para a consumação no dia do juízo. O fim já foi revelado nas Escrituras Sagradas, está escrito e determinado, e será o tempo da vitória retumbante de Jesus Cristo e da sua linda e amada igreja.

CAPÍTULO 12

RECOMPENSAS E CONSEQUÊNCIAS ETERNAS

Pois será como um homem que, ausentando-se do país, chamou os seus servos e lhes confiou os seus bens. A um deu cinco talentos, a outro, dois e a outro, um, a cada um segundo a sua própria capacidade; e, então, partiu. O que recebera cinco talentos saiu imediatamente a negociar com eles e ganhou outros cinco. Do mesmo modo, o que recebera dois ganhou outros dois. Mas o que recebera um, saindo, abriu uma cova e escondeu o dinheiro do seu senhor. Depois de muito tempo, voltou o senhor daqueles servos e ajustou contas com eles. Então, aproximando-se o que recebera cinco talentos, entregou outros cinco, dizendo: Senhor, confiaste-me cinco talentos; eis aqui outros cinco talentos que ganhei. Disse-lhe o senhor: Muito bem, servo bom e fiel; foste fiel no pouco, sobre o muito te colocarei; entra no gozo do teu senhor.

E, aproximando-se também o que recebera dois talentos, disse: Senhor, dois talentos me confiaste; aqui tens outros dois que ganhei. Disse-lhe o senhor: Muito bem, servo bom e fiel; foste fiel no pouco, sobre o muito te colocarei; entra no gozo do teu senhor.

Chegando, por fim, o que recebera um talento, disse: Senhor, sabendo que és homem severo, que ceifas onde não semeaste e ajuntas onde não espalhaste, receoso, escondi na terra o teu talento; aqui tens o que é teu. Respondeu-lhe, porém, o senhor: Servo mau e negligente, sabias que ceifo onde não semeei e ajunto onde não espalhei? Cumpria, portanto, que entregasses o meu dinheiro aos banqueiros, e eu, ao voltar, receberia com juros o que é meu. Tirai-lhe, pois, o talento e dai-o ao que tem dez. Porque a todo o que tem se lhe dará, e terá em abundância; mas ao que não tem, até o que tem lhe será tirado. E o servo inútil, lançai-o para fora, nas trevas. Ali haverá choro e ranger de dentes. (Mateus 25.14-30)

Jesus estava contando sobre a sua volta e explicou como isso acontecerá naquele dia: será como se um homem muito rico fosse viajar, mas, antes de sair, distribuísse seus bens para alguém administrar, cuidar, negociar e deixasse a instrução: "Cuide disso, até que eu volte!".

O uso de "talento" tem sido entendido erroneamente por muitos cristãos e pregadores evangélicos, como se referisse aos dons ou talentos naturais que Deus nos deu, mas não significa isso! Jesus trouxe a ideia de negócios, *business*; a ideia de quem recebe algo para negociar. Ele usa uma ilustração para mostrar o que vai exigir de nós, a prestação de contas, no dia da sua vinda em relação a tudo aquilo que ele nos confiou: vida, saúde, tempo, família, filhos, discípulos, dinheiro e bens. Enfim, tudo que somos e temos.

Um talento era uma medida de peso usada no mundo antigo equivalente a 35 quilos. Um talento de prata correspondia a 6.000 denários, ou seja, 6.000 diárias de serviço de um trabalhador. Portanto, quem recebeu cinco talentos, recebeu o equivalente a 30.000 dias de serviço de um trabalhador braçal da época. Se o talento fosse de ouro, seria bem mais caro.

Quando o Senhor nos fala que confiou a nós os talentos, significa que ele nos deu a oportunidade de servir, de trabalhar para multiplicar o que foi colocado em nossas mãos. A oportunidade de cuidar das coisas de Deus é um privilégio e uma grande responsabilidade. Requer dedicação, empenho e trabalho árduo na dependência do Espírito Santo.

> *O que recebera cinco talentos saiu imediatamente a negociar com eles e ganhou outros cinco. Do mesmo modo, o que recebera dois ganhou outros dois. (Mateus 25.16,17)*

Há uma expectativa no coração de Deus com relação à nossa vida. O Senhor Jesus nos escolheu e disse: "Eu escolhi vocês para que deem fruto".

> *Não fostes vós que me escolhestes a mim; pelo contrário, eu vos escolhi a vós outros e vos designei para que vades e deis fruto, e o vosso fruto permaneça; a fim de que tudo quanto pedirdes ao Pai em meu nome, ele vo-lo conceda. (João 15.16)*

Quem ama ao Senhor Jesus precisa demonstrar esse amor trabalhando, pastoreando, cuidando, apascentando as ovelhas dele.

> *Depois de terem comido, perguntou Jesus a Simão Pedro: Simão, filho de João, amas-me mais do que estes outros? Ele respondeu: Sim, Senhor, tu sabes que te amo. Ele lhe disse: Apascenta os meus cordeiros. Tornou a perguntar-lhe pela segunda vez: Simão, filho de João, tu me amas? Ele lhe respondeu: Sim, Senhor, tu sabes que te amo. Disse-lhe Jesus: Pastoreia as minhas ovelhas. Pela terceira vez Jesus lhe perguntou: Simão, filho de João, tu me amas? Pedro entristeceu-se por ele lhe ter dito, pela terceira vez: Tu me amas? E respondeu-lhe: Senhor, tu sabes todas as coisas, tu sabes que eu te amo. Jesus lhe disse: Apascenta as minhas ovelhas. (João 21.15-17)*

Como cristão, que diz amar ao Senhor Jesus Cristo, demonstre esse amor cuidando das ovelhas de Jesus compradas com o sangue derramado na cruz do Calvário.

Um cristão que não estuda, não gosta de trabalhar, não serve ao Reino, não cresce profissionalmente, não se aprimora no ministério, não cuida da sua família, não instrui seus filhos, esse cristão está em pecado! O pecado da omissão é relatado quando um daqueles homens simplesmente esconde o talento, o guarda, para o dia da prestação de contas. Ele não se expõe, não trabalha, não multiplica o que lhe foi confiado, apenas o esconde e aguarda o Senhor vir buscar o que lhe pertencia.

Cada dia é uma oportunidade dada por Deus para sermos úteis, frutíferos, evoluirmos, sermos melhores. Quando estacionamos em nossas dificuldades, limitações, medos e inseguranças impostas pelas aflições da vida e, em vez de sermos produtivos, lamentamos; ou quando apenas vemos nossos dias passarem sem darmos o nosso melhor para as pessoas e para Cristo, estamos pecando.

Não podemos paralisar diante das dificuldades. Ao ser fiéis no pouco, o Senhor nos recompensará. Jesus disse que teríamos aflições, mas que, como ele venceu o mundo, nós também venceríamos.

Tenha coragem e ousadia diante das aflições desta vida! Tenha bom ânimo mesmo quando todas as portas se fecharem. Quando não houver motivo para celebrar, alegre-se com as tribulações, pois produzem perseverança. Veja o exemplo do apóstolo Paulo; ele escrevia cartas da prisão para a igreja. Nem mesmo sob as piores circunstâncias, ele deixou de ser frutífero para o Reino.

No grande dia, você não poderá culpar ninguém por não ter dado o seu melhor, nem seu pastor, líder, chefe, cônjuge, nem mesmo a falta de recursos. Não poderá culpar a enfermidade, nem a falta de tempo, a timidez, o temperamento ou seus traumas.

Jesus veio para que tenhamos vida, e vida em abundância. Essa vida está disponível para nós. A paz de Deus que excede todo o entendimento está disponível a nós. A alegria que nos fortalece está disponível. Está consumado! Temos tudo o que precisamos em Cristo, a videira verdadeira, na qual fincamos raízes e por meio da qual nos tornamos produtivos. Tenha os olhos fitos em Cristo, e a sua vida nunca mais será infrutífera.

> *Cedo de manhã, ao voltar para a cidade, teve fome; e, vendo uma figueira à beira do caminho, aproximou-se dela; e, não tendo achado senão folhas, disse-lhe: Nunca mais nasça fruto de ti! E a figueira secou imediatamente. (Mateus 21.18,19)*

Aquele que não frutifica perde tudo, até o pouco que tem. Mas a vontade de Deus para nós é que frutifiquemos e que o nosso fruto permaneça. O Senhor distribui os talentos de acordo com a capacidade de cada um. Ele nunca nos pedirá algo além da nossa capacidade. Para garantir que isso seja possível, ele nos deu o Espírito Santo, que nos ajuda, consola e guia a toda a verdade.

> *Pois será como um homem que, ausentando-se do país, chamou os seus servos e lhes confiou os seus bens. A um deu cinco talentos, a outro, dois e a outro, um, a cada um segundo a sua própria capacidade; e, então, partiu. (Mateus 25.14,15)*

> *Depois de muito tempo, voltou o senhor daqueles servos e ajustou contas com eles. (Mateus 25.19)*

Nosso tempo na terra é limitado e logo terá fim. Um dia, teremos que prestar contas ao nosso Senhor Jesus. Isso nos dá perspectiva do tempo que temos para fazer o que nos foi confiado. No dia do juízo, será levado em conta nossa efetividade, produtividade, nossos resultados e frutos. Os critérios de Jesus não serão humanos, mas a justiça divina.

> *Na presença do SENHOR, porque vem, vem julgar a terra; julgará o mundo com justiça e os povos, consoante a sua fidelidade. (Salmos 96.13)*

Serão aprovados os discípulos fiéis, frutíferos, produtivos e eficientes na obra do Senhor. Jesus espera de cada um dos seus discípulos uma atitude produtiva, uma vida frutífera: progresso nos estudos, desenvolvimento pessoal no trabalho, prosperidade na família e no exercício da profissão, uma relação de proximidade de excelência entre vida espiritual, profissional e familiar.

Uma pessoa cheia do Espírito Santo não constrói muros em volta de si; ela constrói pontes de amor para buscar os não alcançados. Um filho de Deus é alguém sintonizado com as necessidades humanas à sua volta.

O Senhor não pede que tenhamos uma vida contemplativa. Por muito tempo, as pessoas acharam que o cristianismo estava isolado do mundo, separado completamente da sociedade, para viver uma vida contemplativa. Precisamos estabelecer uma relação entre espiritualidade e transformação. Jesus não espera de nós uma atitude mística, filosófica, mas prática.

Muitos cristãos acham que ser espiritual é ter um nível superior de reflexão bíblica, das coisas de Deus, e falar de modo difícil e abstrato, deixando sempre perguntas no ar. Jesus, porém, espera que falemos a linguagem do povo e que apresentemos a mensagem como ela é: Jesus puro e simples. O cristianismo verdadeiro é Jesus Cristo, nada mais, nada menos.

A vida com Deus é cheia do fogo do Espírito Santo, do poder pentecostal; uma vida que reflete Jesus Cristo, que nos ensina que as pessoas do Reino de Deus, que entendem que Jesus é o Rei, são produtivas. Essas pessoas fazem que cinco talentos se transformem em dez, que dois talentos se transformem em quatro, ou seja, multiplicam o que recebem.

> *O que recebera cinco talentos saiu imediatamente a negociar com eles e ganhou outros cinco. Do mesmo modo, o que recebera dois ganhou outros dois. (Mateus 25.16,17)*

Pregar o evangelho de Cristo é um grande privilégio. A Bíblia chega a dizer que os anjos gostariam de desenvolver esse trabalho, mas o Senhor não o confiou aos seus anjos. Os anjos devem cuidar de nós. É privilégio destinado a nós, os filhos de Deus.

> *A eles foi revelado que estavam ministrando, não para si próprios, mas para vocês, quando falaram das coisas que agora lhes são anunciadas por meio daqueles que pregaram o evangelho pelo Espírito Santo enviado dos céus; coisas que até os anjos anseiam observar. (1Pedro 1.12, NVI)*

Iremos prestar contas a Jesus dos talentos que ele nos confiou: nosso trabalho, nossa administração, nosso tempo, a vida, enfim todos os dons e recursos que ele nos confiou.

> *[...] Presta contas da tua administração, porque já não podes mais continuar nela. (Lucas 16.2)*

Também prestaremos contas das nossas palavras.

> *Digo-vos que de toda palavra frívola que proferirem os homens, dela darão conta no Dia do Juízo. (Mateus 12.36)*

Vamos prestar contas dos nossos investimentos, de onde está o nosso coração, o nosso tesouro.

> *Mas Deus lhe disse: Louco, esta noite te pedirão a tua alma; e o que tens preparado, para quem será? (Lucas 12.20)*

Jesus chama de louco quem investe somente nesta vida. Naquele dia, nós também vamos prestar contas do uso do nosso dinheiro. Se usamos para expandir o evangelho e o Reino de Deus, ou se juntamos para nós mesmos de forma egoísta. Vamos prestar contas como servos, a quem o Senhor confiou os seus bens.

> *Quem é, pois, o servo fiel e prudente, a quem o senhor confiou os seus conservos para dar-lhes o sustento a seu tempo? Bem-aventurado aquele servo a quem seu senhor, quando vier, achar fazendo assim. Em verdade vos digo que lhe confiará todos os seus bens. Mas, se aquele servo, sendo mau, disser consigo mesmo: Meu senhor, demora-se, e passar a espancar os seus companheiros e a comer e beber com ébrios, virá o senhor daquele servo em dia em que não o espera e em hora que não sabe e castigá-lo-á, lançando-lhe a sorte com os hipócritas; ali haverá choro e ranger de dentes. (Mateus 24.45-51)*

A prestação de contas será individual. Cada um prestará contas de si mesmo. Assim, não deveríamos ficar tão preocupados em olhar e julgar o próximo, pois Deus nunca pedirá prestação de contas da vida do outro, e sim da nossa própria vida.

> *Assim, pois, cada um de nós dará contas de si mesmo a Deus. (Romanos 14.12)*

> *Porque importa que todos nós compareçamos perante o tribunal de Cristo, para que cada um receba segundo o bem ou o mal que tiver feito por meio do corpo. (2Coríntios 5.10)*

O nosso alvo para aquele dia deve ser fazer o nosso melhor para sermos encontrados fiéis.

> *Assim, pois, importa que os homens nos considerem como ministros de Cristo e despenseiros dos mistérios de Deus. Ora, além disso, o que se requer dos despenseiros é que cada um deles seja encontrado fiel. (1Coríntios 4.1,2)*

O Senhor é tão bom que nos salva pelo sangue derramado na cruz. Ele nos liberta de todo pecado; perdoa-nos e escreve o nosso nome no Livro da

Vida; acampa seus anjos ao nosso redor; enche-nos com o Espírito Santo; garante a sua presença conosco todos os dias de nossa vida na terra e ainda promete recompensas ou galardões pelo trabalho que fazemos.

No último dia, Deus nos levará para o céu, para seu lar eterno, para a glória da eternidade, a nova Jerusalém, onde receberemos galardão por tudo que fizermos. Servir a Jesus Cristo é a maior honra e o maior privilégio que podemos ter durante a nossa vida na terra. Você está pronto?

> *Prepara-te [...] para te encontrares com o teu Deus. (Amós 4.12)*

> *Então, aproximando-se o que recebera cinco talentos, entregou outros cinco, dizendo: Senhor, confiaste-me cinco talentos; eis aqui outros cinco talentos que ganhei. Disse-lhe o senhor: Muito bem, servo bom e fiel; foste fiel no pouco, sobre o muito te colocarei; entra no gozo do teu senhor. E, aproximando-se também o que recebera dois talentos, disse: Senhor, dois talentos me confiaste; aqui tens outros dois que ganhei. Disse-lhe o senhor: Muito bem, servo bom e fiel; foste fiel no pouco, sobre o muito te colocarei; entra no gozo do teu senhor. (Mateus 25.20-23)*

Os fiéis serão participantes da vida eterna e da glória do Reino de Deus por toda a eternidade. O Senhor Jesus recompensará os seus servos fiéis. O que importa é o fim. Melhor do que começar bem a vida cristã é terminar aprovado em Cristo Jesus. Como você quer terminar? Para ser aprovado por Jesus, temos que multiplicar o que nos foi confiado por Deus; ser fiéis, dedicados no serviço ao Senhor e perseverar até o fim.

> *Quem é, pois, o servo fiel e prudente, a quem o senhor confiou os seus conservos para dar-lhes o sustento a seu tempo? Bem--aventurado aquele servo a quem seu senhor, quando vier, achar fazendo assim. (Mateus 24.45,46)*

Nossa maior recompensa será habitar com Cristo para sempre.

Outra recompensa é a coroa da vida.

> *Não temas as coisas que tens de sofrer. Eis que o diabo está para lançar em prisão alguns dentre vós, para serdes postos à prova, e tereis tribulação de dez dias. Sê fiel até à morte, e dar-te-ei a coroa da vida. (Apocalipse 2.10)*

Reinaremos com Cristo para sempre: *"Ao vencedor, dar-lhe-ei sentar-se comigo no meu trono, assim como também eu venci e me sentei com meu Pai no seu trono" (Apocalipse 3.21).* A recompensa será dada de acordo com o nosso trabalho. Não se trata de expectativas humanas, mas da vontade soberana de Deus sobre nossa vida.

Antes de fazer qualquer coisa para Deus, conheça-o e ouça qual é a vontade dele para a sua vida. A sabedoria de Deus está disponível para aqueles que a buscam. Tome decisões sábias, buscando compreender a vontade do Senhor.

A reprovação divina dos preguiçosos, infiéis, omissos e negligentes também tem um preço.

> *Chegando, por fim, o que recebera um talento, disse: Senhor, sabendo que és homem severo, que ceifas onde não semeaste e ajuntas onde não espalhaste, receoso, escondi na terra o teu talento; aqui tens o que é teu. Respondeu-lhe, porém, o senhor: Servo mau e negligente, sabias que ceifo onde não semeei e ajunto onde não espalhei? Cumpria, portanto, que entregasses o meu dinheiro aos banqueiros, e eu, ao voltar, receberia com juros o que é meu. Tirai-lhe, pois, o talento e dai-o ao que tem dez. Porque a todo o que tem se lhe dará, e terá em abundância; mas ao que não tem, até o que tem lhe será tirado. E o servo inútil, lançai-o para fora, nas trevas. Ali haverá choro e ranger de dentes. (Mateus 25.24-30)*

A preguiça e a negligência foram as principais atitudes do servo que recebeu um talento e o enterrou.

> *Mas o que recebera um, saindo, abriu uma cova e escondeu o dinheiro do seu senhor. (Mateus 25.18)*

"O senhor colhe onde não plantou." (cf. Mateus 25.24.) Essa é uma acusação injusta contra Deus, uma imagem errada criada pela religião. Várias pessoas estão traumatizadas porque acham que têm que fazer alguma coisa para agradar a Deus, ou que a salvação é pelos próprios esforços, e nunca vão conseguir.

Nós trabalhamos, nos movemos, vivemos e existimos por graça, favor, bondade e misericórdia de Deus. O que fazemos para Deus é com gratidão por tão grande amor, reconciliação e salvação.

Ter uma ideia errada sobre Deus transforma a mentalidade das pessoas em negativa e estéril. O ensino de Jesus, na verdade, é a rejeição à preguiça, negligência, inatividade e omissão.

> *Respondeu-lhe, porém, o senhor: Servo mau e negligente [...]. (Mateus 25.26)*

O cristianismo improdutivo para o Reino não serve para Deus. Servir a Jesus não é ter uma lista relacionando algumas coisas que você deixou de fazer, como fumar, ingerir bebidas alcoólicas, frequentar lugares inadequados etc. Isso faz parte, mas não é tudo. O propósito de Jesus é libertar você dos vícios, mas também que você seja um discípulo frutífero, que multiplica aquilo que lhe é confiado.

> *Eu sou a videira verdadeira, e meu Pai é o agricultor. Todo ramo que, estando em mim, não der fruto, ele o corta; e todo o que*

dá fruto limpa, para que produza mais fruto ainda. Vós já estais limpos pela palavra que vos tenho falado; permanecei em mim, e eu permanecerei em vós. Como não pode o ramo produzir fruto de si mesmo, se não permanecer na videira, assim, nem vós o podeis dar, se não permanecerdes em mim. Eu sou a videira, vós, os ramos. Quem permanece em mim, e eu, nele, esse dá muito fruto; porque sem mim nada podeis fazer. Se alguém não permanecer em mim, será lançado fora, à semelhança do ramo, e secará; e o apanham, lançam no fogo e o queimam. Se permanecerdes em mim, e as minhas palavras permanecerem em vós, pedireis o que quiserdes, e vos será feito. Nisto é glorificado meu Pai, em que deis muito fruto; e assim vos tornareis meus discípulos. (João 15.1-8)

No último dia, tudo que fizermos ou deixarmos de fazer virá à tona, à luz, será revelado. Seremos recompensados por Jesus se multiplicarmos o que ele nos confiou, ou seremos condenados se formos negligentes. A negligência levará à condenação irreversível e eterna no inferno. Jesus dirá: "servo bom e fiel" ou "servo mau e negligente". O que você quer ouvir de Jesus no último dia? Suas ações são dignas de ouvir "servo bom e fiel"?

Desenvolva de tal maneira a sua fé e o seu ministério para que, no último dia, você possa ouvir: "Servo bom e fiel. Sobre o pouco fostes fiel e sobre o muito eu vou te colocar. Entra na festa de celebração, entra na alegria do seu Senhor. Entra no céu de luz e de glória, na casa do Pai, por toda a eternidade". Multiplique discípulos, ganhe vidas para Jesus, cuide bem das pessoas e de tudo que o Senhor confiou a você. Faça de tudo para ser aprovado naquele dia, com empenho, dedicação, vida centrada em Deus, levando a bom termo o que está em suas mãos até que ele venha!

CAPÍTULO 13

O INFERNO E O LAGO DE FOGO

O diabo, o sedutor deles, foi lançado para dentro do lago de fogo e enxofre, onde já se encontram não só a besta como também o falso profeta; e serão atormentados de dia e de noite, pelos séculos dos séculos. Vi um grande trono branco e aquele que nele se assenta, de cuja presença fugiram a terra e o céu, e não se achou lugar para eles. Vi também os mortos, os grandes e os pequenos, postos em pé diante do trono. Então, se abriram livros. Ainda outro livro, o Livro da Vida, foi aberto. E os mortos foram julgados, segundo as suas obras, conforme o que se achava escrito nos livros. Deu o mar os mortos que nele estavam. A morte e o além entregaram os mortos que neles havia. E foram julgados, um por um, segundo as suas obras. Então, a morte e o inferno foram lançados para dentro do lago de fogo. Esta é a segunda morte, o lago de fogo. E, se alguém não foi achado inscrito no Livro da Vida, esse foi lançado para dentro do lago de fogo. (Apocalipse 20.10-15)

A realidade do inferno e do lago de fogo: é o lugar para onde ninguém quer ir. Mas, infelizmente, é para onde muitos estão caminhando a passos largos à medida que vivem um estilo de vida mundano e sem compromisso com Jesus. A Bíblia Sagrada nos fala de dois lugares distintos na eternidade: o céu e o inferno; tanto em um quanto no outro existem milhões de pessoas.

A Bíblia fala de dois lugares que ainda não foram inaugurados: o lago de fogo e a nova Jerusalém. Ou seja, muitas pessoas já estão no céu e muitas já estão no inferno agora. As que morreram em Cristo estão no céu com Deus, e as que morreram sem Cristo estão no inferno, em tormento.

A Bíblia Sagrada nos diz que, além do inferno, existe um lugar ainda mais terrível de condenação eterna, o lago de fogo, que só será inaugurado no dia do juízo final. Tudo o que foi dito desde o início não foi para assustar ninguém, mas para ensinar a realidade desses lugares e despertar você para viver uma vida consagrada a Jesus.

> *Os perversos serão lançados no inferno, e todas as nações que se esquecem de Deus. (Salmos 9.17)*

Jesus nos ensina que o inferno é um lugar real, onde há lágrimas, dor, sofrimento, separação e tormento eterno, onde as pessoas perdidas vão imediatamente após a morte.

> *Ora, havia certo homem rico que se vestia de púrpura e de linho finíssimo e que, todos os dias, se regalava esplendidamente. Havia também certo mendigo, chamado Lázaro, coberto de chagas, que jazia à porta daquele; e desejava alimentar-se das migalhas que caíam da mesa do rico; e até os cães vinham lamber-lhe as úlceras. Aconteceu morrer o mendigo e ser levado pelos anjos para o seio de Abraão; morreu também o rico e foi sepultado. No inferno, estando em tormentos, levantou os olhos e viu ao longe a Abraão e Lázaro no seu seio. Então, clamando, disse: Pai Abraão, tem misericórdia de mim! E manda a Lázaro que molhe em água a ponta do dedo e me refresque a língua, porque estou atormentado nesta chama. (Lucas 16.19-24)*

O maior problema do inferno é que os ímpios vão estar nas trevas, mas poderão enxergar os salvos na luz, na glória do céu. O inferno é um lugar de trevas, onde há pranto e ranger de dentes, no qual muitos religiosos nominais serão lançados para sempre.

> *Ao passo que os filhos do reino serão lançados para fora, nas trevas; ali haverá choro e ranger de dentes. (Mateus 8.12)*

> *Ali haverá choro e ranger de dentes, quando virdes, no reino de Deus, Abraão, Isaque, Jacó e todos os profetas, mas vós, lançados fora. (Lucas 13.28)*

O inferno é um lugar real onde o fogo nunca se apaga, onde muitas pessoas que vivem nos seus pecados prediletos e que não crucificam os seus próprios desejos serão lançadas para sempre.

> *E, se tua mão te faz tropeçar, corta-a; pois é melhor entrares maneta na vida do que, tendo as duas mãos, ires para o inferno, para o fogo inextinguível. (Marcos 9.43)*

> *Portanto, se a tua mão ou o teu pé te faz tropeçar, corta-o e lança-o fora de ti; melhor é entrares na vida manco ou aleijado do que, tendo duas mãos ou dois pés, seres lançado no fogo eterno. Se um dos teus olhos te faz tropeçar, arranca-o e lança-o fora de ti; melhor é entrares na vida com um só dos teus olhos do que, tendo dois, seres lançado no inferno de fogo. (Mateus 18.8,9)*

> *Não temais os que matam o corpo e não podem matar a alma; temei, antes, aquele que pode fazer perecer no inferno tanto a alma como o corpo. (Mateus 10.28)*

O inferno é o lugar onde será lançado o joio que cresce no meio do trigo, dentro da igreja. O joio são os filhos do Maligno, pessoas que têm aparência de piedade, cultura religiosa, tradição cristã, mas que não exibem os frutos de um servo de Deus, de um discípulo de Jesus. Cristãos que só têm capa, mas não essência; carisma, mas não caráter; aparência religiosa, mas não a vida de Deus; que aparentam ser trigo, mas que são joio!

> *O campo é o mundo; a boa semente são os filhos do reino; o joio são os filhos do maligno; o inimigo que o semeou é o diabo; a ceifa é a consumação do século, e os ceifeiros são os anjos. Pois, assim como o joio é colhido e lançado ao fogo, assim será na consumação do século. Mandará o Filho do Homem os seus anjos, que ajuntarão do seu reino todos os escândalos e os que praticam a iniquidade e os lançarão na fornalha acesa; ali haverá choro e ranger de dentes. (Mateus 13.38-42)*

Você precisa se converter e acertar a sua vida com Jesus. Do contrário, o seu lugar será o inferno, por toda a eternidade. O inferno é o lugar de punição de pessoas ímpias, e Jesus chama o inferno de fornalha de fogo ardente.

> *Assim será na consumação do século: sairão os anjos, e separarão os maus dentre os justos, e os lançarão na fornalha acesa; ali haverá choro e ranger de dentes.(Mateus 13.49,50)*

Chegará o dia da separação entre os que servem a Deus e os que não servem a Deus, entre os justos e os ímpios, entre aqueles que andam com Jesus e aqueles que andam segundo seus próprios caminhos.

Se os perdidos que estão no inferno pudessem gritar, eles gritariam para você ouvir: "Arrependam-se, mude de vida, para que você não caia neste lugar onde nós estamos". Nem os perdidos querem que você vá para lá.

A única pessoa que talvez insista em ir para o inferno seja você mesmo, enquanto continua nos seus pecados prediletos, achando que você pode levar a sua vida do seu jeito. Cuidado com esse discurso fajuto dos pregadores neoliberais que não acreditam mais em nada; dos universalistas ou dos místicos que estão pregando só prosperidade para você. Esse evangelho não vai levar você a lugar algum senão para o inferno.

> *Então, replicou: Pai, eu te imploro que o mandes à minha casa paterna, porque tenho cinco irmãos; para que lhes dê testemunho, a fim de não virem também para este lugar de tormento. (Lucas 16.27,28)*

> *Entrando, porém, o rei para ver os que estavam à mesa, notou ali um homem que não trazia veste nupcial e perguntou-lhe: Amigo, como entraste aqui sem veste nupcial? E ele emudeceu. Então, ordenou o rei aos serventes: Amarrai-o de pés e mãos e lançai-o para fora, nas trevas; ali haverá choro e ranger de dentes. (Mateus 22.11-13)*

> *Segui a paz com todos e a santificação, sem a qual ninguém verá o Senhor. (Hebreus 12.14)*

O inferno é o lugar onde serão lançados os religiosos hipócritas, os que adoram de lábios, mas o coração está longe de Deus.

> *Nem todo o que me diz: Senhor, Senhor! entrará no reino dos céus, mas aquele que faz a vontade de meu Pai, que está nos céus. Muitos, naquele dia, hão de dizer-me: Senhor, Senhor! Porventura, não temos nós profetizado em teu nome, e em teu nome não expelimos demônios, e em teu nome não fizemos muitos milagres? Então, lhes direi explicitamente: nunca vos conheci. Apartai-vos de mim, os que praticais a iniquidade. (Mateus 7.21-23)*

> *Ai de vós, escribas e fariseus, hipócritas, porque rodeais o mar e a terra para fazer um prosélito; e, uma vez feito, o tornais filho do inferno duas vezes mais do que vós! (Mateus 23.15)*

Serpentes, raça de víboras! Como escapareis da condenação do inferno? (Mateus 23.33)

O inferno é um lugar de trevas exteriores onde serão lançados os servos negligentes.

Mas, se aquele servo, sendo mau, disser consigo mesmo: Meu senhor demora-se, e passar a espancar os seus companheiros e a comer e beber com ébrios, virá o senhor daquele servo em dia em que não o espera e em hora que não sabe, e castigá-lo-á, lançando--lhe a sorte com os hipócritas; ali haverá choro e ranger de dentes. (Mateus 24.48-51)

E o servo inútil, lançai-o para fora, nas trevas. Ali haverá choro e ranger de dentes. (Mateus 25.30)

Se você acha que o Senhor Deus não vai condenar ninguém ao inferno, saiba que Deus é amor, porém a base do seu trono é a sua justiça. Deus não poupou nem mesmo os anjos quando pecaram.

Ora, se Deus não poupou anjos quando pecaram, antes, precipitando-os no inferno, os entregou a abismos de trevas, reservando-os para juízo. (2Pedro 2.4)

O lago de fogo é um lugar de fogo eterno que, a princípio, foi preparado para o Diabo e os seus anjos, mas será o lugar de todas as pessoas que rejeitam Cristo como Senhor.

A sua pá, ele a tem na mão e limpará completamente a sua eira; recolherá o seu trigo no celeiro, mas queimará a palha em fogo inextinguível. (Mateus 3.12)

Então, o Rei dirá também aos que estiverem à sua esquerda: Apartai-vos de mim, malditos, para o fogo eterno, preparado para o diabo e seus anjos. (Mateus 25.41)

O lago de fogo é o lugar onde serão lançados todos os adoradores da besta, do anticristo, do falso profeta, todos os servos de Satanás.

Seguiu-se a estes outro anjo, o terceiro, dizendo, em grande voz: Se alguém adora a besta e a sua imagem e recebe a sua marca na fronte ou sobre a mão, também esse beberá do vinho da cólera de Deus, preparado, sem mistura, do cálice da sua ira, e será atormentado com fogo e enxofre, diante dos santos anjos e na presença do Cordeiro. A fumaça do seu tormento sobe pelos séculos dos séculos, e não têm descanso algum, nem de dia nem de noite, os adoradores da besta e da sua imagem e quem quer que receba a marca do seu nome. (Apocalipse 14.9-11)

O lago de fogo é o lugar onde serão lançados todos os que morrerem na prática de diversos pecados, dentre eles o pecado da mentira e o da idolatria.

Quanto, porém, aos covardes, aos incrédulos, aos abomináveis, aos assassinos, aos impuros, aos feiticeiros, aos idólatras e a todos os mentirosos, a parte que lhes cabe será no lago que arde com fogo e enxofre, a saber, a segunda morte. (Apocalipse 21.8)

Os primeiros a serem condenados e lançados no lago de fogo e enxofre serão a besta e o falso profeta, no dia do julgamento do Senhor Jesus.

Mas a besta foi aprisionada, e com ela o falso profeta que, com os sinais feitos diante dela, seduziu aqueles que receberam a marca da besta e eram os adoradores da sua imagem. Os dois foram lançados vivos dentro do lago de fogo que arde com enxofre. (Apocalipse 19.20)

O diabo, o sedutor deles, foi lançado para dentro do lago de fogo e enxofre, onde já se encontram não só a besta como também o falso profeta; e serão atormentados de dia e de noite, pelos séculos dos séculos. (Apocalipse 20.10)

A morte e o inferno serão lançados dentro do lago de fogo. *Então, a morte e o inferno foram lançados para dentro do lago de fogo. Esta é a segunda morte, o lago de fogo. (Apocalipse 20.14)*

Os mortos ressuscitarão. Os justos, para a vida eterna; os ímpios, para a vergonha, desprezo e horror eterno no lago de fogo.

Muitos dos que estão mortos e enterrados ressuscitarão, alguns para a vida eterna e outros para a vergonha e a desonra eterna. (Daniel 12.2, NVT)

Não vos maravilheis disto, porque vem a hora em que todos os que se acham nos túmulos ouvirão a sua voz e sairão: os que tiverem feito o bem, para a ressurreição da vida; e os que tiverem praticado o mal, para a ressurreição do juízo. (João 5.28,29)

E irão estes para o castigo eterno, porém os justos, para a vida eterna. (Mateus 25.46)

Estes sofrerão penalidade de eterna destruição, banidos da face do Senhor e da glória do seu poder. (2Tessalonicenses1.9)

O lago de fogo será o lugar de sofrimento eterno de todos aqueles que não têm o seu nome escrito no Livro da Vida do Cordeiro de Deus.

E, se alguém não foi achado inscrito no Livro da Vida, esse foi lançado para dentro do lago de fogo. (Apocalipse 20.15)

As nossas escolhas determinam o nosso destino. A vida e a morte estão diante de nós. Cabe a nós escolher o caminho.

> *Os céus e a terra tomo, hoje, por testemunhas contra ti, que te propus a vida e a morte, a bênção e a maldição; escolhe, pois, a vida, para que vivas, tu e a tua descendência. (Deuteronômio 30.19)*

> *Entrai pela porta estreita (larga é a porta, e espaçoso, o caminho que conduz para a perdição, e são muitos os que entram por ela), porque estreita é a porta, e apertado, o caminho que conduz para a vida, e são poucos os que acertam com ela. (Mateus 7.13,14)*

Muitas vezes, a vida cristã é comparada a uma corrida. O apóstolo Paulo disse: *"Vocês não sabem que, de todos os que correm no estádio, apenas um ganha o prêmio? Corram de tal modo que alcancem o prêmio" (1Coríntios 9.24, NVI).* Todos os que competem se submetem a um treinamento rigoroso para alcançar uma coroa que perece, mas nós corremos para ganhar uma coroa que dura para sempre.

Sendo assim, disse Paulo: *"Não luto como quem esmurra o ar. Mas esmurro o meu corpo e faço dele meu escravo, para que, depois de ter pregado aos outros, eu mesmo não venha a ser reprovado" (1Coríntios 9.26,27, NVI).*

Deus nos alerta para que *"corramos com perseverança a corrida que nos é proposta, tendo os olhos fitos em Jesus, autor e consumador da nossa fé" (Hebreus 12.1,2, NVI).*

Vamos caminhar como Paulo disse em Filipenses: *"Não que eu já tenho obtido tudo isso ou tenha sido aperfeiçoado, mas prossigo para alcançá-lo, pois para isso também fui alcançado por Cristo Jesus. Irmãos, não penso que eu mesmo já o tenha alcançado, mas uma coisa faço: esquecendo-me das coisas que ficaram para trás e avançando para as que estão adiante, prossigo para o alvo, a fim de ganhar o prêmio do chamado celestial de Deus em Cristo Jesus" (Filipenses 3.12-14, NVI).*

Você quer a vida? Então, precisa entrar pela porta estreita. Jesus é a porta estreita porque o pecado tem que ficar para trás.

> *Há caminho que parece direito ao homem, mas afinal são caminhos de morte. (Provérbios 16.25)*

Talvez você esteja trilhando um caminho que parece direito, mas é o caminho da morte. O caminho da vida é Jesus.

> *Porque o salário do pecado é a morte, mas o dom gratuito de Deus é a vida eterna em Cristo Jesus, nosso Senhor. (Romanos 6.23)*

No dia do juízo final, o destino das pessoas não poderá mais ser alterado, pois estará selado para sempre com base nas escolhas que fizeram. Naquele dia, só haverá dois grupos: os justos e os ímpios, os salvos e os perdidos, os que habitarão com Deus na nova Jerusalém e os que serão lançados dentro do lago de fogo com o Diabo e os seus demônios, por toda a eternidade.

O julgamento de Jesus será justo e final. Ele anunciará o destino dos salvos e dos perdidos.

> *Então, dirá o Rei aos que estiverem à sua direita: Vinde, benditos de meu Pai! Entrai na posse do reino que vos está preparado desde a fundação do mundo. (Mateus 25.34)*

> *Então, o Rei dirá também aos que estiverem à sua esquerda: Apartai-vos de mim, malditos, para o fogo eterno, preparado para o diabo e seus anjos. (Mateus 25.41)*

Não há maior juízo do que Deus entregar as pessoas ao seu próprio estilo de vida.

> *Quem é injusto, seja injusto ainda; e quem é sujo, seja sujo ainda; e quem é justo, seja justificado ainda; e quem é santo, seja santificado ainda. (Apocalipse 22.11, ACF)*

O livro de Apocalipse é o *outdoor* de Deus anunciando que Jesus vai voltar em breve para julgar os vivos e os mortos, os grandes e os pequenos, os ricos e os pobres. Pessoas de todos os continentes e nações estarão diante dele. A promessa da segunda vinda de Cristo mostra como os filhos de Deus devem viver sempre na expectativa da vinda iminente do Senhor.

> *Mas daquele dia e hora ninguém sabe, nem os anjos do céu, mas unicamente meu Pai. (Mateus 24.36, ACF)*

Hoje o Senhor Deus está alertando para que você ouça a sua Palavra, arrependa-se dos seus pecados, entregue-se a Cristo, seja salvo e tenha a vida transformada. A vontade de Deus não é que você vá para o inferno, mas seja salvo e chegue ao pleno conhecimento da verdade. No entanto, não há salvação a não ser em Jesus.

> *Se com a tua boca confessares ao Senhor Jesus, e em teu coração creres que Deus o ressuscitou dentre os mortos, serás salvo. Visto que com o coração se crê para a justiça, e com a boca se faz confissão para a salvação. (Romanos 10.9,10, ACF)*

Só Jesus Cristo salva. Sirva a Jesus, e o seu futuro estará garantido no céu. Fique longe de Jesus, e o seu futuro será o lago de fogo. A escolha sempre será sua.

> *Por isso, quem crê no Filho tem a vida eterna; o que, todavia, se mantém rebelde contra o Filho não verá a vida, mas sobre ele permanece a ira de Deus. (João 3.36)*

CAPÍTULO 14

A CIDADE SANTA, A NOVA JERUSALÉM

Então, dirá o Rei aos que estiverem à sua direita: Vinde, benditos de meu Pai! Entrai na posse do reino que vos está preparado desde a fundação do mundo. (Mateus 25.34)

Pois a nossa pátria está nos céus, de onde também aguardamos o Salvador, o Senhor Jesus Cristo, o qual transformará o nosso corpo de humilhação, para ser igual ao corpo da sua glória, segundo a eficácia do poder que ele tem de até subordinar a si todas as coisas. (Filipenses 3.20,21)

Jesus disse que no dia de sua segunda vinda, o dia do juízo final, os justos entrarão e tomarão posse para sempre do reino que foi preparado desde a fundação do mundo. Naquele grande e glorioso dia, nós, como família de Deus, entraremos para a casa do nosso Pai, onde habitaremos por toda a eternidade. Como discípulos de Jesus Cristo, o nosso destino é o céu, mas, enquanto esse dia não chega, a nossa missão é trazer e manifestar o céu na terra.

A nossa verdadeira pátria é o céu. Esse tempo de vida na terra é de preparação para a nossa eternidade com o Senhor, nosso Deus. Como discípulos de Jesus, devemos ter consciência de nossa cidadania.

Pois a nossa pátria está nos céus, de onde também aguardamos o Salvador, o Senhor Jesus Cristo. (Filipenses 3.20)

Aqui na terra, devemos viver como estrangeiros, peregrinos e forasteiros. Nós não somos seres humanos vivendo uma experiência espiritual; somos seres espirituais tendo uma experiência de vida na terra e, enquanto isso, nos preparamos para a vida eterna. Todos os discípulos de Jesus Cristo precisam ter consciência de cidadania e pertencimento.

Exemplo: José morou no Egito durante 93 anos, mas com plena consciência de cidadania. Por revelação do Senhor, ele ordenou que, ao morrer, o seu corpo fosse embalsamado e levado para ser sepultado na terra de Israel.

Disse José a seus irmãos: Eu morro; porém Deus certamente vos visitará e vos fará subir desta terra para a terra que jurou dar a Abraão, a Isaque e a Jacó. José fez jurar os filhos de Israel, dizendo: Certamente Deus vos visitará, e fareis transportar os meus ossos daqui. Morreu José da idade de cento e dez anos; embalsamaram-no e o puseram num caixão no Egito. (Gênesis 50.24-26)

Também levou Moisés consigo os ossos de José, pois havia este feito os filhos de Israel jurarem solenemente, dizendo: Certamente, Deus vos visitará; daqui, pois, levai convosco os meus ossos. (Êxodo 13.19)

Os ossos de José, que os filhos de Israel trouxeram do Egito, enterraram-nos em Siquém, naquela parte do campo que Jacó comprara aos filhos de Hamor, pai de Siquém, por cem peças de prata, e que veio a ser a herança dos filhos de José. (Josué 24.32)

Impressiona-me a visão de José dizendo: "Vocês não vão me sepultar aqui". O que José está dizendo é: "Eu servi ao Egito durante 93 anos, vivi e trabalhei aqui, mas esta não é minha pátria". É essa consciência que os filhos de Deus precisam ter. Vivemos no Brasil, este país lindo e maravilhoso, amamos nossa nação, mas a nossa pátria definitiva não é o Brasil, mas o céu que Deus, nosso Pai, preparou para todos aqueles que servem a Jesus Cristo de Nazaré.

A vida é uma dádiva de Deus. Nós viemos de Deus e voltaremos para Deus; portanto, como discípulos de Jesus, somos pessoas do céu vivendo temporariamente na terra, nos preparando para o nosso lar eterno com o Senhor Jesus Cristo.

> *E o pó volte à terra, como o era, e o espírito volte a Deus, que o deu. (Eclesiastes 12.7)*

Quando os salvos morrem, seu espírito retorna para Deus e aguardam o dia da ressurreição. Como servos de Deus, devemos viver como cidadãos do céu, como embaixadores de Cristo entre os homens.

> *De sorte que somos embaixadores em nome de Cristo, como se Deus exortasse por nosso intermédio. Em nome de Cristo, pois, rogamos que vos reconcilieis com Deus. (2Coríntios 5.20)*

A missão do cidadão do céu é ser embaixador entres os homens, mensageiro e voz de Deus para a nação. Foi para isso que fomos salvos, esse é o nosso chamado, seja qual for a profissão que exercemos, que sejamos ministros de Cristo entre os homens.

Quem tem consciência da cidadania celestial vive com os pés na terra, mas com o coração e os olhos na pátria celestial. Uma visão do céu de Deus muda tudo em nossa vida. Quando temos uma visão do lar celestial, todas as coisas deste mundo perdem o brilho. O problema é que os cristãos estão enxergando somente as luminárias da sua casa. Abra os olhos e enxergue as luminárias da casa de Deus.

Abraão, pai da fé, teve uma visão da cidade de Deus. Por isso, embora ele fosse um homem muito rico, habitou em tendas e não construiu casas na terra em que habitou, pois não queria que seu coração se apegasse a este mundo. Ele se manteve focado na pátria celestial.

> *Pela fé, Abraão, quando chamado, obedeceu, a fim de ir para um lugar que devia receber por herança; e partiu sem saber aonde ia. Pela fé, peregrinou na terra da promessa como em terra alheia, habitando em tendas com Isaque e Jacó, herdeiros com ele da mesma promessa; porque aguardava a cidade que tem fundamentos, da qual Deus é o arquiteto e edificador. (Hebreus 11.8-10)*

Ao receber uma visão do céu, as coisas do mundo perderam o brilho para Abraão.

Agostinho, conhecido como Santo Agostinho, escreveu um livro chamado *A cidade celestial*. Diz a história que Agostinho morreu e ficou sem vida por alguns minutos; ao voltar, ele disse aos seus discípulos que estavam à sua volta: "Tudo que eu escrevi era apenas palha, comparado à glória da cidade celestial". Depois disso, ele fechou os olhos e morreu. Isaías teve uma visão do trono da glória de Deus, e isso mudou completamente a sua vida, a sua visão, o seu propósito, a sua missão e o seu ministério profético.

> *No ano da morte do rei Uzias, eu vi o Senhor assentado sobre um alto e sublime trono, e as abas de suas vestes enchiam o templo. Serafins estavam por cima dele; cada um tinha seis asas: com duas cobria o rosto, com duas cobria os seus pés e com duas voava. E clamavam uns para os outros, dizendo: Santo, santo, santo é o SENHOR dos Exércitos; toda a terra está cheia da sua glória. As bases do limiar se moveram à voz do que clamava, e a casa se encheu de fumaça. Então, disse eu: ai de mim! Estou perdido! Porque sou homem de lábios impuros, habito no meio de um povo de impuros lábios, e os meus olhos viram o Rei, o SENHOR dos Exércitos! Então, um dos serafins voou para mim, trazendo na mão uma brasa viva, que tirara*

> *do altar com uma tenaz; com a brasa tocou a minha boca e disse: Eis que ela tocou os teus lábios; a tua iniquidade foi tirada, e perdoado, o teu pecado. Depois disto, ouvi a voz do Senhor, que dizia: A quem enviarei, e quem há de ir por nós? Disse eu: eis-me aqui, envia-me a mim. (Isaías 6.1-8)*

Após Isaías ter essa visão da glória de Deus, afirmou: *"Eu estou aqui, quero ser o teu representante; a tua voz nesta terra, teu mensageiro entre os homens. Eis-me aqui, usa-me!".*

Quando Isaías teve a visão dos serafins cantando "Santo, santo, santo!", temeu em seu coração. A revelação do pecado veio à tona, e ele pensou que iria morrer, mas recebeu o perdão de Deus. Quando foi tocado por aquela brasa que o serafim tirou do altar, recebeu a notícia do perdão da sua iniquidade e do seu pecado e estava pronto a obedecer à voz de Deus.

Quando você tem uma visão da glória de Deus, você não tem nenhum problema em obedecer ao seu chamado. Às vezes, a gente resiste ao chamado por nos faltar uma visão de quem ele é. Depois desse encontro, a sua vida de oração e adoração jamais será fria. Se hoje você não gosta de adorar, acha chato orar, é porque falta uma visão da glória de Deus.

Moisés teve diversas experiências com Deus. Dentre elas, quando tirou o povo do Egito, teve uma visão da glória de Deus no monte Sinai; depois, teve uma visão de Jesus, da sua cruz e da sua exaltação. Ele, então, rejeitou as riquezas terrenas, deixando o Egito para trás.

Moisés morou no palácio do faraó por quarenta anos, tinha tudo para ser o futuro governante do Egito, foi formado para ser um grande general. Mas, após ter tido a revelação da glória de Deus, ele não teve problemas em abandonar o Egito e toda a sua glória. Aquela visão mudou tudo em sua vida.

> *E Moisés foi instruído em toda a ciência dos egípcios; e era poderoso em suas palavras e obras. (Atos 7.22, ACF)*

> *Pela fé, Moisés, quando já homem feito, recusou ser chamado filho da filha de Faraó, preferindo ser maltratado junto com o povo de Deus a usufruir prazeres transitórios do pecado; porquanto considerou o opróbrio de Cristo por maiores riquezas do que os tesouros do Egito, porque contemplava o galardão. Pela fé, ele abandonou o Egito, não ficando amedrontado com a cólera do rei; antes, permaneceu firme como quem vê aquele que é invisível. (Hebreus 11.24-27)*

A visão da glória de Deus faz que dinheiro, poder, fama, posição social percam o brilho. Moisés considerou a riqueza eterna maior do que os tesouros do Egito, pois contemplava o galardão.

Paulo era um perseguidor ferrenho da igreja. Ele promoveu uma perseguição tão grande que expulsou todos os discípulos de Jerusalém, com exceção dos 12 apóstolos. Mas, enquanto ia para Damasco, capital da Síria, levando cartas para prender os judeus que frequentavam as sinagogas, ele teve uma visão de Jesus Cristo, caiu prostrado em terra e ficou cego por três dias. Após o discípulo Ananias orar, Paulo voltou a ver, e sua vida nunca mais foi a mesma. Ele nunca mais perseguiu a igreja; ao contrário, tornou-se um grande pregador e apóstolo. Ele escreveu metade do Novo Testamento, implantou igrejas em toda a Ásia menor e em grande parte da Europa, tudo isso porque teve um encontro com Jesus.

Um encontro com Jesus, uma visão de Jesus, e a vida de Paulo foi alterada para sempre. Algum tempo depois, ele teve a grande experiência de ser arrebatado ao terceiro céu, onde fica a morada de Deus e dos seus filhos. Ele viu coisas tão gloriosas que o Senhor não permitiu que ele contasse.

> *Se é necessário que me glorie, ainda que não convém, passarei às visões e revelações do Senhor. Conheço um homem em Cristo que, há catorze anos, foi arrebatado até ao terceiro céu (se no corpo ou fora do corpo, não sei, Deus o sabe) e sei que o tal homem (se no corpo ou fora do corpo, não sei, Deus o sabe) foi arrebatado ao paraíso*

e ouviu palavras inefáveis, as quais não é lícito ao homem referir. (2Coríntios 12.1-4)

O primeiro céu é a atmosfera; o segundo céu é o universo planetário, onde estão todos os planetas, a Lua, o Sol e um mundo imenso, vasto e infinito; e o terceiro é o céu de Deus, onde fica a sua morada, a habitação final dos remidos e comprados pelo sangue de Jesus.

Tudo o que você precisa é de uma visão clara de Jesus, uma visão clara do céu de Deus. A visão da glória de Deus fará que você continue vivendo na terra como homem do céu. Talvez você ame tanto a sua casa terrena que a está idolatrando. Se você não abre as portas da sua casa para receber as pessoas, está no pecado da idolatria. A sua casa é um presente de Deus para ser lugar de salvação; para funcionar como uma célula ou um curso de família; para receber um pequeno grupo **onde a Bíblia é estudada, onde o céu se manifesta; para ser um lugar de vida, salvação, cura e libertação.**

A Bíblia diz que tudo que o homem construiu será dissolvido pelo fogo e virará cinza. Então, use a sua casa, mas não se apegue a ela. Use-a apenas para a glória de Deus, pois seu verdadeiro lar é o céu. No entanto, para isso, você deve guardar tesouros eternos.

Não se turbe o vosso coração; credes em Deus, crede também em mim. Na casa de meu Pai há muitas moradas. Se assim não fora, eu vo-lo teria dito. Pois vou preparar-vos lugar. (João 14.1,2)

O céu é o lugar mais seguro para você juntar seus tesouros. Se você está juntando tesouros somente na terra, escute o alerta de Jesus Cristo:

Mas ajuntai para vós outros tesouros no céu, onde traça nem ferrugem corrói, e onde ladrões não escavam, nem roubam; porque, onde está o teu tesouro, aí estará também o teu coração. (Mateus 6.20,21)

"Tem gente que é tão pobre que tudo que tem é dinheiro." Já ouviu esta frase? Ela é muito forte, mas verdadeira. Onde está o nosso tesouro, ali está o nosso coração. Aquilo que amamos, cultuamos; e aquilo que cultuamos revela o nosso deus. Por isso, a Bíblia nos alerta sobre não amarmos as riquezas, mas guardarmos a herança que nos aguarda como tesouro maior.

Na história da igreja, muitas pessoas doaram tudo que tinham para que o evangelho fosse anunciado nas nações e chegasse até nós. Muitas viúvas sustentaram o ministério de apóstolos e pastores que viviam integralmente de pregar o evangelho. Ter dinheiro é importante e necessário, mas o amor a Deus deve vir sempre em primeiro lugar. Se o seu coração está no céu, ajunte seu tesouro lá, onde a traça e a ferrugem não o corroem. Invista no céu, pois é para lá que você vai! Você investe no céu quando é fiel em todas as áreas, ganha vidas, cuida das pessoas, usa os recursos confiados por Deus, investe na obra fazendo que o Reino avance e o evangelho seja pregado em todos os lugares.

O Senhor Deus preparou para os seus filhos amados uma morada maravilhosa e eterna no céu.

> *Na casa de meu Pai há muitas moradas. Se assim não fora, eu vo-lo teria dito. Pois vou preparar-vos lugar. (João 14.2)*

> *Então, dirá o Rei aos que estiverem à sua direita: Vinde, benditos de meu Pai! Entrai na posse do reino que vos está preparado desde a fundação do mundo. (Mateus 25.34)*

Como filhos de Deus, devemos ganhar o maior número possível de pessoas para Cristo e encher a casa do nosso Pai celeste.

> *[Jesus], porém, respondeu: Certo homem deu uma grande ceia e convidou muitos. À hora da ceia, enviou o seu servo para avisar aos convidados: Vinde, porque tudo já está preparado. Não obstante,*

todos, à uma, começaram a escusar-se. Disse o primeiro: Comprei um campo e preciso ir vê-lo; rogo-te que me tenhas por escusado. Outro disse: Comprei cinco juntas de bois e vou experimentá-las; rogo-te que me tenhas por escusado. E outro disse: Casei-me e, por isso, não posso ir. Voltando o servo, tudo contou ao seu senhor. Então, irado, o dono da casa disse ao seu servo: Sai depressa para as ruas e becos da cidade e traze para aqui os pobres, os aleijados, os cegos e os coxos. Depois, lhe disse o servo: Senhor, feito está como mandaste, e ainda há lugar. Respondeu-lhe o senhor: Sai pelos caminhos e atalhos e obriga a todos a entrar, para que fique cheia a minha casa. (Lucas 14.16-23)

No céu, veremos a glória de Deus, o nosso Pai, e a face de Jesus Cristo, nosso eterno Senhor e Salvador.

Mas Estêvão, cheio do Espírito Santo, fitou os olhos no céu e viu a glória de Deus e Jesus, que estava à sua direita, e disse: Eis que vejo os céus abertos e o Filho do Homem, em pé à destra de Deus. (Atos 7.55,56)

No céu, estaremos face a face com nosso Deus Pai, com Jesus Cristo nosso amado Senhor, e, assim, reinaremos para todo o sempre.

Nunca mais haverá qualquer maldição. Nela, estará o trono de Deus e do Cordeiro. Os seus servos o servirão, contemplarão a sua face, e na sua fronte está o nome dele. Então, já não haverá noite, nem precisam eles de luz de candeia, nem da luz do sol, porque o Senhor Deus brilhará sobre eles, e reinarão pelos séculos dos séculos. (Apocalipse 22.3-5)

Os nomes de todos os salvos por Cristo Jesus estão escritos no céu.

Contudo, alegrem-se, não porque os espíritos se submetem a vocês, mas porque seus nomes estão escritos nos céus. (Lucas 10.20, NVI)

Em Cristo Jesus, nós temos a garantia de um corpo glorificado e de uma casa eterna no céu.

> *Sabemos que, se for destruída a temporária habitação terrena em que vivemos, temos da parte de Deus um edifício, uma casa eterna nos céus, não construída por mãos humanas. (2Coríntios 5.1, NVI)*

> *Por causa da esperança que está reservada a vocês nos céus, a respeito da qual ouviram por meio da palavra da verdade, o evangelho. (Colossenses 1.5, NVI)*

O céu será o lar definitivo de todos os salvos por Jesus, de todas as nações, povos e etnias.

> *Depois destas coisas, vi, e eis grande multidão que ninguém podia enumerar, de todas as nações, tribos, povos e línguas, em pé diante do trono e diante do Cordeiro, vestidos de vestiduras brancas, com palmas nas mãos. (Apocalipse 7.9)*

A fé em Jesus, na sua morte e na sua ressurreição é a única condição para sermos salvos e termos a garantia de morar no céu.

> *Se, com a tua boca, confessares Jesus como Senhor e, em teu coração, creres que Deus o ressuscitou dentre os mortos, serás salvo. Porque com o coração se crê para justiça e com a boca se confessa a respeito da salvação. (Romanos 10.9,10)*

> *Um dos anciãos tomou a palavra, dizendo: Estes, que se vestem de vestiduras brancas, quem são e donde vieram? Respondi-lhe: meu Senhor, tu o sabes. Ele, então, me disse: São estes os que vêm da grande tribulação, lavaram suas vestiduras e as alvejaram no sangue do Cordeiro, razão por que se acham diante do trono de Deus e o*

servem de dia e de noite no seu santuário; e aquele que se assenta no trono estenderá sobre eles o seu tabernáculo. (Apocalipse 7.13-15)

O sangue de Jesus derramado na cruz do Calvário nos purifica de todo o pecado e nos garante a entrada na cidade de Deus.

Bem-aventurados aqueles que lavam as suas vestiduras [no sangue do Cordeiro], para que lhes assista o direito à árvore da vida, e entrem na cidade pelas portas. (Apocalipse 22.14)

Mas tendes chegado ao monte Sião e à cidade do Deus vivo, a Jerusalém celestial, e a incontáveis hostes de anjos, e à universal assembleia e igreja dos primogênitos arrolados nos céus, e a Deus, o Juiz de todos, e aos espíritos dos justos aperfeiçoados. (Hebreus 12.22,23)

E entoavam novo cântico, dizendo: Digno és de tomar o livro e de abrir-lhe os selos, porque foste morto e com o teu sangue compraste para Deus os que procedem de toda tribo, língua, povo e nação e para o nosso Deus os constituíste reino e sacerdotes; e reinarão sobre a terra. Vi e ouvi uma voz de muitos anjos ao redor do trono, dos seres viventes e dos anciãos, cujo número era de milhões de milhões e milhares de milhares, proclamando em grande voz: Digno é o Cordeiro que foi morto de receber o poder, e riqueza, e sabedoria, e força, e honra, e glória, e louvor. Então, ouvi que toda criatura que há no céu e sobre a terra, debaixo da terra e sobre o mar, e tudo o que neles há, estava dizendo: Àquele que está sentado no trono e ao Cordeiro, seja o louvor, e a honra, e a glória, e o domínio pelos séculos dos séculos. E os quatro seres viventes respondiam: Amém! Também os anciãos prostraram-se e adoraram. (Apocalipse 5.9-14)

A nossa convicção, fé e esperança é de que habitaremos na casa do Senhor, nosso Deus e Pai, para sempre.

Bondade e misericórdia certamente me seguirão todos os dias da minha vida; e habitarei na Casa do SENHOR para todo o sempre. (Salmos 23.6)

O Senhor Jesus Cristo é o único caminho para Deus, o Pai, e para a nossa entrada no céu.

Respondeu-lhe Jesus: Eu sou o caminho, e a verdade, e a vida; ninguém vem ao Pai senão por mim. (João 14.6)

Viva na terra como cidadão celestial, com os pés na terra e os olhos no alto, como um homem do céu, porque o céu é o nosso lar eterno e definitivo.

A VISÃO DA CIDADE DE DEUS, A NOVA JERUSALÉM

Então vi novos céus e nova terra, pois o primeiro céu e a primeira terra tinham passado; e o mar já não existia. Vi a Cidade Santa, a nova Jerusalém, que descia dos céus, da parte de Deus, preparada como uma noiva adornada para o seu marido. Ouvi uma forte voz que vinha do trono e dizia: "Agora o tabernáculo de Deus está com os homens, com os quais ele viverá. Eles serão os seus povos; o próprio Deus estará com eles e será o seu Deus. Ele enxugará dos seus olhos toda lágrima. Não haverá mais morte, nem tristeza, nem choro, nem dor, pois a antiga ordem já passou". Aquele que estava assentado no trono disse: "Estou fazendo novas todas as coisas!" E acrescentou: "Escreva isto, pois estas palavras são verdadeiras e dignas de confiança". Disse-me ainda: "Está feito. Eu sou o Alfa e o Ômega, o Princípio e o Fim. A quem tiver sede, darei de beber gratuitamente da fonte da água da vida. O vencedor herdará tudo isto, e eu serei seu Deus, e ele será meu filho. Mas os covardes, os incrédulos, os depravados, os assassinos, os que cometem imoralidade sexual, os que praticam feitiçaria, os idólatras e todos os mentirosos — o lugar deles será no lago de fogo que arde com enxofre. Esta é a segunda morte". Um dos sete anjos que tinham as sete taças cheias das últimas sete pragas aproximou-se e me disse: "Venha, eu mostrarei a você a noiva, a esposa do Cordeiro". Ele me levou no Espírito a um grande e alto monte e mostrou-me a Cidade Santa, Jerusalém, que descia dos céus, da parte de Deus. Ela resplandecia com a glória de Deus, e o seu brilho era como o de uma joia muito preciosa, como jaspe, clara como cristal. Tinha um grande e alto muro com doze portas e doze anjos junto às portas. Nas portas estavam escritos os nomes das doze tribos de Israel. Havia três portas ao oriente, três ao norte, três ao sul e três ao ocidente. O muro da cidade tinha doze fundamentos, e neles estavam os nomes dos doze apóstolos do Cordeiro. O anjo que falava comigo tinha como medida uma vara feita de ouro, para medir a cidade, suas portas e seus muros. A cidade era quadrangular, de comprimento e largura iguais. Ele mediu a cidade com a vara; tinha dois mil e duzentos quilômetros de comprimento; a largura e a altura eram iguais ao comprimento. Ele mediu o muro, e deu sessenta e cinco metros de espessura, segundo a medida humana que o anjo estava usando. O muro era feito de jaspe e a cidade era de ouro puro, semelhante ao vidro puro. Os fundamentos dos muros da cidade eram ornamentados com toda sorte de pedras preciosas. O primeiro fundamento era ornamentado com jaspe; o segundo com safira; o terceiro com calcedônia; o quarto com esmeralda; o quinto com sardônio; o sexto com sárdio; o sétimo com crisólito; o oitavo com berilo; o nono com topázio; o décimo com crisópraso; o décimo primeiro com jacinto; e o décimo segundo com ametista. As doze portas eram doze pérolas, cada porta feita de uma única pérola. A rua principal da cidade era de ouro puro, como vidro transparente. Não vi templo algum na cidade, pois o Senhor Deus todo-poderoso e o Cordeiro são o seu templo. A cidade não precisa de sol nem de lua para brilharem sobre ela, pois a glória de Deus a ilumina, e o Cordeiro é a sua candeia. As nações andarão em sua luz, e os reis da terra lhe trarão a sua glória. Suas portas jamais se fecharão de dia, pois ali não haverá noite. A glória e a honra das nações lhe serão trazidas. Nela jamais entrará algo impuro, nem ninguém que pratique o que é vergonhoso ou enganoso, mas unicamente aqueles cujos nomes estão escritos no livro da vida do Cordeiro. (Apocalipse 21.1-27)

Nos consideramos muito modernos e avançados tecnologicamente, porém poucos de nós possui uma visão da cidade de Deus. Esta visão não se adquiri por meio de tecnologia, mas pela vida de profunda comunhão e oração, pelo Espírito Santo. Foi por esta visão que os homens e mulheres de Deus do passado se moveram, e é por esta visão que precisamos nos mover hoje. Esta visão muda por completo o nosso estilo de vida e a nossa perspectiva. Quando temos uma visão da cidade de Deus, a cidade dos homens perde o seu brilho. A visão da glória da eternidade faz que a glória dos homens perca o sentido.

O céu será o nosso lar definitivo, a nossa morada eterna, a habitação de Deus com os seus filhos. O livro do Apocalipse trata da revelação de Jesus Cristo, a sua mensagem, a sua Igreja, a sua vitória retumbante sobre o inferno, o seu triunfo sobre o mal, a revelação da cidade santa, a nova Jerusalém e a revelação da glória da eternidade. É disso que se trata o livro do Apocalipse.

Alguns cristãos não leem o livro do Apocalipse por considerá-lo assustador; mas nada há de assustador neste livro; ele trata precisamente do triunfo de Jesus Cristo e sua amada igreja.

João foi levado, pelo Espírito, a contemplar a Nova Jerusalém e isso não é uma alusão à capital de Israel, mas à cidade espiritual de Deus, uma cidade santa e celestial, eterna, que desce do céu e cuja origem está no próprio Deus. Assim como João, nós podemos ser levados pelo Espírito a contemplar a cidade de Deus.

> *Ele me levou no Espírito a um grande e alto monte e mostrou-me a Cidade Santa, Jerusalém, que descia dos céus, da parte de Deus. Ela resplandecia com a glória de Deus. (Apocalipse 21.10)*

Depois de ter a visão da cidade celestial, João viveu na terra por mais algum tempo. Ele teve a visão aos 90 anos de idade e faleceu aos 95 anos de idade. Como ele, podemos ter uma visão da Nova Jerusalém e continuar a viver nesta terra, porém com o nosso coração na eternidade.

> *Então o anjo me mostrou o rio da água da vida que, claro como cristal, fluía do trono de Deus e do Cordeiro, no meio da rua principal da cidade. De cada lado do rio estava a árvore da vida, que frutifica doze vezes por ano, uma por mês. As folhas da árvore servem para a cura das nações. Já não haverá maldição nenhuma. O trono de Deus e do Cordeiro estará na cidade, e os seus servos o servirão. Eles verão a sua face, e o seu nome estará na testa deles. Não haverá mais noite. Eles não precisarão de luz de candeia nem da luz do sol, pois o Senhor Deus os iluminará; e eles reinarão para todo o sempre. (Apocalipse 22.1-5)*

A glória de Deus brilha sobre a Cidade Santa eternamente, assim como a lua reflete a luz do Sol, a igreja triunfante refletirá a glória de Deus por toda a eternidade.

Os habitantes da Nova Jerusalém serão pessoas que procedem de toda tribo, língua, povo, nação e etnia, todos aqueles que entregaram as suas vidas a Jesus Cristo como Senhor e Salvador e foram perdoados de todos os seus pecados. Eles serão salvos, não pelas suas boas obras, mas pelo sangue de Jesus que foi derramado na cruz do calvário, como cordeiro de Deus.

Nessa santa e gloriosa cidade, todos os salvos do Antigo e do Novo Testamentos estarão reunidos e habitarão juntos, como família de Deus. A nova Jerusalém é a morada eterna dos salvos em Cristo Jesus.

Em Lucas 14, Jesus contou uma parábola sobre um rei que deu uma grande festa e mandou convidar muitas pessoas, mas algumas desistiram do convite. Então, o rei disse a seus servos: "Vá pelos caminhos e pelos valados, sai pelas ruas e pelos becos e convida a todos para que a minha casa esteja cheia". E os servos disseram a seu senhor: "Já fizemos tudo conforme o senhor ordenou, mas ainda há lugar!". É por esta razão que continuamos pregando, pois na Nova Jerusalém há lugar para todos os que aceitam a Jesus Cristo de Nazaré como único Senhor e eterno Salvador. Há lugar para todas as pessoas.

A nova Jerusalém é a santa cidade gloriosa, eterna. Ela foi especialmente preparada para que haja lugar para todas as pessoas.

Uma das coisas que lemos sobre as características dessa cidade é que ela é quadrangular, ela tem 2.200 quilômetros de comprimento, o mesmo de largura e a mesma altura. Esses números representam a simetria, a perfeição, a vastidão, a glória eterna da nova Jerusalém, um símbolo da sua majestade, magnificência, grandeza, ordem, equilíbrio, suficiência e glória eterna, a perfeição da cidade eterna, que é a morada dos filhos de Deus.

O muro da nova Jerusalém fala da proteção, segurança e demarca a santidade da cidade de Deus, separando o justo do ímpio, porque nada impuro entrará na nova Jerusalém.

> *E me transportou, em espírito, até a uma grande e elevada montanha e me mostrou a santa cidade, Jerusalém, que descia do céu, da parte de Deus, a qual tem a glória de Deus. (Apocalipse 21.10,11)*

> *Fora ficam os cães, os feiticeiros, os impuros, os assassinos, os idólatras e todo aquele que ama e pratica a mentira. (Apocalipse 22.15)*

Se você quer entrar na Nova Jerusalém, diga um não bem grande ao pecado e tenha um estilo de vida santo. O que há de mais importante nesta cidade, é que Deus habita nela. Essa é a revelação de Apocalipse 2.

João diz que veremos a face de Deus e do Cordeiro. Aquilo que Moisés um dia pediu pra ver no Monte Sinai e não foi permitido, nós veremos. Ele disse: "Mostra-me a tua face!" e a resposta foi: "Não, nenhum homem pode ver a minha face e continuar vivendo na terra". Tudo o que Moisés viu, escondido na fenda, foi um pequeno vislumbre da glória de Deus, ele recebeu a revelação da história da criação e a revelação da Bíblia. Se você anseia ver a face de Deus, permaneça fiel e firme até o fim.

A nova Jerusalém tem 12 portas que hoje estão abertas, porque a graça de Deus recebe a todos. Como o Senhor Deus colocou querubins com uma espada flamejante para proteger o caminho da árvore da vida no jardim do Éden, para que o homem não comesse de seu fruto e vivesse eternamente, assim também, na nova Jerusalém, Deus colocou um anjo em cada porta da cidade santa. Isso significa que só entrarão ali servos de Jesus Cristo, discípulos do Senhor.

> *Tinha grande e alta muralha, doze portas, e, junto às portas, doze anjos, e, sobre elas, nomes inscritos, que são os nomes das doze tribos dos filhos de Israel. (Apocalipse 21.12)*

Por mais que o homem se esforce, não existe nada parecido com esta cidade em todo o Planeta. A nova Jerusalém é o verdadeiro cosmos da manifestação do poder, da glória, da majestade e da perfeição do nosso Deus. Antigamente, cantávamos um hino que dizia: "Metade da glória celeste, jamais se contou ao mortal".

Na nova Jerusalém, não existem bairros ricos ou pobres, classe baixa, média ou alta. Existem, sim, mansões, todas feitas por Deus, o arquiteto e edificador dessa linda, maravilhosa e gloriosa cidade. Na cidade santa, todos os salvos são iguais, todos são irmãos, todos são membros da mesma família. Então, toda desigualdade social desaparecerá para sempre.

A visão da cidade de Deus deve mudar completamente a nossa vida na terra.

Pela fé, Abraão, quando chamado, obedeceu, a fim de ir para um lugar que devia receber por herança; e partiu sem saber aonde ia. Pela fé, peregrinou na terra da promessa como em terra alheia, habitando em tendas com Isaque e Jacó, herdeiros com ele da mesma promessa; porque aguardava a cidade que tem fundamentos, da qual Deus é o arquiteto e edificador. (Hebreus 11.8-10)

Abraão, um homem que viveu há quatro mil anos teve uma visão da cidade celestial e por causa dessa visão tomou a decisão de não construir castelo ou casa na terra em que habitava, pois se considerava estrangeiro, forasteiro e peregrino. Ele não construiu casas, morou em tendas, porque os olhos dele tinham contemplado a cidade eterna. Talvez estejamos tão agarrados, presos às coisas da terra, porque não tivemos uma visão da cidade eterna de Deus.

A nova Jerusalém é o lugar da manifestação plena da glória do Senhor, nosso Deus. Essa cidade é iluminada nem pelo Sol nem pela Lua, mas pela glória do próprio Deus e de Jesus, o Cordeiro de Deus. Em Apocalipse 21.23, lemos: *"A cidade não precisa nem do sol, nem da lua, para lhe darem claridade, pois a glória de Deus a iluminou, e o Cordeiro é a sua lâmpada".*

O fundamento da cidade de Deus é a verdade, a justiça, a santidade. O Senhor Jesus é o caminho, a verdade e a vida, o único fundamento da fé cristã. Por isso, se você quiser habitar na cidade de Deus, você precisa entregar a sua vida a Jesus Cristo de Nazaré e andar na verdade, no caminho da vida, porque ninguém vai ao Pai, a não ser por Jesus.

Respondeu-lhe Jesus: Eu sou o caminho, e a verdade, e a vida; ninguém vem ao Pai senão por mim. (João 14.6)

Porque ninguém pode lançar outro fundamento, além do que foi posto, o qual é Jesus Cristo. (1Coríntios 3.11)

> *O muro da cidade tinha doze fundamentos, e neles os nomes dos doze apóstolos do Cordeiro. (Apocalipse 21.14, ACF)*

A doutrina de Cristo e a doutrina dos apóstolos é a mesma. A visão da cidade celestial motivou os patriarcas e influenciou à sua maneira de viver na terra e de servir a Deus e às pessoas. *"Porque aguardava a cidade que tem fundamentos, da qual Deus é o arquiteto e edificador" (Hebreus 11.10, ARA).*

> *Todos estes morreram na fé, sem terem recebido as promessas; mas vendo-as de longe, e crendo-as e abraçando-as, confessaram que eram estrangeiros e peregrinos na terra. Porque, os que isto dizem, claramente mostram que buscam uma pátria. E se, na verdade, se lembrassem daquela de onde haviam saído, teriam oportunidade de tornar. Mas agora desejam uma melhor, isto é, a celestial. Por isso também Deus não se envergonha deles, de se chamar seu Deus, porque já lhes preparou uma cidade. (Hebreus 11.13-16, ACF)*

Esse texto fala dos patriarcas, lembrando Abraão, Isaque e Jacó, que tinham saído de sua cidade, que hoje é o Iraque, e tinham conhecido tantos lugares, mas habitavam em tendas. Eles não alcançaram as promessas, mas olharam de longe aquilo que nós vivemos hoje, a promessa da vinda de Jesus. No entanto, eles manifestaram o que estavam procurando, uma pátria superior, a pátria celestial, à qual eles aspiravam. Deus não se envergonha deles de ser chamado seu Deus. Deus lhes preparou uma cidade, a cidade de Deus, a nova Jerusalém (cf. Hebreus 11.16).

Na nova Jerusalém, o amor, a graça, a integridade, a santidade e a transparência são a base de todos os relacionamentos. Nela, todos viverão dessa forma. Se você quiser habitar nessa cidade, tem de viver uma vida transparente, limpa, santa, diante de Deus e das pessoas.

> *O muro era feito de jaspe e a cidade era de ouro puro, semelhante ao vidro puro. (Apocalipse 21.18)*

A igreja que ama a volta de Jesus Cristo deve pregar insistentemente para que aqueles que têm sede possam ouvir e beber da fonte da água da vida e sejam salvos.

> *O Espírito e a noiva dizem: Vem! Aquele que ouve, diga: Vem! Aquele que tem sede venha, e quem quiser receba de graça a água da vida. (Apocalipse 22.17)*

A igreja que ama a Jesus prega a Palavra a tempo e fora de tempo; é testemunha de Cristo na crise ou fora da crise; em todos os momentos, edifica e manifesta o amor de Jesus às pessoas. Aqueles que insistem em continuar no pecado não entrarão na cidade santa. Somente os arrependidos dos seus pecados, somente os remidos, perdoados, lavados, justificados, santificados pelo sangue de Jesus, somente os que tem o nome no Livro da Vida entrarão.

> *Nela, nunca jamais penetrará coisa alguma contaminada, nem o que pratica abominação e mentira, mas somente os inscritos no Livro da Vida do Cordeiro. (Apocalipse 21.27)*

Observe que o versículo usa duas palavras com o mesmo significado para reforçar a ideia: nunca e jamais. Não brinque com a sua eternidade. Os discípulos do Senhor Jesus Cristo entrarão na Cidade Santa pelas portas; não existirão atalhos. Aqueles que andam no pecado e que morrerão nestes pecados, não entrarão na Cidade Santa, somente os arrependidos dos seus pecados, perdoados, redimidos, lavados, justificados, santificados e salvos pelo sangue de Jesus, aqueles que têm o seu nome escrito no Livro da Vida.

Os discípulos do Senhor Jesus Cristo entrarão na cidade santa pelas portas; todos aqueles que não servem a Jesus e não forem lavados pelo sangue do Cordeiro de Deus ficarão fora da cidade santa e serão lançados no lago de fogo eterno. Se você quer habitar na cidade santa, precisa romper com o pecado. Você precisa viver um estilo de vida santo, um estilo de vida que agrada a Deus e que glorifica ao Senhor.

> *Bem-aventurados aqueles que lavam as suas vestiduras [no sangue do Cordeiro], para que lhes assista o direito à árvore da vida, e entrem na cidade pelas portas. Fora ficam os cães, os feiticeiros, os impuros, os assassinos, os idólatras e todo aquele que ama e pratica a mentira. (Apocalipse 22.14,15)*

Quem quiser entrar na cidade santa precisa ter um estilo de vida santo aqui e agora; uma vida consagrada a Jesus Cristo.

A Nova Jerusalém é lugar de plena comunhão com Deus, o Pai. Por mais que desenvolvamos a nossa comunhão, e que tenhamos uma vida de oração, nós falhamos e cometemos pecado. E, muitas vezes, quebramos nosso relacionamento com Deus. Mas, ali, a comunhão será perfeita. O relacionamento será perfeito. É por isso que somos cristãos. Não buscamos divulgar uma denominação ou uma placa de igreja, isso não leva a nada! Estamos aqui por causa de uma pessoa, e o nome dele é Jesus Cristo. Nossa esperança é habitarmos com ele por toda a eternidade.

> *Vi também a cidade santa, a nova Jerusalém, que descia do céu, da parte de Deus, ataviada como noiva adornada para o seu esposo. Então, ouvi grande voz vinda do trono, dizendo: Eis o tabernáculo de Deus com os homens. Deus habitará com eles. Eles serão povos de Deus, e Deus mesmo estará com eles. (Apocalipse 21.2,3)*

No entanto, não é mais simplesmente a habitação do Espírito em nós, agora é face a face com Deus Pai e com Deus Filho, Jesus Cristo. Na nova Jerusalém, a comunhão com o Senhor será plena, perfeita, completa. Ela será plena em todos os sentidos, pois estaremos face a face com Deus Pai, e com Jesus Cristo à sua direita, e habitaremos com ele por toda a eternidade.

Nela, não vi santuário, porque o seu santuário é o Senhor, o Deus Todo-Poderoso, e o Cordeiro. (Apocalipse 21.22)

Nela, estará o trono de Deus e do Cordeiro. Os seus servos o servirão, contemplarão a sua face, e na sua fronte está o nome dele. (Apocalipse 22.3,4)

Lá veremos Deus como ele é e teremos comunhão ininterrupta com o Pai e com o Filho.

No Antigo Testamento, a presença manifesta de Deus estava no tabernáculo de Moisés e depois no templo de Salomão. Mas, na hora da morte de Jesus Cristo na cruz do Calvário, a Bíblia diz que o véu do templo se rasgou de alto a baixo. Isso significa que a partir daquele momento o Espírito Santo enche a nossa vida com a sua presença, porém, na nova Jerusalém não haverá templo, porque a igreja habitará com Deus, e Deus habitará com a igreja em plena e eterna comunhão.

Na nova Jerusalém, a cidade celestial, a comunhão que foi quebrada no jardim do Éden por causa do pecado será restaurada. Como consequência do pecado no Éden, vieram a doença e a morte, mas na nova Jerusalém receberemos cura e vida eterna. No Éden, havia quatro rios, mas na nova Jerusalém há o Rio da Vida que flui direto do trono de Deus, e, por onde ele passa, leva a vida de Deus, vida eterna, cura, salvação, vida abundante e glória **em plenitude**.

Nunca mais haverá qualquer maldição. Nela, estará o trono de Deus e do Cordeiro. Os seus servos o servirão, contemplarão a sua face, e na sua fronte está o nome dele. (Apocalipse 22.3,4)

Quando João tem um pequeno vislumbre da pessoa de Jesus glorificado, ele disse: “Sua cabeça e seus cabelos eram brancos como a lã, tão brancos quanto a neve, e seus olhos eram como chama de fogo. Seus pés eram como o bronze numa fornalha ardente e sua voz como o som de muitas águas". João faz uma comparação de Cristo com aquilo que ele conhecia, mas um dia nós estaremos face a face com o Cordeiro e veremos o quanto ele é glorioso.

Na nova Jerusalém, está o trono de Deus Pai e do Cordeiro, o nosso amado Senhor Jesus Cristo. O trono de Deus mostra a sua soberania, o seu poder, a sua autoridade e o seu governo sobre todas as coisas nos céus e na terra. O trono de Deus é trono de amor, de graça, de bondade, de paz, de justiça, de alegria, de plenitude, de glória.

Na nova Jerusalém, entraremos no repouso eterno, mas continuaremos servindo e cumprindo o propósito de Deus para a nossa vida. Serviremos a Deus com muita alegria, e o nosso trabalho será prazeroso, não cansativo, porque serviremos aquele que deu a sua vida por todos na cruz do Calvário, aquele que nos redimiu com o seu sangue, aquele que nos comprou para Deus, que nos arrancou do inferno e nos transportou do império das trevas para o Reino da Luz.

> *Portanto, resta um repouso para o povo de Deus. Porque aquele que entrou no descanso de Deus, também ele mesmo descansou de suas obras, como Deus das suas. Esforcemo-nos, pois, por entrar naquele descanso, a fim de que ninguém caia, segundo o mesmo exemplo de desobediência. (Hebreus 4.9-11)*

Na nova Jerusalém, teremos comunhão plena com o Senhor, nosso Deus, contemplaremos a face de Jesus 24 horas por dia. Ali não haverá noite. O que mais deve nos atrair para o céu não são as ruas de ouro, os muros de jaspe reluzentes nem as mansões que o Senhor preparou. O que deve nos atrair para o céu é poder contemplar a face do nosso amado Senhor e Salvador Jesus Cristo. É poder olhar para a face do Pai, aquele que nos ama e enviou o seu Filho para nos buscar quando estávamos perdidos nos nossos delitos e pecados.

NA NOVA JERUSALÉM, REINAREMOS COM CRISTO ETERNAMENTE

A nova Jerusalém será nosso lar eterno, a casa do Pai, nossa habitação definitiva com o Senhor, nosso Deus, e com Jesus Cristo, nosso amado Senhor e Salvador, reinando em glória por toda a eternidade.

Há vários anos, em Marília, cidade onde moro, sem que eu tivesse conhecimento, um vereador fez um projeto de lei para me dar o título de cidadão mariliense. Um dia ele ligou e falou que queria me fazer uma visita. Ele foi à minha casa, juntamente com o presidente da câmara, o vice e os secretários. Depois de algum tempo de conversa, um deles tomou a palavra e disse que eles estavam ali para comunicar que tinham feito um projeto de lei para me dar o título de cidadão mariliense. E disseram que eu tinha recebido os 21 votos, ganhando por unanimidade. Muitas pessoas fazem campanha pra receber esse título.

Quando eles terminaram de falar, eu disse: "Perdão por decepcionar vocês. Agradeço pelo esforço em criar essa sessão solene, em ter votado e ter vindo na minha casa, mas eu não posso aceitar. De coração eu já sou mariliense, mas eu não quero títulos". Eles baixaram a cabeça sem saber o que fazer.

Eu não aceitei aquele título porque se eu recebesse essa honra aqui na terra, eu deixaria de ganhar na eternidade. Eu não quero chamar a atenção para mim, apenas mostrar que eu tenho consciência da cidade onde habitarei eternamente, eu quero ser apenas uma voz nesta geração. Jesus disse que onde estivesse o nosso tesouro, estaria o nosso coração.

> *Na verdade, não temos aqui cidade permanente, mas buscamos a que há de vir. (Hebreus 13.14)*

> *Então, já não haverá noite, nem precisam eles de luz de candeia, nem da luz do sol, porque o Senhor Deus brilhará sobre eles, e reinarão pelos séculos dos séculos. (Apocalipse 22.5)*

O Senhor Deus nos perdoou, nos libertou e nos salvou em Cristo Jesus não apenas para nos levar para o céu, mas para reinarmos com ele por toda a eternidade.

O Senhor Jesus Cristo vai compartilhar com a sua igreja amada o seu poder, a sua glória, a vida eterna e sua autoridade para sempre. O céu de Deus não é apenas o nosso destino; é a nossa maior motivação. É isso que deve mudar completamente o nosso estilo de vida neste mundo. Portanto, se você está caminhando para a cidade celestial, não descuide de sua vida espiritual, não abra mão da sua fé, tenha um estilo de vida completamente santo, consagrado somente ao Senhor nosso Deus.

A revelação do Apocalipse é completamente confiável; é a revelação do céu, é a palavra de Deus. A sua origem é divina e absolutamente verdadeira.

> *Disse-me ainda: Estas palavras são fiéis e verdadeiras. O Senhor, o Deus dos espíritos dos profetas, enviou seu anjo para mostrar aos seus servos as coisas que em breve devem acontecer. Eis que venho sem demora. Bem-aventurado aquele que guarda as palavras da profecia deste livro. (Apocalipse 22.6,7)*

As profecias do livro de Apocalipse não foram escritas para satisfazer a curiosidade escatológica de alguns cristãos quanto ao futuro, mas para que a igreja possa viver dentro da vontade de Deus e nos preparássemos para o tempo do fim, para a segunda vinda de Cristo, a fim de que possamos continuar proclamando, pregando e anunciando o evangelho de Jesus até que ele volte; e devemos fazer isso para todas as pessoas.

A volta de Jesus Cristo está muito próxima, acreditando você ou não. Os pregadores hoje não falam mais da segunda vinda de Jesus. Essa doutrina foi excluída dos sermões das igrejas. Vivemos um cristianismo da terra para a terra.

A Bíblia Sagrada tem começo, meio e fim. Ela começa mostrando o pecado do homem em Gênesis 3; depois ela mostra Deus apaixonado, vindo salvar a humanidade perdida e, na plenitude dos tempos, ela mostra a primeira vinda de Jesus, mostra o seu ministério, a sua morte, a sua ressurreição e a sua subida aos céus. E a Bíblia culmina dizendo que, em breve, Jesus voltará, tão certo como o sol que brilha no céu.

Dos 27 livros de Apocalipse, 26 falam diretamente sobre a vinda de Jesus, e ela acontecerá em breve. Então, pare de viver apenas em função das coisas deste mundo e se mova para a eternidade. Deus iniciou a história da humanidade e ele mesmo encerrará.

As profecias do Apocalipse não foram escritas para satisfazer a curiosidade escatológica de alguns cristãos quanto ao futuro, mas foram escritas para que a igreja possa viver dentro da vontade de Deus e preparar-se para o tempo do fim, para a segunda vinda de Cristo, proclamando e anunciando a mensagem poderosa do evangelho de Jesus a todas as pessoas.

> *E eis que venho sem demora, e comigo está o galardão que tenho para retribuir a cada um segundo as suas obras. Eu sou o Alfa e o Ômega, o Primeiro e o Último, o Princípio e o Fim. (Apocalipse 22.12,13)*

Devido ao avanço tecnológico, somos a primeira geração da humanidade capaz de viver a profecia de Apocalipse 13.

> *Eis que venho em breve! A minha recompensa está comigo, e eu retribuirei a cada um de acordo com o que fez. Eu sou o Alfa e o Ômega, o Primeiro e o Último, o Princípio e o Fim. (Apocalipse 22.12,13)*

O critério para ser salvo e habitar com Cristo na cidade celestial não são as boas obras, mas o sangue de Jesus derramado na cruz do Calvário.

É o triunfo da cruz; o triunfo da sepultura; o triunfo de Jesus, que morreu a nossa morte e ressuscitou para a nossa justificação.

Os salvos não são justificados pelas suas boas obras, mas pelo sangue de Jesus. Estes vencem o mundo, o pecado, a própria carne e o maligno;

entram na Cidade Santa pelas portas e comem dos frutos da Árvore da Vida e, assim, viverão eternamente com o Senhor.

> *Bem-aventurados aqueles que lavam as suas vestiduras [no sangue do Cordeiro], para que lhes assista o direito à árvore da vida, e entrem na cidade pelas portas. (Apocalipse 22.14)*

Os que foram lavados pelo sangue de Jesus, os que vencem o mundo, o pecado, as paixões da carne, os que vencem o Diabo e as suas tentações entrarão na cidade santa pelas portas, comerão da árvore da vida e assim viverão eternamente com o Senhor. Pela fé em Jesus, você já é um habitante da nova Jerusalém, você já tem uma casa garantida na cidade gloriosa.

Você está ajuntando tesouros na terra ou no céu? Onde você tem colocado o seu coração, na nova Jerusalém ou na Babilônia? A qual igreja você pertence, à noiva do Cordeiro ou à igreja apóstata, a grande meretriz? Qual é o seu destino eterno? Onde você viverá a eternidade, no céu ou no lago de fogo? Você caminha para a casa do Pai ou para as trevas com o Diabo? Onde está o seu maior prazer, em Jesus Cristo ou nos seus pecados prediletos?

A oração que você deve fazer hoje é a da entrega da sua vida a Jesus. Clame pela graça, misericórdia e pelo favor dele em sua vida, porque o anseio dos sábios deve ser pela volta de Jesus, para que possamos entrar na cidade santa, a nova Jerusalém, e vivermos eternamente com o Senhor, nosso Deus. Maranata! Vem, Senhor Jesus!

Pela fé em Cristo Jesus, você já é um habitante da Nova Jerusalém. Estamos aqui de passagem. Somos forasteiros aqui, peregrinos. Nossa pátria é o céu, a cidade chamada Jerusalém. A oração fervorosa e o clamor da verdadeira igreja deve ser pela segunda vinda de Jesus. Os salvos devem ansiar por sua volta.

Muitas vezes, estamos amando este mundo porque perdemos a visão da cidade de Deus. Deus quer restaurar a visão da cidade celestial em nossas vidas, através da fé. A última promessa da Bíblia Sagrada é: "Certamente, venho sem demora", e a última oração é: "Amém! Vem, Senhor Jesus!" (Apocalipse 22.20).

O dia da segunda vinda de Jesus está escondido para que todos os dias estejamos alerta. Tome a sua decisão agora mesmo, escolha a vida, olhe para Jesus, caminhe conosco para a nova Jerusalém. Nós estamos caminhando para a cidade celestial.